高职高专公共基础课系列教材

信息技术基础高级应用

主　编　左　靖　邓卫红　曾永和

副主编　陈　慧　樊卫国　郭国智

西安电子科技大学出版社

内 容 简 介

本书紧扣高职院校信息技术基础教学大纲的要求，联系我国目前高职院校信息技术基础高级应用教学的实际情况，突出以应用为核心、以培养学生实际能力为重点的教学理念，符合学生的心理特征以及认知和技能养成规律。

全书共 5 章，涉及的内容贴近实际应用，贯穿信息技术基础高级应用学习的全过程。主要内容包括操作系统、Word 高级应用技术、Excel 高级应用技术、PowerPoint 高级应用技术、云计算与大数据技术等。读者若能熟练掌握书中的相关操作，既有助于深入学习其他专业知识，也能适应日常工作、学习和生活中的需要。

本书既可作为高职院校各专业的公共课教材，也可供学习信息技术基础高级应用的读者自学使用。

图书在版编目(CIP)数据

信息技术基础高级应用 / 左靖，邓卫红，曾永和主编. —西安：
西安电子科技大学出版社，2022.3(2024.12 重印)
ISBN 978-7-5606-6432-3

Ⅰ.①信… Ⅱ.①左… ②邓… ③曾… Ⅲ.①电子计算机—高等职业教育—教材
Ⅳ.①TP3

中国版本图书馆 CIP 数据核字(2022)第 043637 号

策　　划　杨丕勇
责任编辑　杨丕勇
出版发行　西安电子科技大学出版社(西安市太白南路 2 号)
电　　话　(029)88202421　88201467　　　　邮　　编　710071
网　　址　www.xduph.com　　　电子邮箱　xdupfxb001@163.com
经　　销　新华书店
印刷单位　西安创维印务有限公司
版　　次　2022 年 3 月第 1 版　　2024 年 12 月第 4 次印刷
开　　本　787 毫米×1092 毫米　1/16　印　张　12.25
字　　数　287 千字
定　　价　35.00 元
ISBN 978-7-5606-6432-3
XDUP 6734001-4
如有印装问题可调换

前　　言

随着信息技术的飞速发展，计算机在人类社会的各个领域都得到了广泛的应用，影响着人们日常工作、学习、交往、娱乐等方面，计算机已经成为人们提高工作质量和工作效率的必备工具。因此，计算机文化、计算机基本操作技能是当代大学生必须掌握的知识技能。

随着计算机普及程度越来越高，大学生对于计算机的熟悉程度已经比过去提高了很多，所以大学阶段的信息技术基础教育需要紧跟时代，学习一些高级实用技术。"信息技术基础高级应用"是在大一第二学期开设的课程，它是信息技术基础课程的高级应用部分，是非计算机专业及计算机专业均开设的公共基础课，开设目的是提高学生信息技术基础知识的应用能力，满足专业学习和职业应用的需要。

由于目前尚无合适教材，因此我们结合当前信息技术基础教育的形势和任务，并按照教育部对高职院校信息技术课程的大纲要求编写了本书。

本书共五章，具体内容安排如下：

第一章操作系统，内容包括 Windows 10 操作系统、国产操作系统。第二章 Word 高级应用技术，内容包括 Word 2016 操作技能、Word 2016 应用技术、Word 高级编排技术。第三章 Excel 高级应用技术，内容包括 Excel 2016 操作技能、Excel 2016 函数应用、Excel 对象插入技术、Excel 数据处理技术。第四章 PowerPoint 高级应用技术，内容包括 PowerPoint 2016 基本操作技能、PowerPoint 2016 高级设计、PowerPoint 2016 高级编排技术。第五章云计算与大数据技术，内容包括云计算技术、大数据技术、云计算与大数据应用技术。

由于编者水平有限，书中或有不妥之处，敬请读者不吝指正。

编　者
2021 年 12 月

目 录

第 1 章　操　作　系　统

1.1　Windows 10 操作系统

　　Windows 10 是由微软公司(Microsoft)开发的操作系统，应用于计算机和平板电脑等设备。

　　Windows 10 在易用性和安全性方面较之前版本有了极大的提升，融合了云服务、智能移动设备、自然人机交互等新技术，还对固态硬盘、生物识别、高分辨率屏幕等硬件进行了优化完善与支持。

1.1.1　Windows 10 快捷键

1．Windows 视窗组合键

Win + E：打开资源管理器；

Win + D：显示桌面；

Win + L：锁定电脑屏幕；

Win + R：调出快捷命令；

Win + P：打开投影仪；

Win + M：将所有窗口最小化；

Win + 方向键：将程序最大化、最小化、停靠窗口左右侧；

Win + 数字键：按照顺序打开固定在任务栏上的程序；

Win + Tab 键：切换桌面。

2．Ctrl 组合快捷键

Ctrl + C：复制；

Ctrl + V：粘贴；

Ctrl + Z：撤销；

Ctrl + A：全选；

Ctrl + S：保存；

Ctrl + X：剪切；

Ctrl + F：查找；

Ctrl + Tab：切换浏览器标签页；

Ctrl + W：关闭浏览器当前页；

Ctrl + Shift + T：恢复关闭的浏览器页面；

Ctrl + T：打开新标签页；

Ctrl ++：放大页面；

Ctrl+−：缩小页面；

Ctrl + P：打印；

Ctrl + Win + D：新建桌面；

Ctrl + Alt + Del：快速打开安全窗口。

3．Shift 快捷键

Shift + 空格：半/全角切换；

Shift + F10：选中文件的右菜单；

Shift + Del：永久删除。

4．Alt 快捷键

Alt+F4：关闭当前程序；

Alt + 空格 + C：关闭窗口；

Alt + 空格 + N：最小化当前窗口；

Alt + 空格 + R：恢复最大化窗口；

Alt + 空格 + X：最大化当前窗口；

Alt + 空格 + M：移动窗口；

Alt + 空格 + S：改变窗口大小；

Alt + U + V：Word 全屏视图；

Alt + F：打开文件菜单；

Alt + V：打开视图菜单；

Alt + E：打开编辑菜单；

Alt + I：打开插入菜单；

Alt + O：打开格式菜单；

Alt + T：打开工具菜单；

Alt + A：打开表格菜单；

Alt + W：打开窗口菜单；

Alt + H：打开帮助菜单；

Alt + 回车：查看文件属性；

Alt + 双击文件：查看文件属性；

Alt + Tab：在打开的不同应用窗口间进行切换。

1.1.2　Windows 10 实用设置

1．开始磁贴设置

从 Windows7 升级而来的用户对于新系统开始菜单的变化应该是印象深刻的，除了传统的菜单项目之外，右边还多了几行磁贴。这些磁贴设计来源于 Windows8/Windows 8.1 的开始屏幕，比较适合触屏操作，而且便于快捷进入常用 Windows 10 应用，如图 1-1 所示。

图 1-1 磁贴设置

如果想增加磁贴，只需在开始菜单相应的项目上点击鼠标右键，然后选择"固定到'开始'屏幕"，即会为这一项目生成磁贴；若想删除磁贴，只需在磁贴上点击鼠标右键，选择"从'开始'屏幕取消固定"即可。还可以进行调整磁贴大小、固定应用到任务栏、为应用进行评价和共享等操作。

2．操作中心快捷磁贴

Windows 10 操作中心除了能够集中显示系统通知以外，还能够提供系统设置的快速入口，即操作中心下方的快捷磁贴(如图 1-2 所示)。用户可以根据自己的习惯来自定义这些内容，只要在"设置"→"系统"→"通知和操作"界面上方点击不需要的磁贴项目，然后更换为想要的内容即可。

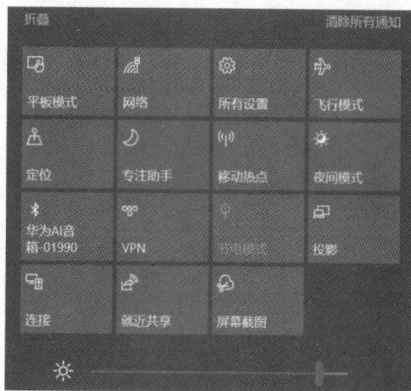

图 1-2 快捷磁贴

此外，点击"选择哪些图标显示在任务栏上"和"打开或关闭系统图标"，即可增减任务栏通知区域的各种图标。

3．Windows 10 垃圾清理

垃圾清理也是使用频率较高的功能之一，很多读者习惯安装 360、腾讯管家或者火绒之类的垃圾清理软件，实际上 Windows 10 自带的磁盘清理已经很好用了。使用组合键"Win+i"打开"设置"，依次选择"系统"→"存储"，打开存储感知按钮，然后点击下方配置存储感知来进行设置，如图 1-3 所示。既可以设置清理频率，例如每天、每周或者每月等，还可以设置清除回收站的时间，并在最下方选择"立即清理"，这样就会立即清理你的临时文件。

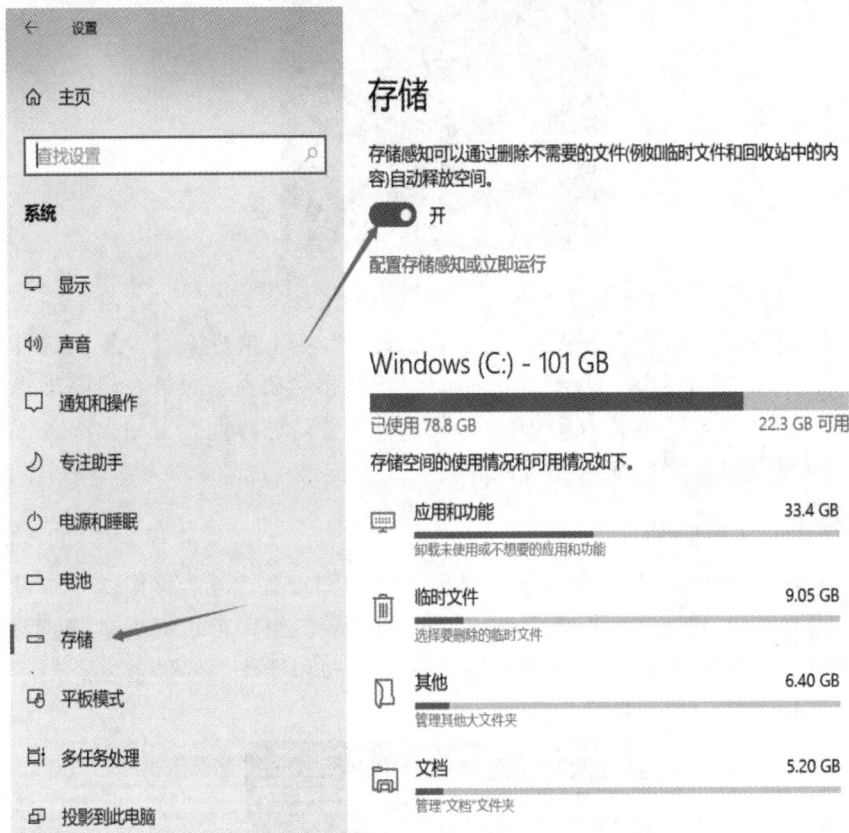

图 1-3　垃圾清理

4．Windows 10 设置开机密码

依次点击"开始"→"设置"→"账户"→"登录选项"→"密码"→"添加"，打开"创建密码"对话框，输入密码后即可创建开机密码，如图 1-4 所示。如果要修改密码后，点击"密码"后再点击"更改"，此时需要先输入当前密码，点击"下一步"，然后输入新密码，再点击"下一步"即可完成。

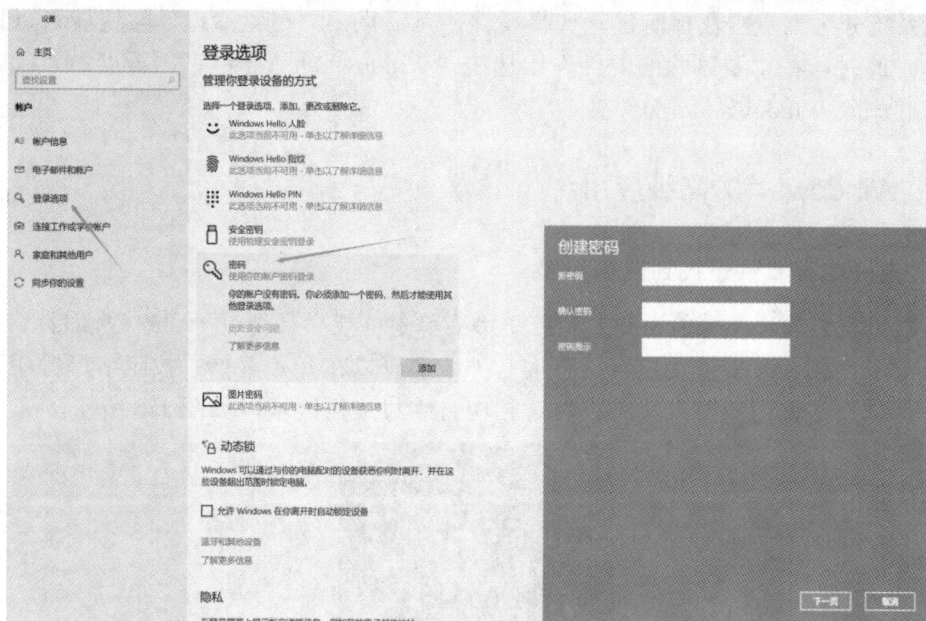

图 1-4　设置开机密码

5．删除 Windows.old 文件夹

一般我们通过手动删除不需要的文件，以释放硬盘空间。但是有些系统文件很不容易通过普通方式彻底删除，如 Windows.old 文件夹。该文件夹存放了升级之前的系统文件，其中相当一部分涉及系统权限，因此需要特殊的方法才能完全删除，即利用系统自带的"磁盘清理工具"，如图 1-5 所示。

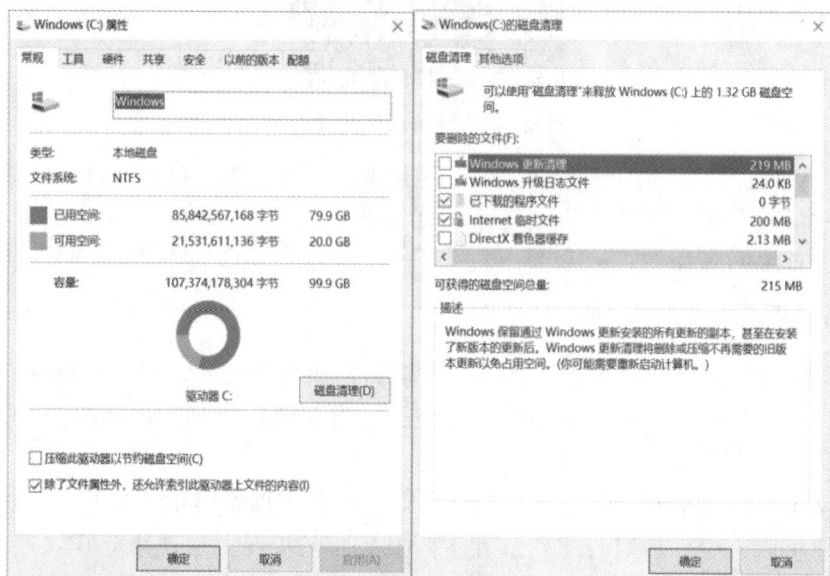

图 1-5　删除 Windows.old 文件夹

在系统分区上点击鼠标右键，选择属性，然后点击"磁盘清理"按钮就可以进入该界面。此时，在"要删除的文件"中选中"Windows 更新清理"，再点击"确定"即可彻底删除 Windows.old 文件夹。

1.1.3 Windows 10 高级应用

1. 在开始菜单快速找到应用程序

电脑中安装的程序可能有很多，在开始菜单中可能会显得过于"琳琅满目"，不好查找。除了在 Cortana 搜索栏直接查询之外，还可以在开始菜单中按照字母排序进行快速定位，点击框内的字母就可以直达相应首字母应用区域，如图 1-6 所示。

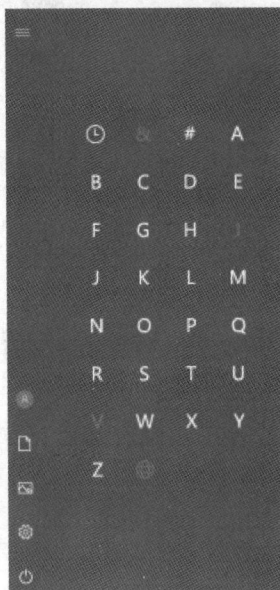

图 1-6　字母排序定位

进入所有程序，点击任意排序的大写字母或数字等，就会看到字母表(包括英语和拼音)，选择需要的项目，即可直接进入和你寻找的应用名称相同首字母的分类，这样免去了从头查询的麻烦。

2. 创建桌面

在使用计算机时，有时会打开许多任务窗口，如聊天软件、网页、视频、文档等，一大堆软件窗口显得很杂乱。若通过创建桌面，将关联性较强的内容放在一起，就会好很多。

按下 Win+Tab 组合键，会发现系统已经默认设置了两个桌面，你还可以创建更多，比如你可以将聊天软件窗口与文档放置于同一桌面，将网页与视频分开放置，这样当你使用某个桌面时，可以通过"Win + Ctrl + ←(左)或→(右)"键快速切换，如图 1-7 所示。

图 1-7　创建桌面

3．剪贴板的应用

剪贴板，一般使用"Ctrl + C"复制，"Ctrl + V"粘贴。当你需要不停地替换粘贴内容时，有一个更快捷的方法：按下"Win + V"组合键，打开历史剪贴板，在这里你可以看到曾经复制的内容，直接点击鼠标就可以粘贴，这样的复制、粘贴可以大大提高效率。

4．截图工具

通常可以使用 QQ 自带的截图软件或者 PrtScr 键截图，但是如果不需要经常使用截图，那么 Windows 10 自带的截图工具完全可以满足你的需求，即直接按下"Shift + Win + S"截图。只需拖出截图区域将会自动保存在剪贴板，在需要时直接粘贴即可。

还有进阶版。按"Win + W"组合键快速打开截图工具，此时会自动截取当前屏幕，可以裁剪不需要的部分，使用笔刷标记重要内容，然后另存到指定位置，完全足够一般情况下使用了，如图 1-8 所示。

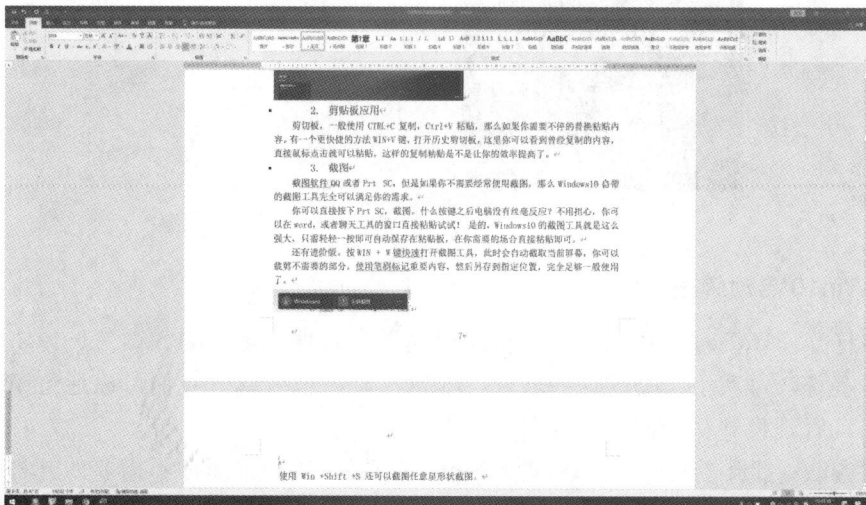

图 1-8　截图工具

使用"Win +Shift +S"组合键可以截取当前屏幕上的任意部分。

5．不连续的选择

在使用 Windows 过程中，最常用的功能可能就是复制、粘贴，但是在选择时，如果碰到不连续的文件或者文字，只需按住 Ctrl 键的同时使用鼠标选中不连续的文件或者文字即可。

6．万能的撤销键

在使用 Office 办公软件时，经常由于操作失误需要回退到上一步，此时可以使用"Ctrl + Z"组合键撤销，该操作在 Windows 10 中也同样可以使用。

7．Windows 10 便笺

人们通常使用便利贴将重要事情写好然后贴在电脑屏幕两边，Windows 10 自带的便笺功能可以让你更好地记住每日任务。按照不同的重要程度设置不同的颜色和位置，你可以将它贴在桌面任意位置，当你完成任务之后可以直接删除此页，这样既环保又方便，如图 1-9 所示。

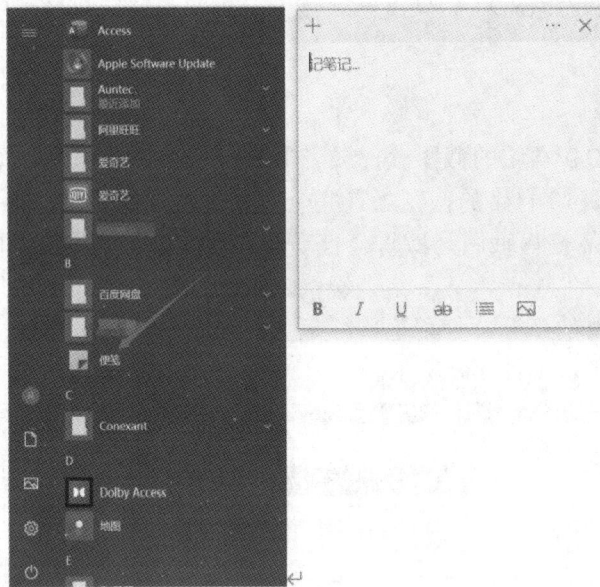

图 1-9　便笺

8．Win10 启动管理

当你打开计算机时，系统可能会自动启动很多软件，如 QQ、微信、爱奇艺、杀毒软件，等等，每次手动关闭这些软件，非常影响工作效率。我们可以通过 Windows 自带的启动管理将一些开机启动项关掉。

设置方法：打开"设置"→"应用"→"启动"，选择关闭你不需要的开机启动程序，或者可以进入 Windows 10 任务管理器，点击"启动"，设置启动项目，如图 1-10 所示。

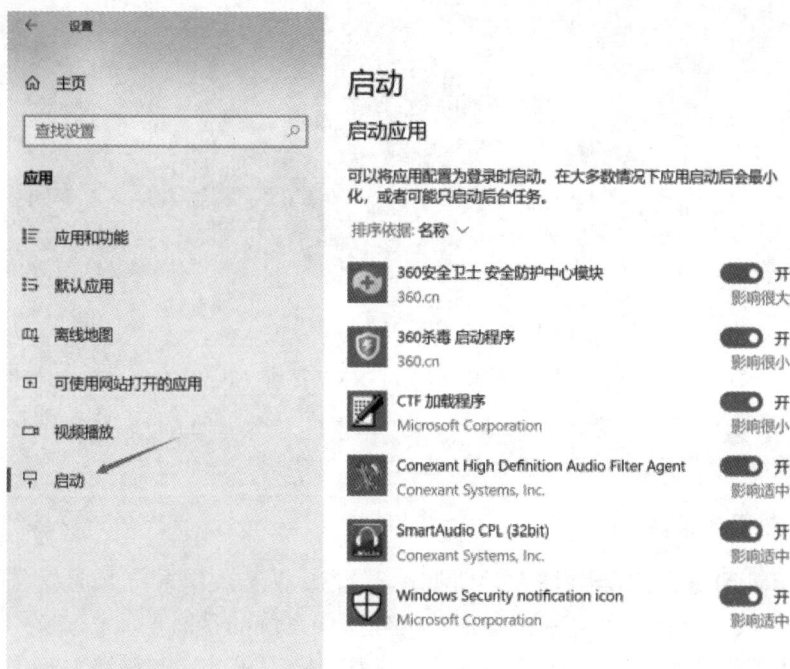

图 1-10　Windows 10 启动管理

1.2　国产操作系统

随着信息技术和互联网的快速发展和普及，电子商务的崛起，云计算、大数据应用日趋成熟，国产操作系统也在不断加大研发力度，拓展应用领域。

国产操作系统多为以 Linux 为基础二次开发的操作系统。2014 年，美国微软公司停止了对 Windows XP SP3 操作系统提供服务支持，这引起了社会和广大用户的广泛关注和对信息安全的担忧，也在一定程度上推动了国产操作系统的发展。

1.2.1　主流国产操作系统

1. 中标麒麟操作系统

中标麒麟操作系统是上海中标软件有限公司发布的面向桌面应用的操作系统产品。在 Linux 内核的基础上，中标麒麟开发了与 Windows 操作系统非常接近的图形化桌面。习惯使用 Windows 操作系统的用户，只需做简单的适应性学习即可在该图形化桌面下完成软件安装、文档编辑、浏览网页、播放视频音频等操作。这为 Windows 用户迁移到该操作系统提供了方便，使用户能够迅速掌握新系统，可节省大量人员培训成本。中标麒麟操作系统图形化桌面的响应速度也比较快，正常操作下无明显的等待，用户体验很流畅，如图 1-11 所示。

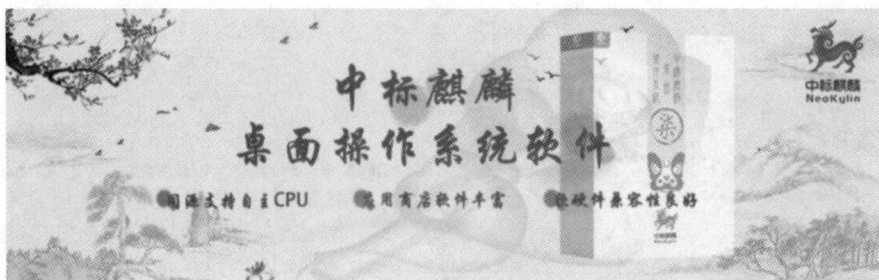

图 1-11　中标麒麟 Linux

中标麒麟作为国产操作系统的引领者，针对 X86 及龙芯、申威、众志、飞腾等国产 CPU 平台进行自主开发，率先实现了对 X86 及国产 CPU 平台的支持。中标麒麟目前在国产操作系统领域市场占有率稳居第一。

2．银河麒麟操作系统

银河麒麟(Kylin)是由国防科技大学研制的开源服务器操作系统。此操作系统是"863"计划重大攻关科研项目，目标是打破国外操作系统的垄断，研发一套中国自主知识产权的服务器操作系统。2014 年 12 月，滨海新区人民政府与国防科技大学、中国电子集团共同成立了天津麒麟信息技术有限公司，主要从事自主可控操作系统研发和产业化推广。

银河麒麟操作系统是软硬件兼容性最好的国产桌面操作系统之一，拥有绚丽的人机交互界面，友好易用，用户十分钟便可轻松掌握。它有以下几个特点：高安全性、高可靠性、高可用性、跨平台、中文化(具有强大的中文处理能力)，如图 1-12 所示。

图 1-12　银河麒麟(Kylin)操作系统

3．深度 Linux(Deepin)操作系统

Deepin，原名 Linux Deepin，于 2014 年 4 月更名为 Deepin，常被称为"深度 Linux"，致力于为全球用户提供美观易用、安全可靠的 Linux 发行版。它不仅仅对最优秀的开

源产品进行集成和配置，还开发了基于 HTML5 技术的全新桌面环境、系统设置中心以及音乐播放器、视频播放器、软件中心等一系列面向日常使用的应用软件。Deepin 非常注重易用的体验和美观的设计，因此对于大多数用户来说，它易于安装和使用，还能够很好地代替 Windows 系统进行工作与娱乐，如图 1-13 所示。

图 1-13　深度 Linux 操作系统

4. 优麒麟操作系统

优麒麟是由中国 CCN 联合实验室支持和主导的开源项目，其宗旨是采用平台国际化与应用本地化融合的设计理念，通过定制本地化的桌面用户环境，以及开发满足广大中文用户特定需求的应用软件来提供细腻的中文用户体验，做更具有中国特色的操作系统。

优麒麟操作系统基于世界上最大的 Linux 发行版 Ubuntu 开发，能提供类 Windows 风格的交互功能，给用户带来更加亲切友好的使用体验。优麒麟操作系统已经进入 Ubuntu 软件仓库和 Debian 软件仓库，为全世界 Debian/Ubuntu 发行版及衍生版的用户提供了一款全新的可选桌面环境，如图 1-14 所示。

图 1-14　优麒麟操作系统

1.2.2 中国操作系统(COS)

中国操作系统(COS)，是继银河麒麟之后又一款国产操作系统，它是基于 Linux 研发的，可通过虚拟机实现安卓程序安装及使用。中国操作系统的终极目标就是做中国人用的操作系统。它的出现同时解决了安全性和易用性两方面的问题。中国操作系统可广泛应用于个人电脑、智能掌上终端、机顶盒、智能家电等领域，拥有界面友好、支持多种终端、可运行多种类型应用、安全、快速等诸多优势，如图 1-15 所示。

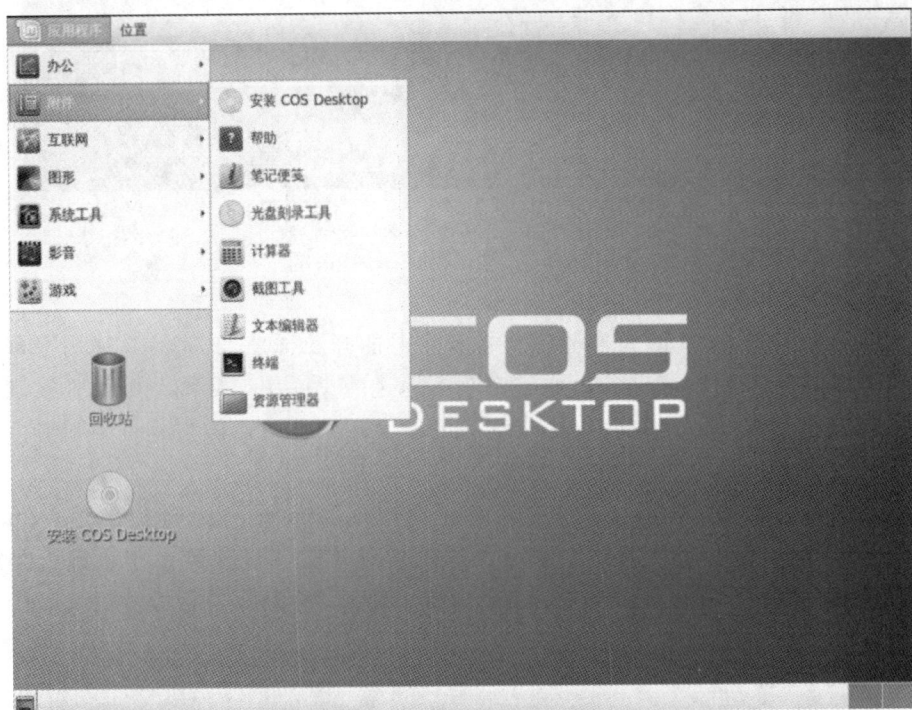

图 1-15　中国操作系统(COS)

1. 中国操作系统的重大意义

中国操作系统为中国填补了操作系统空白，这是中国第一款自主研发的操作系统。将此操作系统命名为 COS，其意义不言而喻。COS 让中国 IT 行业有了新的动力。

研发 COS，意在打破国外在基础软件领域的垄断地位，引领并开发具有中国自主知识产权和中国特色的操作系统。此外，基于开源的操作系统在安全性上存在很多问题，国外公司主导的操作系统存在水土不服的情况，COS 的出现将同时解决安全性和易用性两方面的问题。

2. 中国操作系统的主要优势

COS 采用成熟且安全增强过的 Linux 内核，提供用户态硬件抽象，提供数据与媒体层，支持多种运行时环境。

3．中国操作系统的应用

COS 可以运行的应用程序已经超过 10 万个，不但启动快速，而且更加安全，可以满足消费者的日常需求。另外，COS 操作系统拥有原生应用以及 HTML5 应用，并能加载虚拟机运行 Java 应用。

1.2.3　中国操作系统的安装

1．COS 系统安装步骤

第一步：下载文件，如果是用虚拟机，则应在用虚拟机打开选择系统的时候，选择"Ubuntu Linux"这个系统，否则无法正常安装。安装程序是 iso 格式的光盘镜像，大小为 1.71GB，文件名为 COS_Desktop_1.0alpha_Release_SP1.iso，从其名字上可以知道这是第一个公开的版本，如图 1-16 所示。

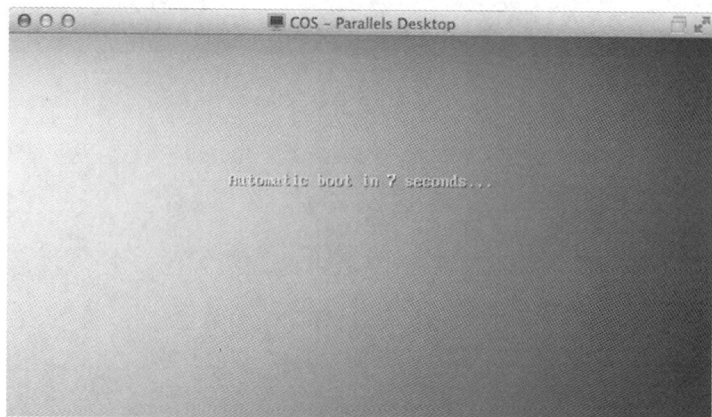

图 1-16　COS 系统安装 1

第二步：选择好系统以后，继续下一步，即可看到 COS 的初始页面"Automatic boot in 10 seconds…"，在 10 秒内系统会自动运行。如果要进入选择界面的话，需要在 10 秒内按"Tab"键，如图 1-17 所示。

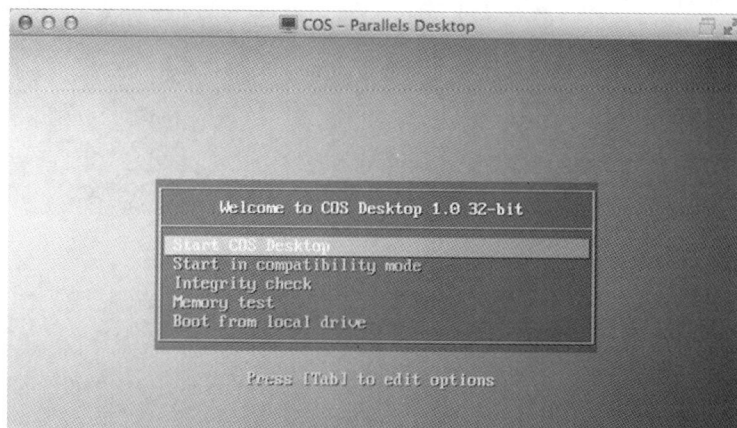

图 1-17　COS 系统安装 2

第三步：默认选择"Start COS Desktop"，按回车键即可进入桌面安装界面，系统自动完成安装，如图 1-18、图 1-19 所示。

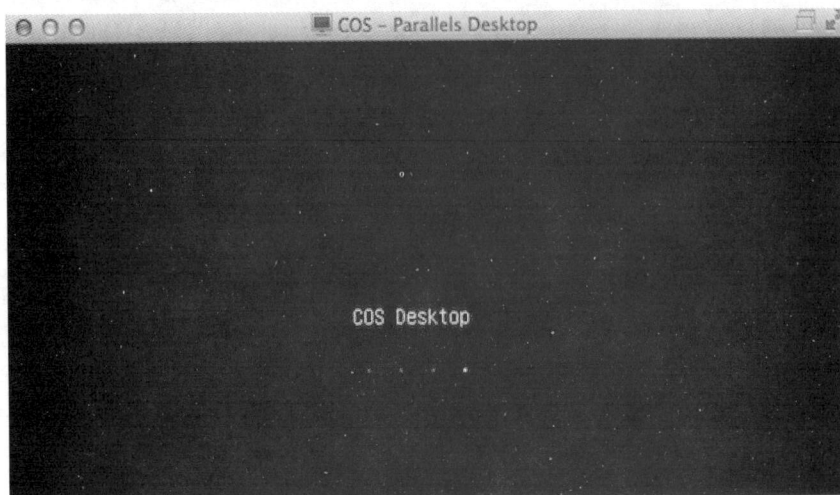

图 1-18　COS 系统安装 3

图 1-19　进入桌面

2. Androidx-86 操作系统的安装

启动安装程序后，从 boot(启动)菜单中选择"Installation-Install Android-x86 to harddisk"(安装到硬盘)，如图 1-20 所示。

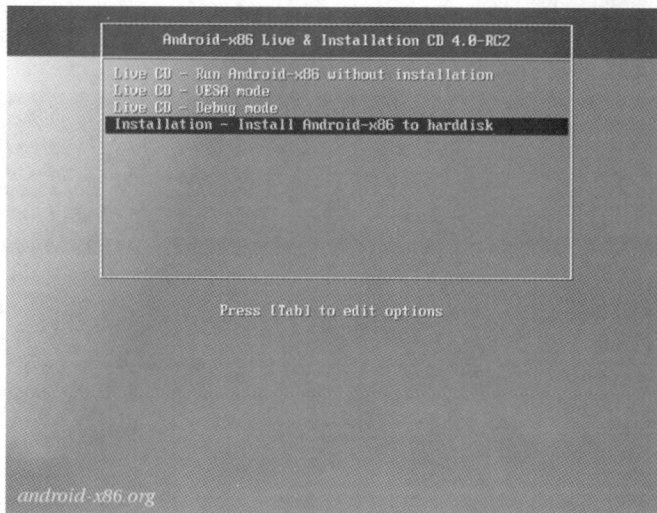

图 1-20 Android-x86 操作系统安装

（1）完整安装的话，首先第一步就要创建一个专门存放 Android 系统的分区，在图 1-21 所示的界面上选择 "Create/Modify partitions"，进入磁盘分区的界面。

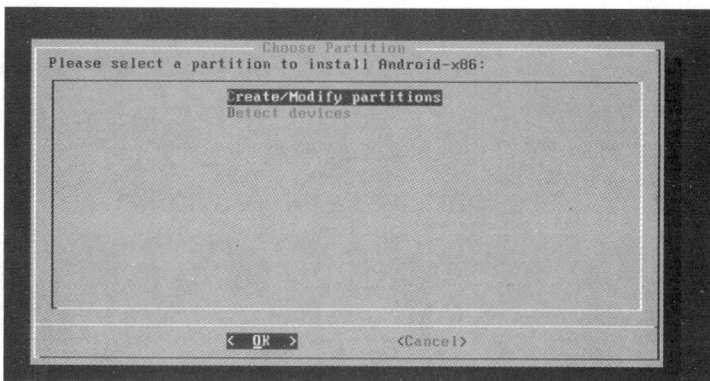

图 1-21 Android 系统的分区

（2）进入分区创建界面后，使用键盘将光标移动到 "New" 选项，如图 1-22 所示。

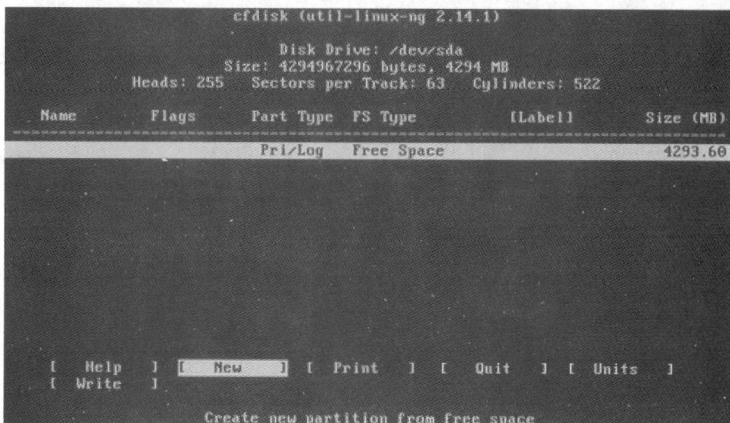

图 1-22 分区创建

(3) 选择菜单的"Primary"或"Logical"选项，选择在主分区或逻辑分区上创建 Android 系统，此处选择"Primary"项，如图 1-23 所示。

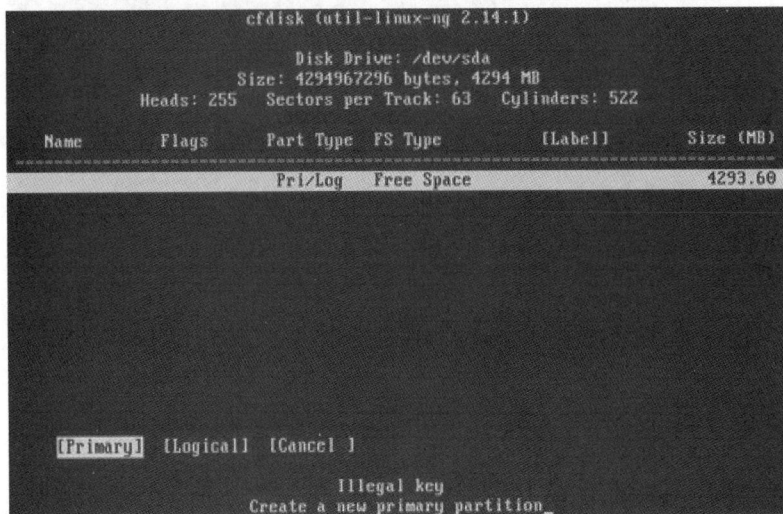

图 1-23　选择主分区

(4) 输入你需要创建的分区容量大小，单位为 MB，如图 1-24 所示。

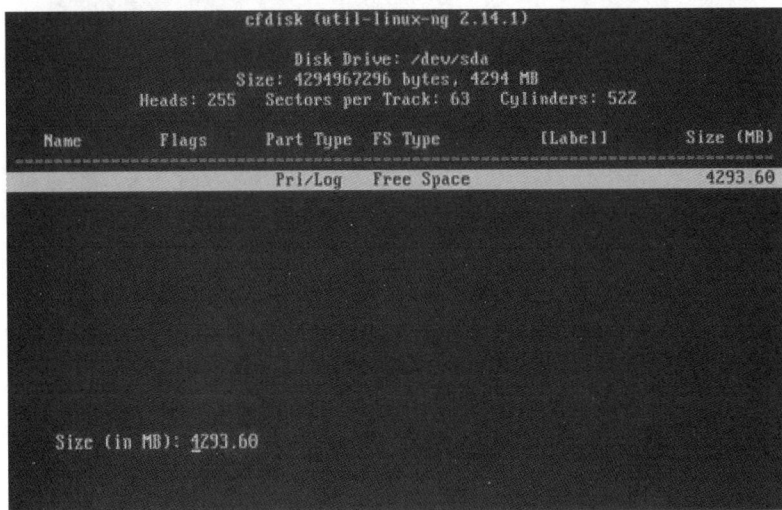

图 1-24　设置分区容量

(5) 设置完分区后选择菜单的"Bootale"选项，将分区设置成可启动分区，即将创建好的分区修改成"可启动"属性，如图 1-25 所示。

(6) 选择"Quit"选项，退回安装分区选择界面即可。

分区创建好之后，安装系统的工作基本完成一大半，然后再将 Android-x86 系统安装到之前创建的分区中即可。

(7) 从分区创建界面返回到系统安装分区选择界面，这时候可以看到界面已经有了一些变化，创建好的分区已经显示在菜单列表中了，选择该分区作为你的系统分区，然后按回车键确定，如图 1-26 所示。

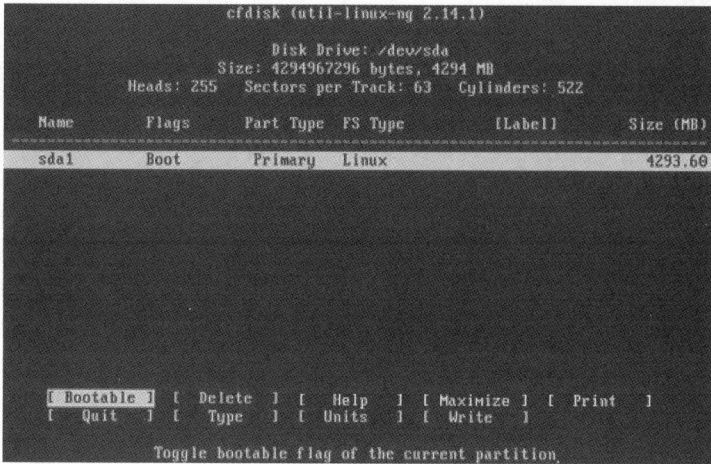

图 1-25　将分区修改成"可启动"属性

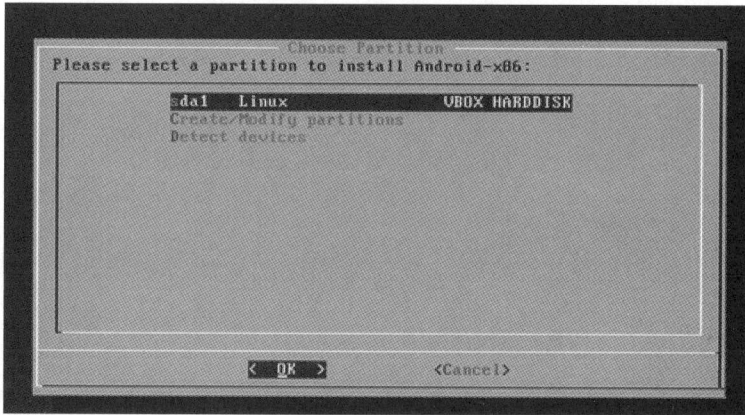

图 1-26　系统分区

(8) 选择分区的文件系统。选择"ext3"文件系统,这是在移动版 Android 系统中最常用的分区之一,也是为了更好的兼容,如图 1-27 所示。

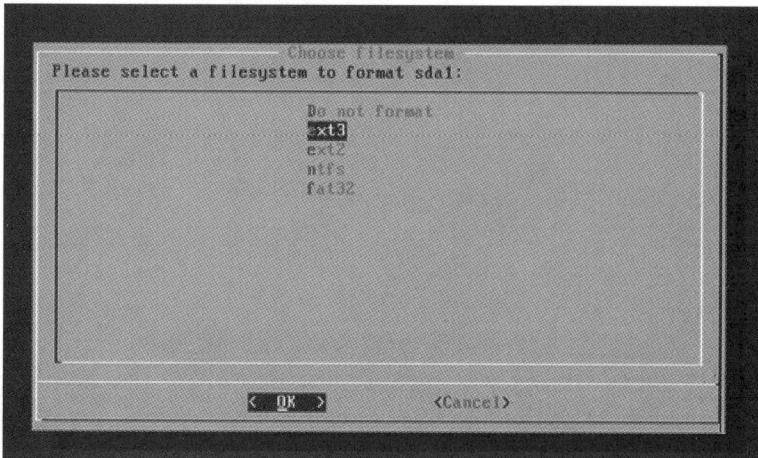

图 1-27　选择分区的文件系统

(9) 安装引导加载程序并确认，选择"Yes"，如图 1-28 所示。

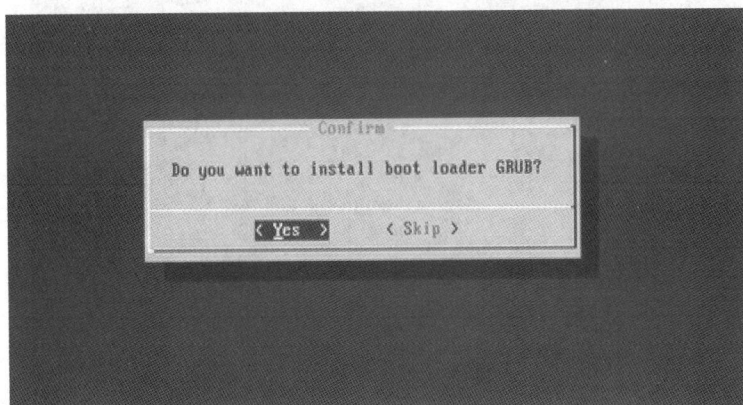

图 1-28　安装引导加载程序

(10) 设置系统文件夹为可读写权限，选择"Yes"，可以让开发者更加容易地进行 Debug 工作，但会占用一部分空间，如图 1-29 所示。

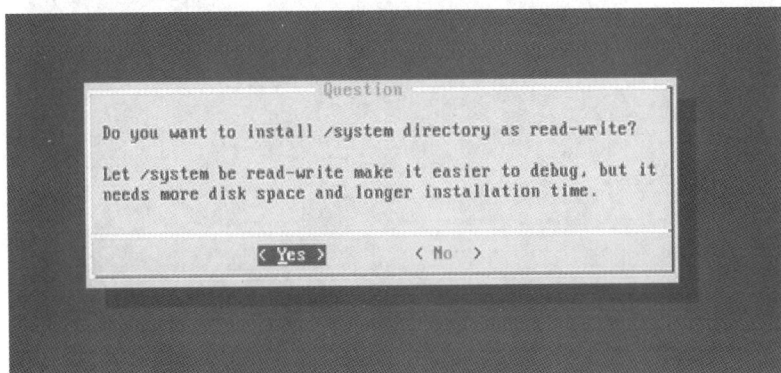

图 1-29　设置系统文件夹为可读写权限

以上操作全部完成后就可以直接运行 x86 版 Android 系统了，如图 1-30 所示。

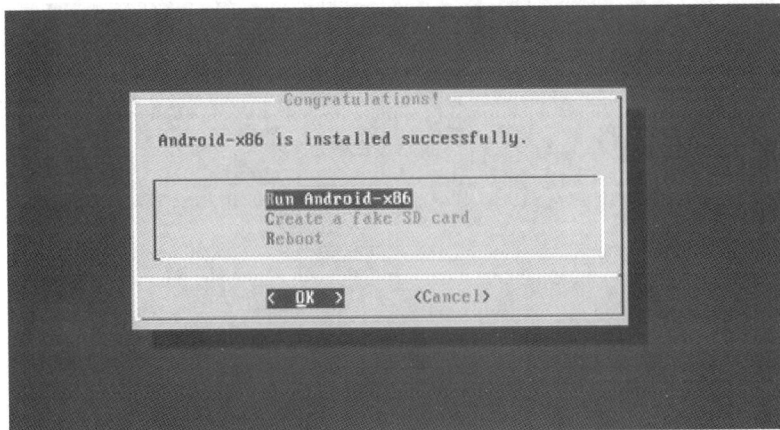

图 1-30　直接运行 x86 版 Android 系统

3．凤凰操作系统的安装

安装前的准备：下载最新版的 Phoenix OS ISO 版安装镜像。

安装步骤如下：

1）重启机器，在启动选项中选择 U 盘启动

（1）在需要安装系统的电脑插入 U 盘，开机后选择 U 盘启动，会显示如图 1-31 所示的菜单界面；选择"Installation-Install Phoenix OS to harddisk"选项，将 Phoenix OS 安装到硬盘上。

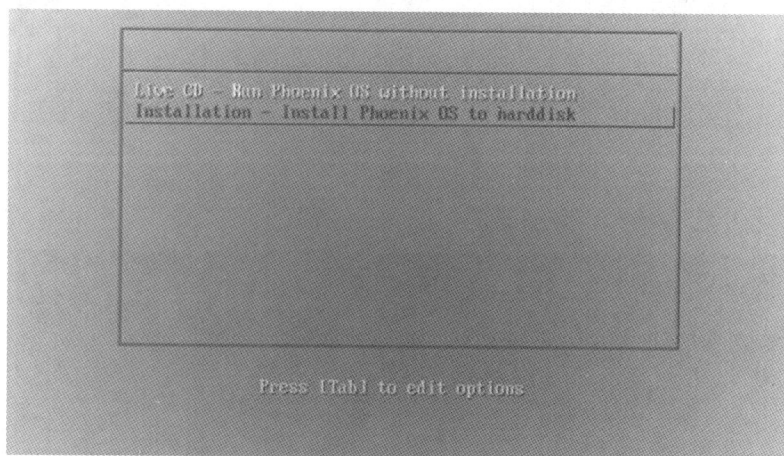

图 1-31　U 盘启动界面

（2）选择安装分区，如图 1-32 所示。

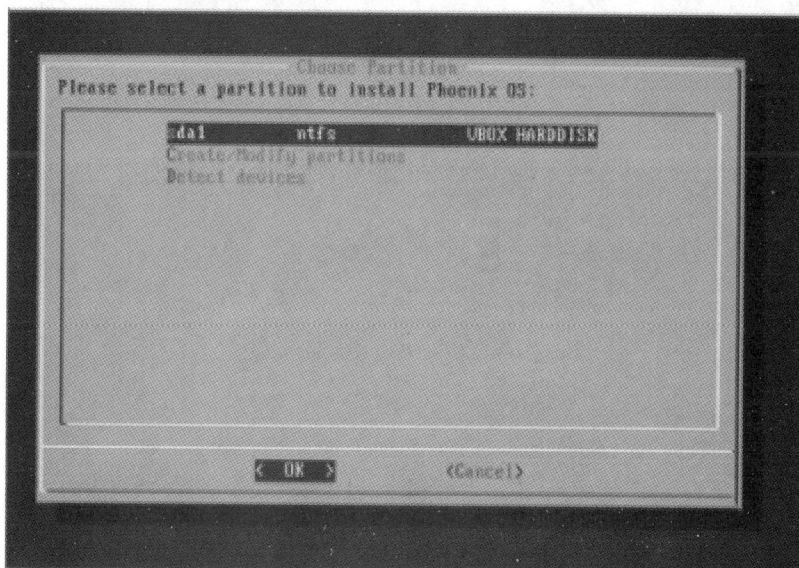

图 1-32　选择安装分区

（3）将文件系统格式化成 ntfs 格式，点击"OK"按钮，如图 1-33 所示。

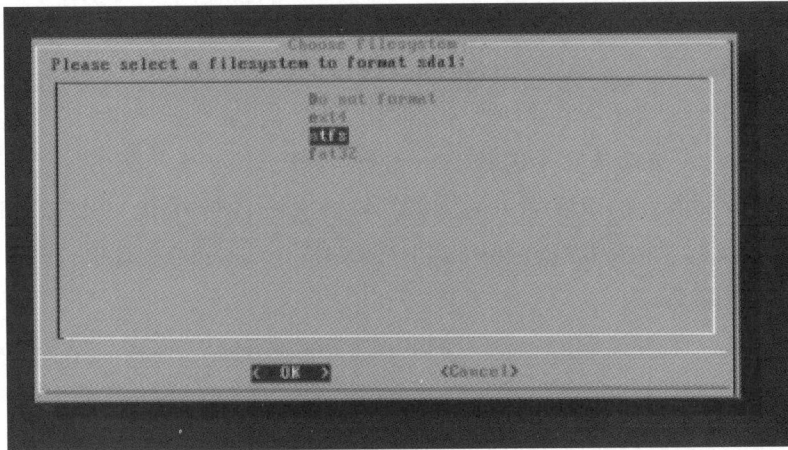

图 1-33　格式化文件系统

(4) 格式化之后选择安装启动器，如图 1-34 所示。

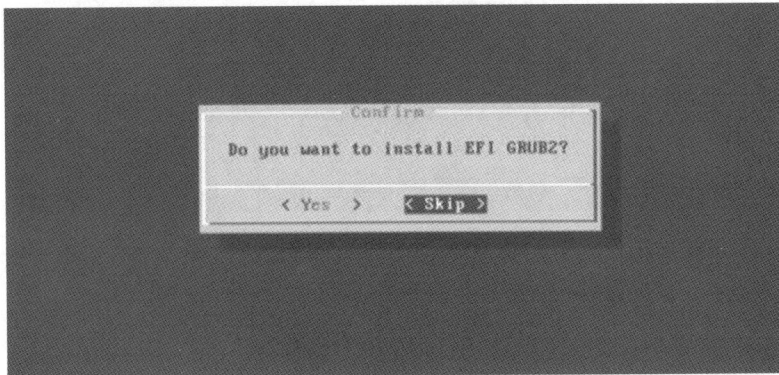

图 1-34　安装启动器

(5) 选择安装 GRUB，如图 1-35 所示。

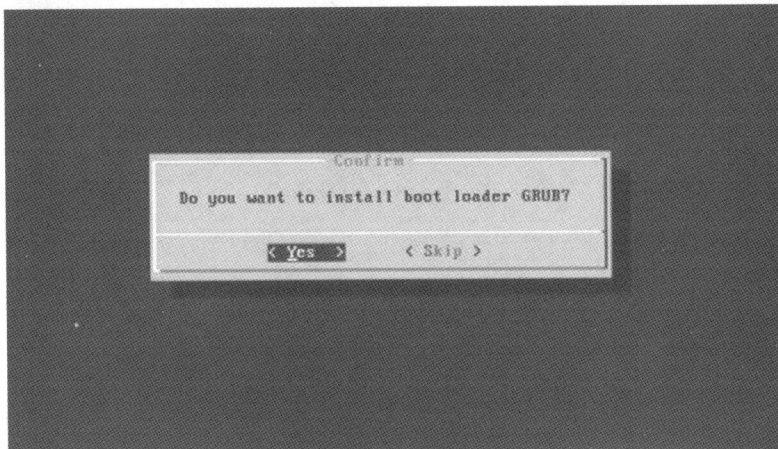

图 1-35　安装 GRUB

(6) 安装 GRUB 之后即开始自动安装，如图 1-36 所示。

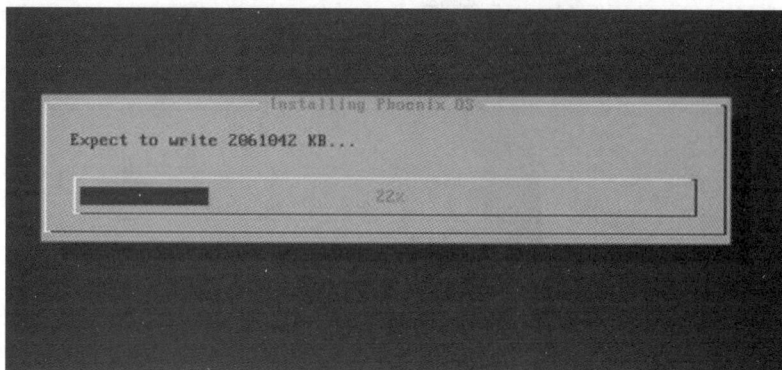

图 1-36　自动安装

(7) 系统盘安装完之后会提示是否创建 data.img，如图 1-37 所示。

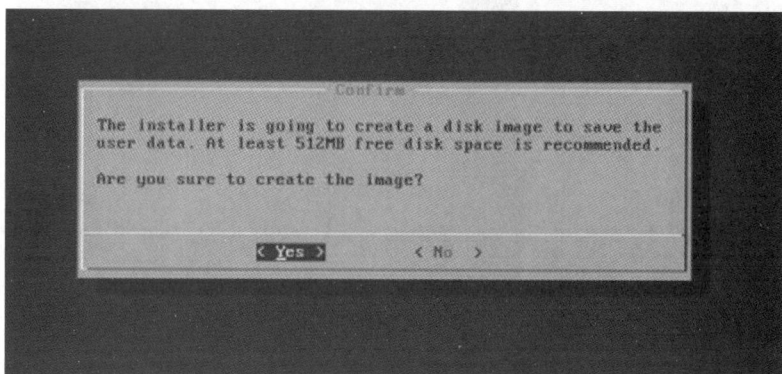

图 1-37　创建 data.img

这里可以选择 data.img 的大小，相比在 Windows 下安装时只有固定的四种大小选择更加方便，如图 1-38 所示。

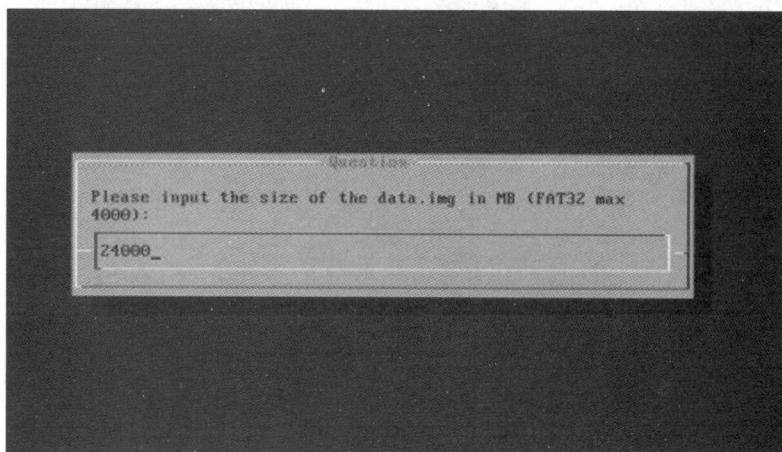

图 1-38　选择 data.img 的大小

(8) 创建过程比较耗时，如图 1-39 所示。

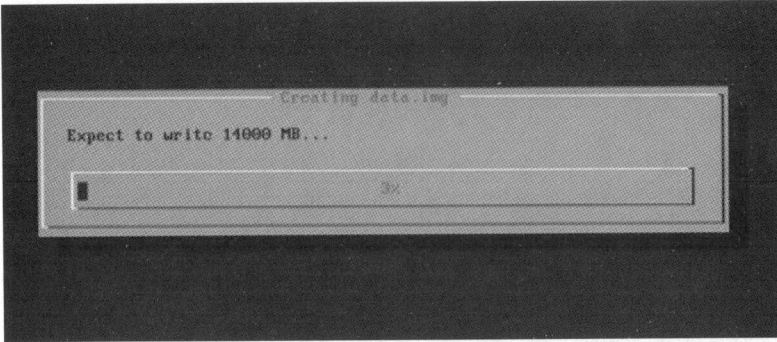

图 1-39　创建过程

(9) 完成之后就可以重新启动了。重启前须拔掉安装用的 U 盘，如图 1-40 所示。

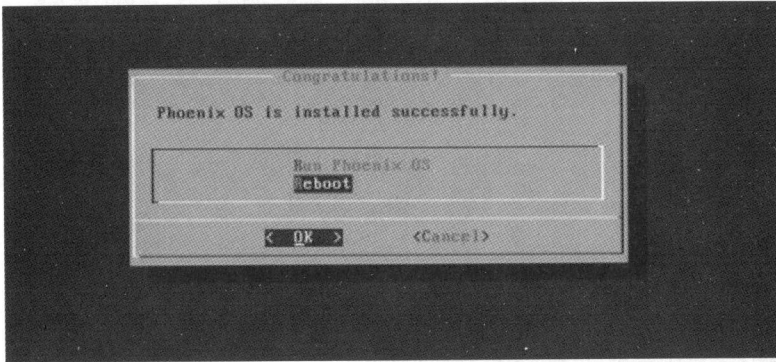

图 1-40　重新启动

2) 进入 Phoenix OS

(1) 重启后，若一切正常，会出现 GRUB 的启动界面，如图 1-41 所示。

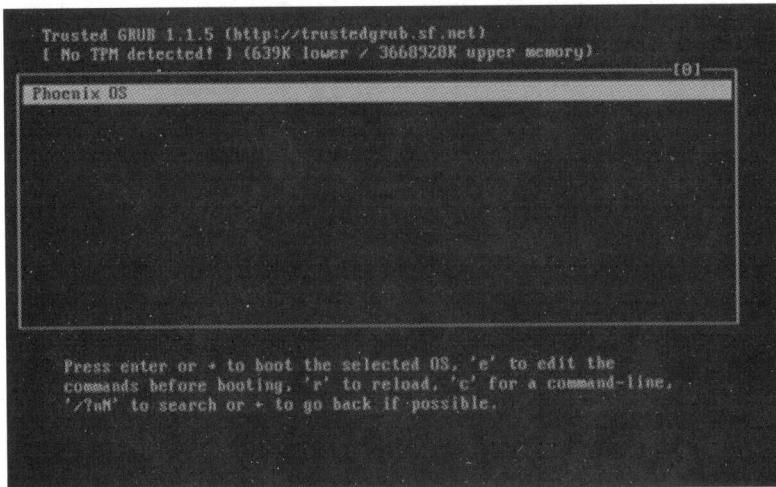

图 1-41　进入 Phoenix OS

(2) 进入第一次启动的初始化过程，如图 1-42 所示。

图 1-42　初始化过程

(3) 弹出开始界面，如图 1-43 所示。

图 1-43　开始界面

进入系统，Phoenix OS 系统就安装好了。

1.2.4　计算机模拟器

计算机模拟器(computer simulator)指的是"用计算机模拟其他计算机的模拟器"。计算机模拟器常被用于在实际发布前调试微程序或者商业应用程序。

1. 常见的计算机模拟器

1) 蓝叠模拟器

蓝叠模拟器是最早的模拟器之一，由印度公司研发，号称全球有 1.3 亿名用户，其兼容性一般，国内很多助手模拟器都是基于它优化的，如图 1-44 所示。

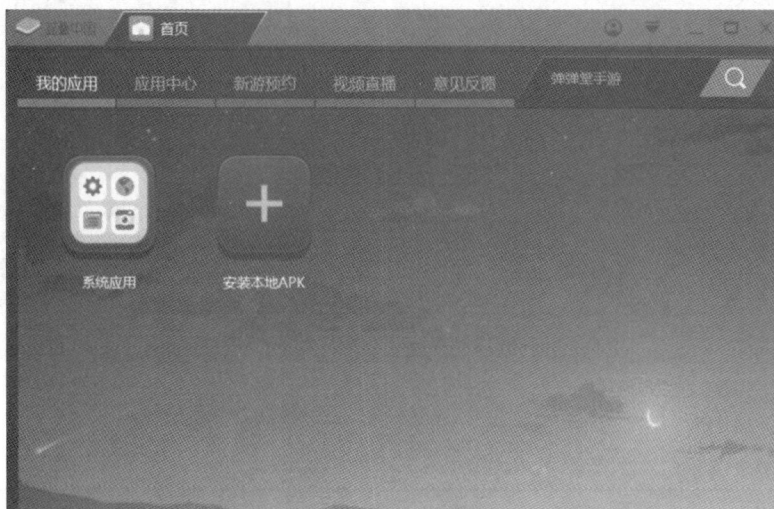

图 1-44　蓝叠模拟器

2) 网易 MuMum 模拟器

网易 MuMum 模拟器仅支持 Android 4.4 x86，部分 ARM 软件无法运行，不能多开模拟器，应用兼容性、优化和体验还有待提升，比较突出的缺点是模拟器的控制，没有模拟转动视角操作的键盘映射功能，适合低配电脑，如图 1-45 所示。

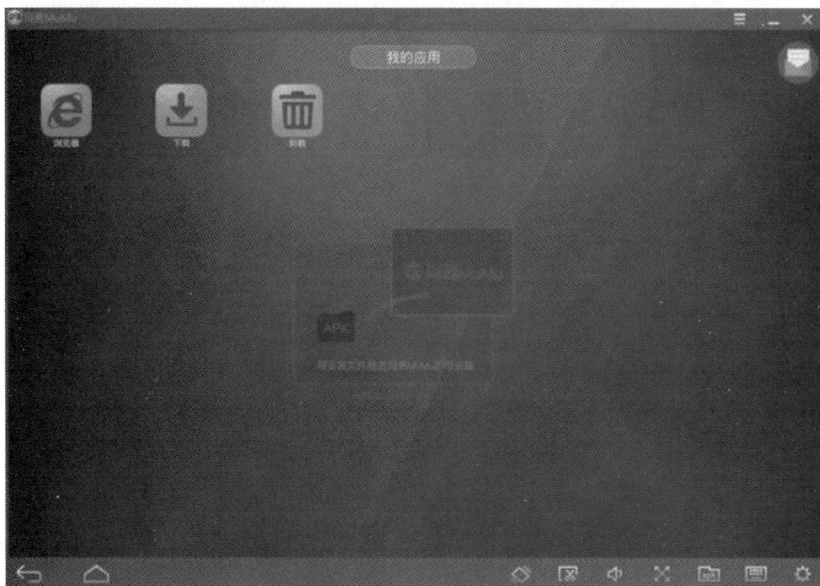

图 1-45　MuMum 模拟器

3) 逍遥安卓模拟器

逍遥安卓模拟器是 2015 年中推出的基于 Virtualbox 深度定制的安卓模拟器。业界首创的一键多开是其亮点。逍遥安卓模拟器版本更新快，需求响应及时。模拟器的性能和兼容性均不错，运行比较流畅，如图 1-46 所示。

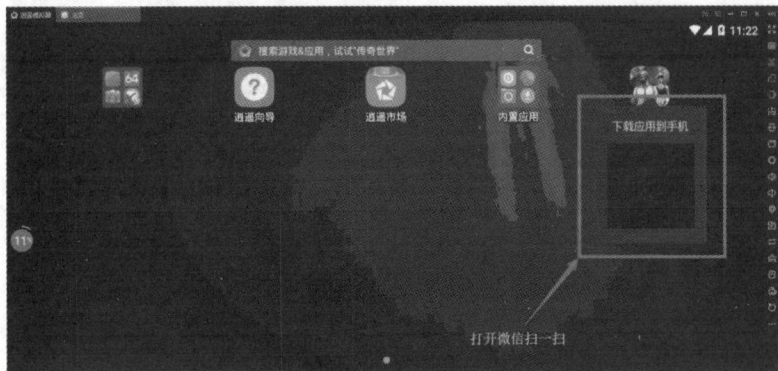

图 1-46 逍遥安卓模拟器

4) 雷电模拟器

雷电模拟器的发展非常迅猛，它于 2016 年正式上线，并且在 2.0 版本上采用了 5.1.1 的安卓内核，如图 1-47 所示。

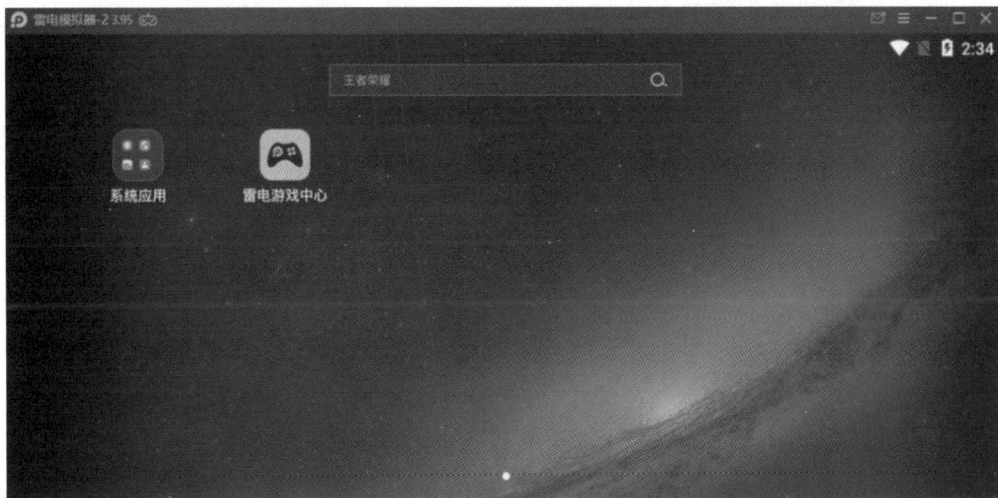

图 1-47 雷电模拟器

5) 黑雷苹果模拟器

黑雷苹果模拟器是由杭州几维逻辑科技有限公司精心打造的一款可以在 PC 上运行的 iOS 苹果模拟器软件。近些年来，随着苹果手机的销量逐渐提升，越来越多的人选择 iOS 系统，苹果手机自带的游戏吸引了众多中青年人士，于是 iOS 模拟器也应运而生。黑雷苹果桌面版模拟器便填补了这一空白。该软件完全还原了 iphone 在电脑端的体验，充分发挥了电脑的超强运算能力，带动应用及游戏稳定流畅运行，极速多开。

2. 模拟器安装与设置

1) 雷电模拟器安装

(1) 在官网下载雷电模拟器软件，并运行程序，如图 1-48 所示。

图 1-48　雷电模拟器安装

(2) 安装完成后点击软件右上角的三个横杠，在弹出的菜单中选择"软件设置"，如图 1-49 所示。

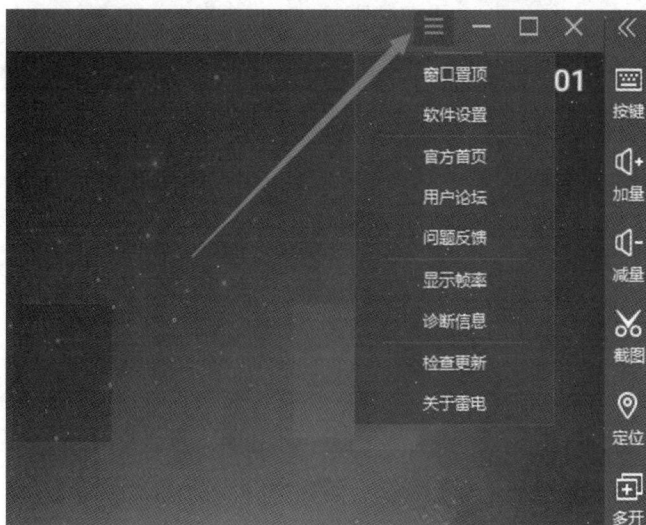

图 1-49　系统设置

(3) 进入设置界面，选择"性能设置"，选择"1920×1280"，点击"保存设置"，如图 1-50 所示。

此时会弹出提示窗口，点击"立即重启"，完成安装和设置过程。

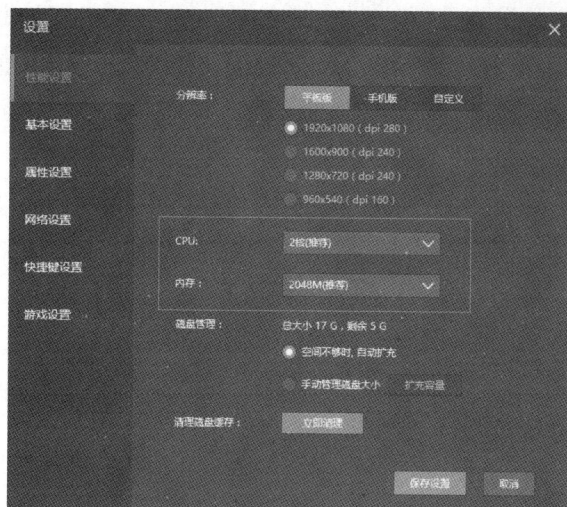

图 1-50 性能设置

2) 黑雷苹果模拟器安装

· 下载必备程序

黑雷模拟器客户端、VMware12 软件、Unlocker2018。

镜像文件：OSX-10.12-System-Release-v0.6。

为了保证安全，请到官网(www.heilei.com)下载。

· 安装 VMware12 软件

打开安装包，安装 VMware12，安装路径必须是英文。持续点击"下一步"，直至安装完成。

在"帮助"选项中，选择"注册 VMwareWorkstation"，输入激活码，进行激活。激活后，在"关于"选项卡中查询软件激活状态，如图 1-51 所示。

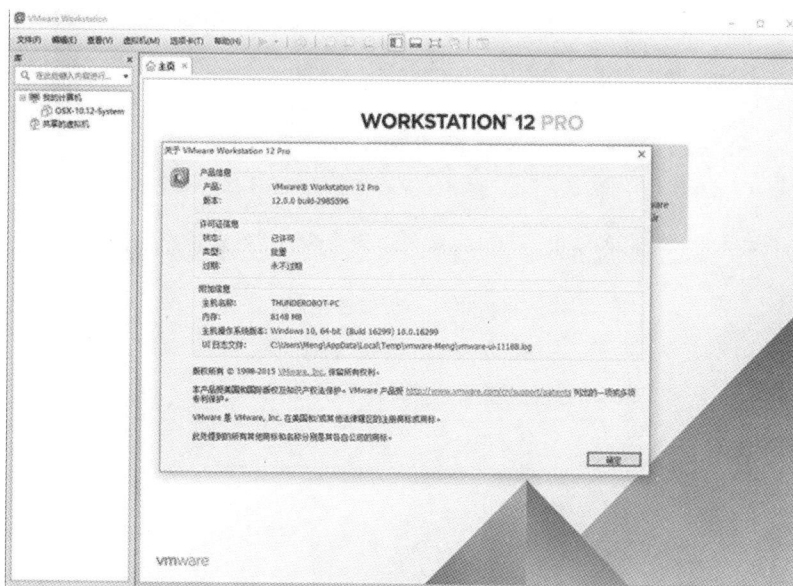

图 1-51 黑雷模拟器安装

- 安装 Unlocker2018 插件

打开 Unlocker2018 文件夹，找到"win-install"执行文件，鼠标右键单击"以管理员方式运行"，直至安装完毕。

- 加载镜像文件

将镜像文件 OSX-10.12-System-Release-v0.6 解压完毕，如图 1-52 所示。

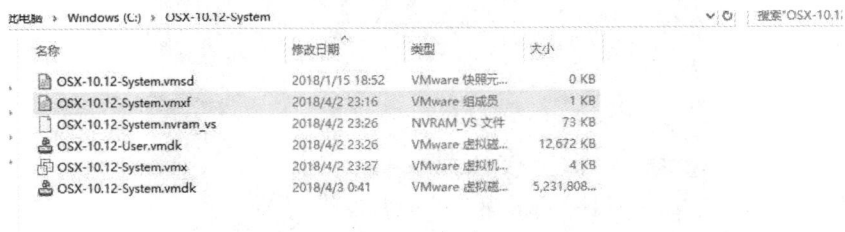

图 1-52　解压镜像文件

在首次打开模拟器时，会提示加载镜像，在地址栏选择 OSX 镜像即可，如图 1-53 所示。

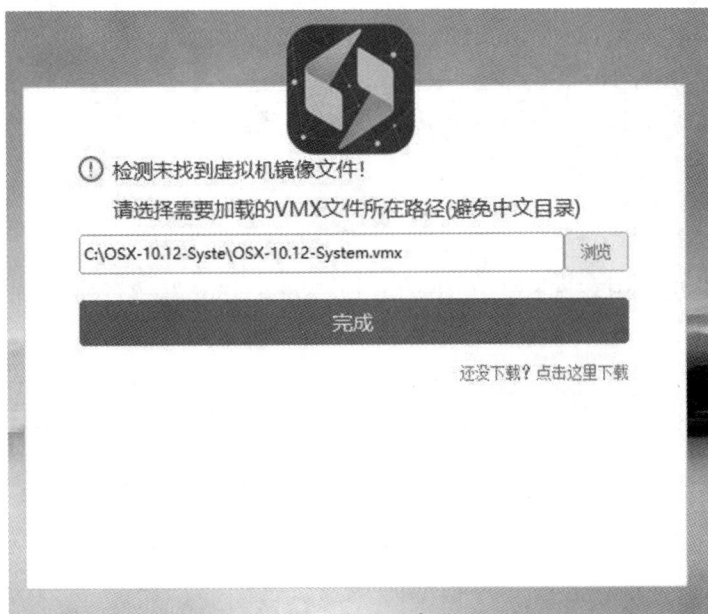

图 1-53　加载镜像文件

第 2 章　Word 高级应用技术

2.1　Word 2016 操作技能

2.1.1　Word 2016 快捷方式

1. 基本功能快捷键

Ctrl + N：创建与当前或最近使用过的文档类型相同的新文档；

Ctrl + O：打开文档；

Ctrl + W：关闭文档；

Ctrl + S：保存文档；

Ctrl + F：查找文字、格式和特殊项；

Ctrl + H：替换文字、特殊格式和特殊项；

Ctrl + Y：恢复或重复操作；

Ctrl + B：加粗；

Ctrl + I：斜体；

Ctrl + U：为字符添加下划线；

Ctrl + Shift + <：缩小字号；

Ctrl + Shift + >：增大字号；

Ctrl + C：复制所选文本或对象；

Ctrl + X：剪切所选文本或对象；

Ctrl + V：粘贴文本或对象；

Ctrl + Z：撤销上一操作；

Ctrl + Y：重复上一操作；

Shift + End：行尾；

Shift + Home：行首；

Shift + 下箭头：下一行；

Shift + 上箭头：上一行；

Ctrl + Shift + 下箭头：段尾；

Ctrl + Shift + 上箭头：段首；

Shift + Page Down：下一屏；

Shift + Page Up：上一屏；

Ctrl + Shift + Home：文档开始处；

Ctrl + Shift + End：文档结尾处；

Ctrl + A：包含整篇文档。

2. 字符设置快捷方式

Ctrl + Shift + F：改变字体；

Ctrl + Shift + P：改变字号；

Ctrl +]：逐磅增大字号；

Ctrl + [：逐磅减小字号；

Ctrl + D：改变字符格式("格式"菜单中的"字体"命令)；

Shift + F3：改变字母大小写；

Ctrl + Shift + A：将所有字母设为大写；

Ctrl + Shift + K：将所有字母设成小写；

Ctrl +=(等号)：应用下标格式(自动间距)；

Ctrl + Shift ++(加号)：应用上标格式(自动间距)；

Ctrl + Shift + Z：取消人工设置的字符格式；

Ctrl + Shift + Q：将所选部分设为 Symbol 字体。

3. 段落设置快捷方式

Ctrl + 1：单倍行距；

Ctrl + 2：双倍行距；

Ctrl + 5：1.5 倍行距；

Ctrl + 0：在段前添加一行间距；

Ctrl + E：段落居中；

Ctrl + J：两端对齐；

Ctrl + L：左对齐；

Ctrl + R：右对齐；

Ctrl + M：左侧段落缩进；

Ctrl + Shift + M：取消左侧段落缩进；

Ctrl + T：创建悬挂缩进；

Ctrl + Shift + T：减小悬挂缩进量；

Ctrl + Q：取消段落格式；

Ctrl + Shift + S：应用样式；

Alt + Ctrl + K：启动"自动套用格式"；

Ctrl + Shift + N：应用"正文"样式；

Alt + Ctrl + 1：应用"标题 1"样式；

Alt + Ctrl + 2：应用"标题 2"样式；

Alt + Ctrl + 3：应用"标题 3"样式；

Ctrl + Shift + L：应用"列表"样式。

2.1.2　Word 2016 实用技能

想要熟练地运用 Word 2016，一些实用技巧有必要掌握，这样可以提高我们的工作效率。

1．修改 Word 默认模板

在运行 Word 应用程序时，所有的新建文档都是在 Word 默认模板的基础上进行编辑的。如果新建的文档需要其他文档类型，可以通过修改 Word 默认的模板并保存修改内容，避免每次新建文档时都需要对默认模板进行修改才能进一步编辑文档。修改 Word 默认模板的方法如下。

步骤 1：打开 Word 文档，切换至"布局"选项卡，在"页面设置"选项组中单击"页边距"按钮。

步骤 2：打开"页边距"下拉列表，单击"自定义边距"命令。

步骤 3：打开"页面设置"对话框，根据需要进行设置。设置完毕后，单击"设为默认值"按钮。

步骤 4：弹出"Microsoft Word"提示框，单击"是"按钮，即可更改 Normal 模板的页边距。依此类推，用户只要将所需修改的内容修改设置完毕，单击"设为默认值"按钮即可对 Normal 模板进行修改并保存。

2．删除 Word 文档中的个人信息

在生活和工作中，有时用户需要把自己编辑的 Word 文档与他人进行共享，但是所编辑的 Word 文档可能含有个人的信息或隐藏的数据，这些又是我们不想共享的，因此在共享前，需要检查并删除个人信息和隐藏的数据。删除 Word 文档中个人信息的方法如下。

步骤 1：单击"文件"标签，在"文件"标签下拉列表中选择"信息"选项，并在"信息"选项面板中单击"检查问题"按钮，在弹出的下拉列表中，单击"检查文档"命令。

步骤 2：在弹出的"文档检查器"对话框中，勾选所有复选框，然后单击"检查"按钮，Word 将自动对文档进行检查，如图 2-1 所示。

步骤 3：检查完毕后，在弹出的"文档检查器"对话框"审阅检查结果"标签下单击"全部删除"按钮，即可将文档中的个人信息和隐藏数据删除。若还不放心，可单击"文档检查器"对话框中的"重新检查"按钮，对文档进行重新检查，检查结果示例如图 2-2 所示。

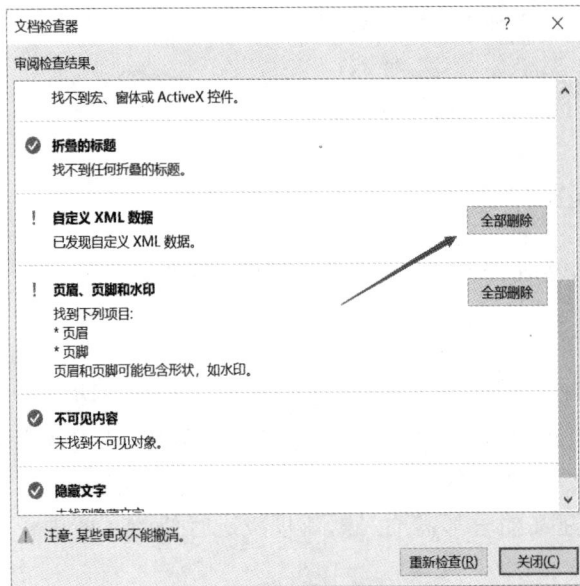

图 2-1　文档检查器

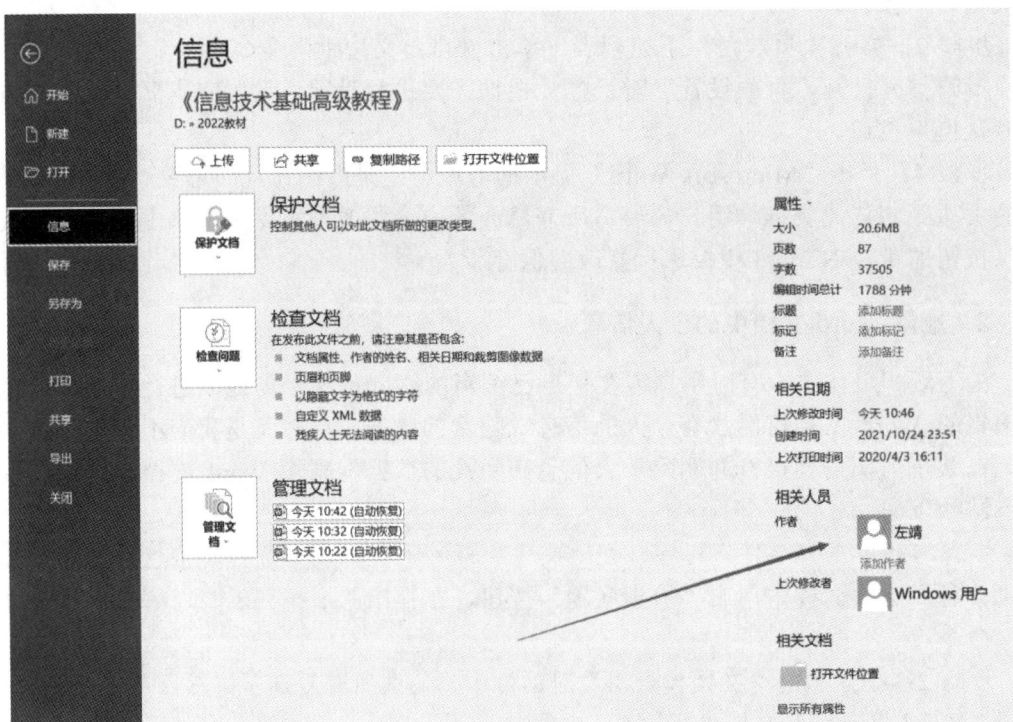

图 2-2　重新检查

3．快速清除文档所有格式

打开文档，按"Ctrl+A"全选文档，再点击"开始"→"清除文档所有格式"命令，即可清除文档的所有格式，如图 2-3 所示。

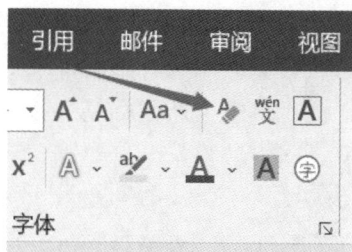

图 2-3　清除文档所有格式

4．为图片插入题注

在 Word 文档中编辑图片时，在图片中插入题注，可以便于对图片进行查找。但如果一张张地为图片插入题注，则过于繁琐并且浪费时间。此时，可以运用本文讲解的方式来自动插入题注。为图片插入题注的方法如下。

步骤 1：切换至"开始"选项卡，单击"段落"选项组中的"多级列表"按钮，在"多级列表"按钮的下拉列表中选择一种列表样式。

步骤 2：当前插入点便自动显示所选列表符号，将插入点定位到列表符号后面，然后在"多级列表"按钮的下拉列表中单击"定义新的多级列表"命令。

步骤 3：弹出"定义新多级列表"对话框，根据需要设置"编号格式"和"位置"，如将"编号对齐方式"设置为"居中"。设置完毕后，单击"定义新多级列表"对话框中的"更多"按钮，如图 2-4 所示。

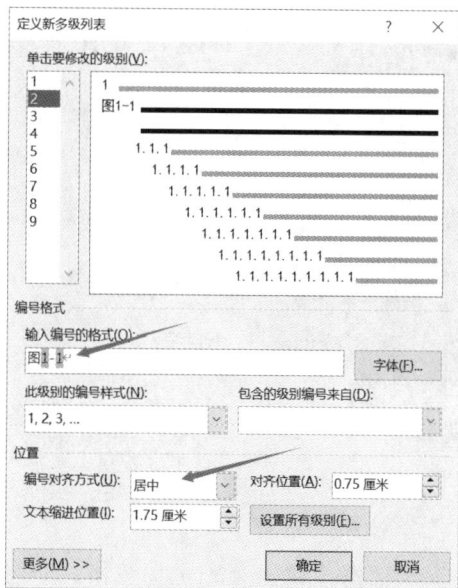

图 2-4　插入题注

步骤 4：此时对话框将显示更多功能选项，根据需要在"将级别链接到样式"标签下进行选择，将级别链接到标题 1。设置完毕后，单击"确定"按钮，并在文档中显示的多级列表符号后面输入标题文本，然后输入正文文本和插入图片。

步骤 5：选中需要插入题注的图片，切换至"引用"选项卡，在"题注"选项组中单击"插入题注"按钮。

步骤 6：弹出"题注"对话框，单击"新建标签"按钮，如图 2-5 所示。

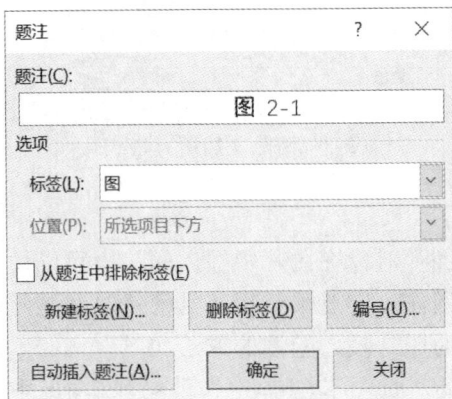

图 2-5　新建标签

步骤 7：弹出"新建标签"对话框，在"标签"文本框中输入标签名称，然后单击"确定"按钮。

步骤 8：返回"题注"对话框，在"选项"栏的"位置"文本框中，根据需要选择题注与图片的位置关系，设置完毕后，单击"编号"按钮。

步骤 9：弹出"题注编号"对话框，将"章节起始样式"选择为"标题 1"，因为步骤 4 中设置多级列表时已将级别链接到了标题 1。设置完毕后，单击"确定"按钮，如图 2-6 所示。

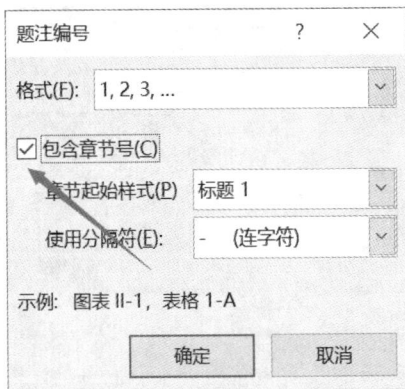

图 2-6　章节起始样式

步骤 10：返回"题注"对话框并单击"确定"按钮，即可在图片下方插入题注。

步骤 11：为下一张图片插入题注时，只需右键单击图片，在弹出的快捷菜单中单击"插入题注"选项，即可弹出"题注"对话框。在"题注"对话框中"题注"名称便会自动显示为"图 1-2"，而无需手动修改，直接单击"确定"按钮，即可在文档图片中依次插入带有序号的题注。

5．Word 文档间传递样式的方法

Word 文档中有着各式各样的样式供选择，可以选择现有的样式，也可以根据个人需要对样式进行个性化修改与设置。当设置好一个样式后，该样式仅保留在当前文档中。如果要在其他文档运用该样式，需要将样式进行传递。下面介绍在不同 Word 文档间传递样式的方法。

步骤 1：打开需要传递的样式所在的文档，切换至"开始"选项卡，单击"样式"选项组右下方的"对话框启动器"按钮，打开"样式"窗口，如图 2-7 所示。

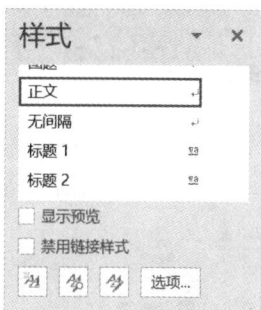

图 2-7　"样式"窗口

步骤 2：单击窗口下方的"管理样式"按钮，打开"管理样式"对话框，如图 2-8 所示。

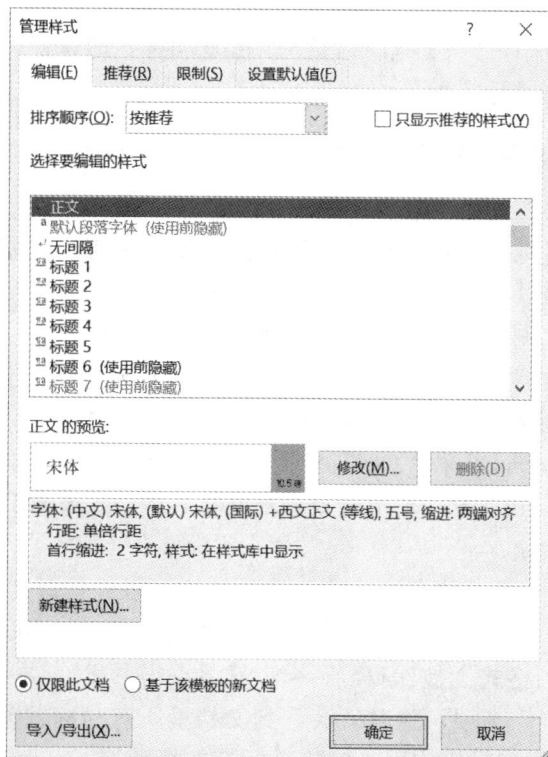

图 2-8　"管理样式"对话框

步骤 3：单击"导入/导出"按钮。

步骤 4：弹出"管理器"对话框，在"技巧"（"技巧"为当前文档名称)下拉列表中选择所需传递的样式，例如选择"标题 1"样式。选择完毕后，单击"复制"按钮，即可将所选中的样式复制到对话框的"到 Normal"方框，如图 2-9 所示。

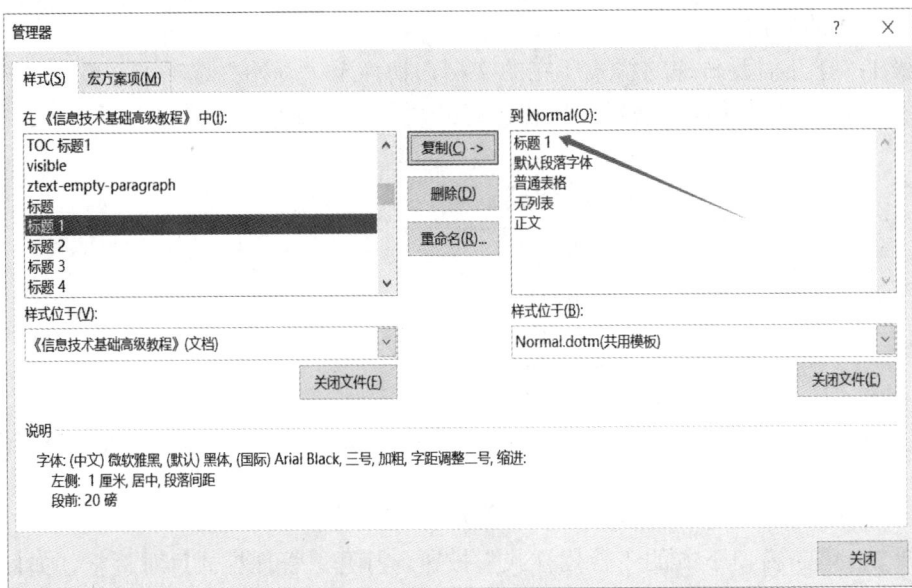

图 2-9　导入/导出样式

复制完毕后，直接关闭"管理器"对话框，所复制样式即可保留在 Word 的 Normal 模板中，以供所有文档进行应用。

6．批量复制粘贴文本与格式

复制粘贴在每个人的工作中是很常用的操作，Word 里面还有一个很常用的复制方法就是格式刷。然而多数人在利用格式刷时往往只知道单击一次格式刷可以将格式复制粘贴一次，却不知道其实在面对同类型格式需要多次复制时，可以双击格式刷，这样就可以连续使用格式刷进行多次的格式复制粘贴了。

格式刷虽然方便，但是在进行跨页面操作时容易出现意外退出格式刷的情况，要想实现稳定的连续复制粘贴功能，可以使用快捷键进行操作。

很多人都知道"Ctrl + C"和"Ctrl + V"是用来复制粘贴内容的，却不知道"Ctrl + Shift + C"和"Ctrl + Shift + V"是用来复制粘贴格式的，在某种程度上来说等同于格式刷，但又比格式刷稳定。

在 Word 中隐藏了一个很神奇的功能，那就是选中格式相似文本。

先将文本中其中一个需要修改的标题或者内容按要求修改好，然后按下"Ctrl + Shift + C"，这时复制的格式会被保存到后台，然后点击"开始"→"选择"命令按钮，选择"格式相似的文本"选项，这时就会看到文档里所有的标题都被选上了，然后再按"Ctrl + Shift + V"就能轻松实现一键修改所有的标题格式，如图 2-10 所示。

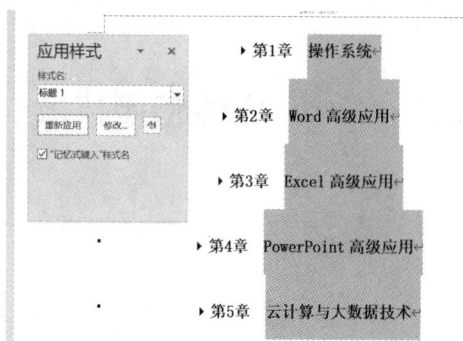

图 2-10　标题格式

7. 快速输入日期、时间

将鼠标光标定位至需要输入日期或时间的位置，直接按下键盘"Alt+Shift+D"组合键即可自动输入当前日期或按下"Alt+Shift+T"组合键自动输入当前时间。

8. 隐藏换行符

在 Word 文档中，经常使用换行符来切换段落，每次使用回车键达到换行目的时，总会在文档中留下回车换行符。虽然换行符并不会被打印显示出来，但是对于无需打印，只需用电子版查阅文档的用户来说，一份文档中存在这么多的换行符会使整篇文档显得有点混乱。为了使文档显得更整洁，可以使用 Word 中隐藏回车换行符的功能来隐藏这些换行符。

在 Word 2016 文档中显示或隐藏回车换行符的方法如下：单击"文件"标签，在弹出的"文件"标签下拉列表中选择"选项"选项，点击"显示"选项，在列表中取消勾选段落标记，单击"确定"按钮，系统会自动隐藏文档中的回车换行符，如图 2-11 所示。

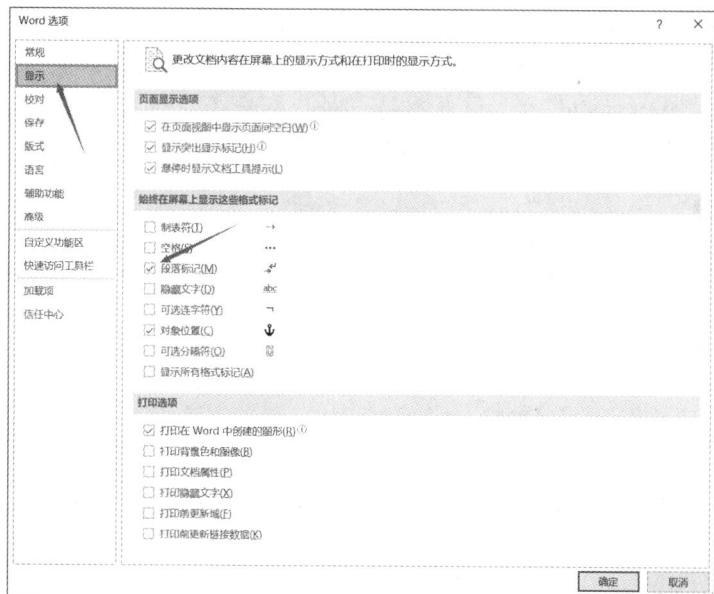

图 2-11　取消勾选段落标记

2.2 Word 2016 应用技术

2.2.1 Word 域应用技术

1. 什么是 Word 域

在 Word 中所有可以变化的内容，其本质都是域。右击域对象，如图 2-12 所示。

剪切(T)
复制(C)
粘贴选项:
更新域(U)
编辑域(E)...
切换域代码(T)
字体(F)...
段落(P)...
插入符号(S)

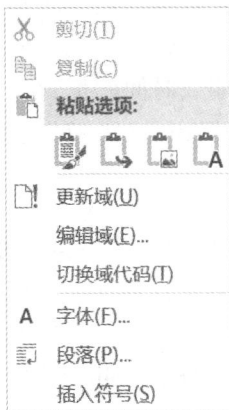

图 2-12 域对象操作

以插入日期和时间为例，单击“插入”选项卡中的“日期和时间”按钮，在弹出的“日期和时间”对话框中勾选任意可用格式，同时勾选“自动更新”复选框，单击确定。当单击该日期时会显示灰色底纹(域的最明显的标志)。

在该日期上单击鼠标右键选择“切换域代码”，可以看到域代码的本来面目。它的结构是 TIME\@ “yyyy/M/d” ，最外围是一对花括号 { }。此处注意，这个花括号不是直接输入的花括号，必须使用“Ctrl+F9”组合键来输入才能被 Word 识别为域代码。

2. 域的构成

以最常用的页码域、页数域为例，其构成形式及含义如图 2-13、图 2-14 所示。

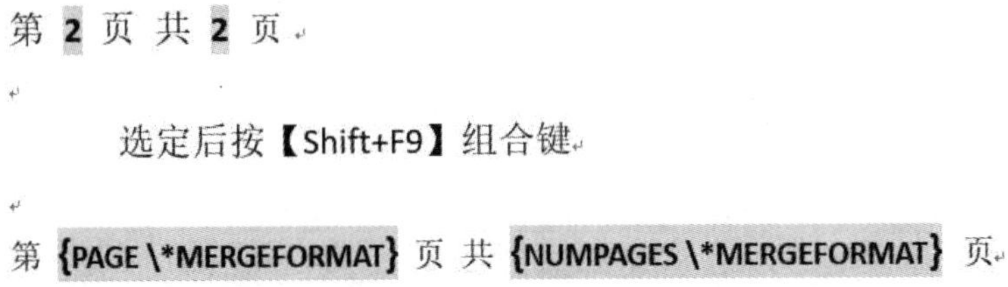

第 2 页 共 2 页
选定后按【Shift+F9】组合键
第 {PAGE *MERGEFORMAT} 页 共 {NUMPAGES *MERGEFORMAT} 页

图 2-13 域的形式

项目	名称	含义
{ }	域标志	含两个半角空格的一对花括号
PAGE *MERGEFORMAT	域代码	域标志中的文本
2	域结果	域产生的值
PAGE	域名	域的合法、有效名称
	域开关	指定域结果的显示方式，与域名间有一个半角空格
*	格式域开关	为域结果设置特定格式
MERGEFORMAT	开关项	更新时保留原格式
	域底纹	以底纹方式突出显示域，域底纹不会被打印

图 2-14　域的含义

3．域的分类

Word 域代码分九大类，根据域作用范围，分为编号、等式和公式、链接和引用、日期和时间、索引和目录、文档信息、文档自动化、用户信息、邮件合并九大类共 74 个域，如图 2-15 所示。

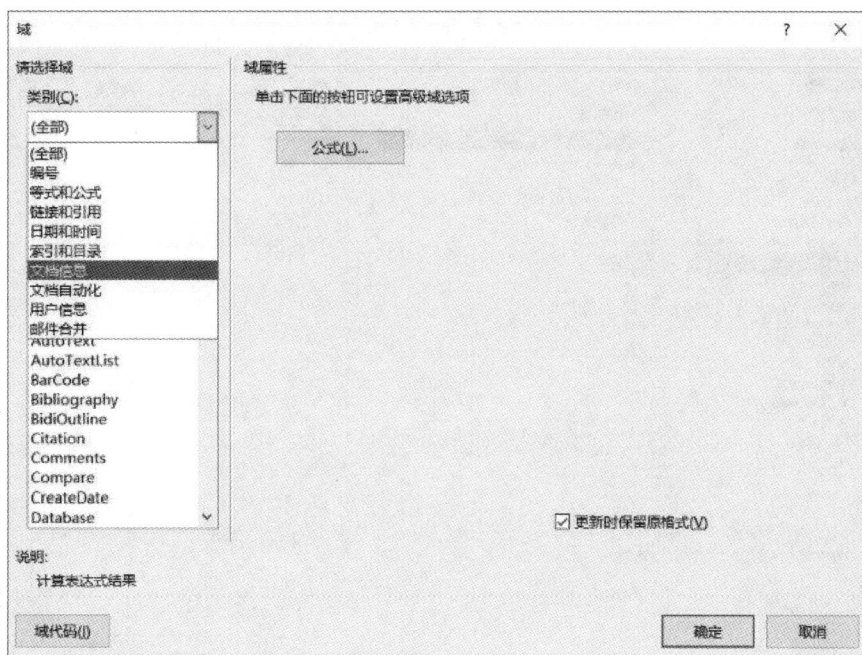

图 2-15　域代码分类

4．使用域对话框

其实绝大多数的域代码都能够通过功能组中的命令来输入，单击"插入"→"文档部件"→"域"，在弹出的"域"对话框中选择相应的域类别后就可以快速找到想要的域，如图 2-16 所示。

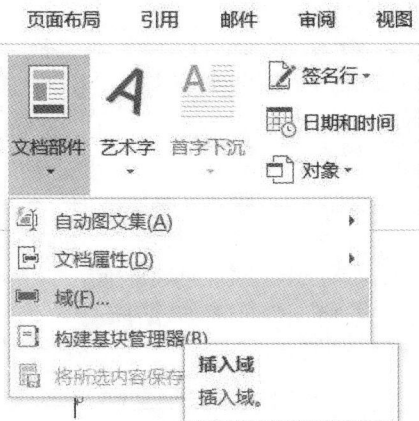

图 2-16 插入域命令

例如：在"域"对话框选择"文档信息"→"Filename"域，勾选"域选项"的"添加路径到文件名"复选框，如图 2-17 所示。单击确定后可以看到，"Filename"域返回了当前这个文档的名称和位置。

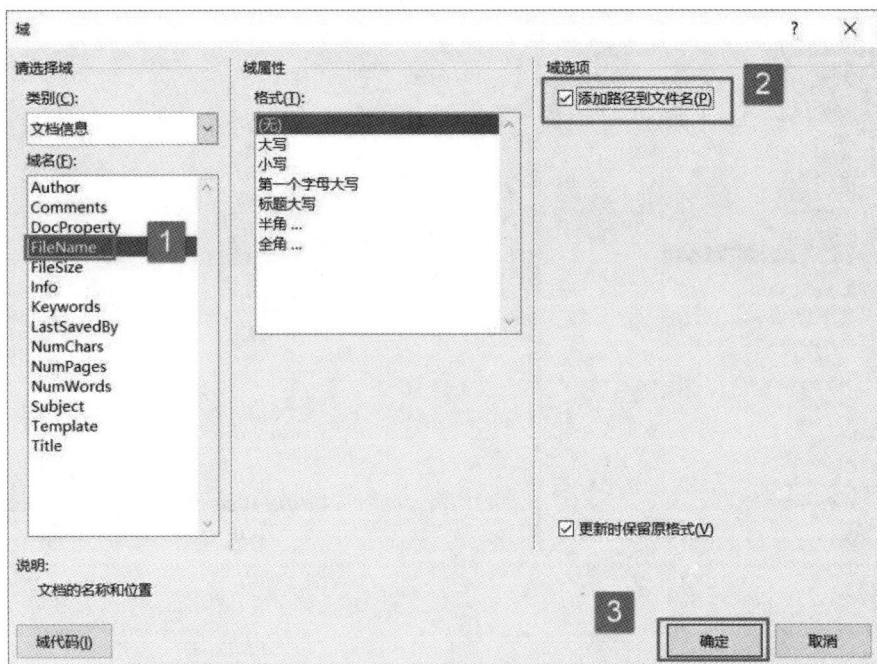

图 2-17 "域"对话框

域开关分两种，即通用开关和专用开关。选择编辑域，在域对话框单击"域代码"，会弹出"域选项"对话框，可以看到当前域代码的通用开关和域专用开关，如图 2-18 所示。

域选项当中，通用开关可应用到所有的域。当前域代码是 FILENAME \p，当中的 p 是当前域专用开关，它显示的是我们当前使用的这个域名称专有的开关。

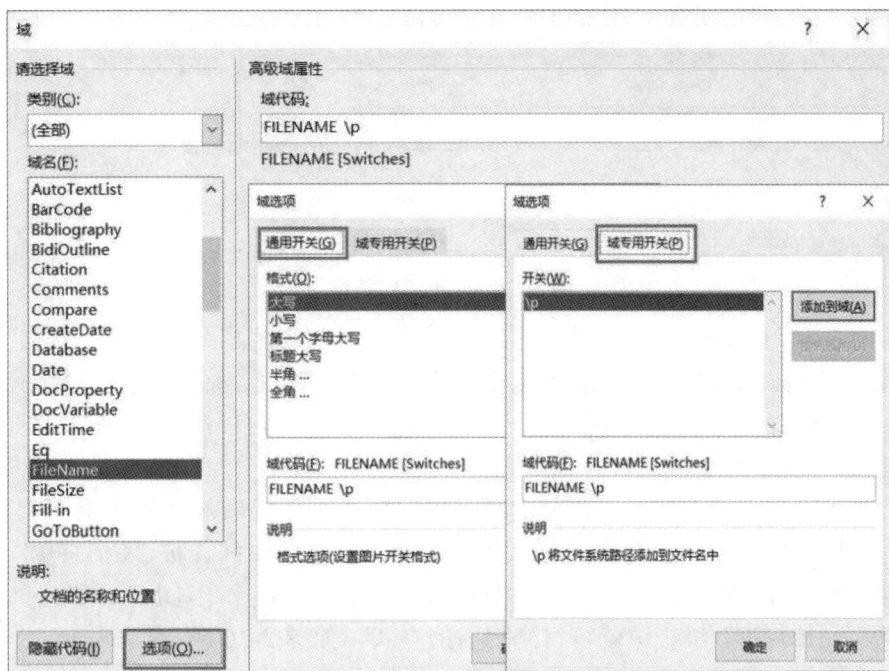

图 2-18　通用开关和域专用开关

5．手工输入域代码

如果遇到复杂的嵌套域，则需要手动输入城代码，下面以"Filename"域做示例。

首先按"Ctrl + F9"组合键输入一对大括号及两个空格。将插入点定位到大括号内的两个空格之间，输入域名"Filename"，按"F9"刷新，查看返回的结果，仅显示当前文件的文件名。

按"Shift+F9"组合键切换为域代码状态，在域名后输入一个半角空格和专用开关"p"。最后，按"F9"键更新域代码，得到当前文档的路径、文件名和扩展名。

注意事项及快捷键

手动输入域代码时要注意的事项如下：

- 域大括号必须使用"Ctrl + F9" 组合键输入。
- 域名不区分大小写。
- 域名与其属性或开关之间保留一个空格。
- 如果在参数中包含空格，必须在参数两边加双引号。
- 如果在域属性中包含文字，必须在文字两边加单引号。
- 域名、域开关、开关项部分的文本必须为半角字符。
- 当域代码文本较长时，不得强制换行。
- 指定路径时，必须使用反斜线"\"作为路径分隔符。
- 学习域代码怎么能没有快捷键，附几个常用的快捷键供学习使用，如图 2-19 所示。

Ctrl+F9	插入域标志
Shift+F9	选中域的域结果或代码间切换
Ctrl+Shift+F9	转为静态文本
Alt+F9	所有域的结果或代码间切换
F9	刷新选中的域（域的更新需要事件的驱动，切记！！）
Ctrl+F11	锁定域
Ctrl+Shift+F11	解除对域的锁定

图 2-19　域代码快捷键

【例 1】利用 Word 域，设置"第 N 页/共 N 页"页码。

排版文档时，按不同的要求，我们设置的页码也不相同，如果要求页码样式为"第 N 页/共 N 页"的形式，这种页码效果如何实现呢？同样可以用 Word 域来快速完成，下面介绍具体操作方法：

(1) 进入页眉页脚，将鼠标光标定位到中间位置，然后输入"第页/共页"。

(2) 然后分别单击"第"和"页"、"共"和"页"的中间，按"Ctrl+F9"组合键插入域大括号{}，然后分别在大括号内输入域代码{PAGE}和{NUMPAGES}。输入完成后，按"Alt + F9"组合键就可得到想要的样式，如图 2-20 所示。

> 例如：在【域】对话框选择【文档信息】-【Filename】域，勾选【域选项】的【添加路径到文件名】复选框，单击确定后可以看到，【Filename】域返回了当前这个文档的名称和位置。
>
> 第37页/共80页

图 2-20　页码样式

提示：完整域代码为：第{PAGE}页/共 {NUMPAGES}页。

【例 2】利用 Word 域，在页眉中提取章节标题。

在一些长文档中，有时会发现每一页的页眉中显示了该章节的标题，如图 2-21 所示。这种页眉效果如何快速实现呢？还是可以利用 Word 域来完成，具体操作方法如下：

进入页眉页脚，打开"域"对话框，在"域名"列表框中选择"StyleRef"域，在"样式名"下拉列表框中选择"标题 1"选项，然后单击"确定"按钮，即可在页眉中自动插入章节标题。

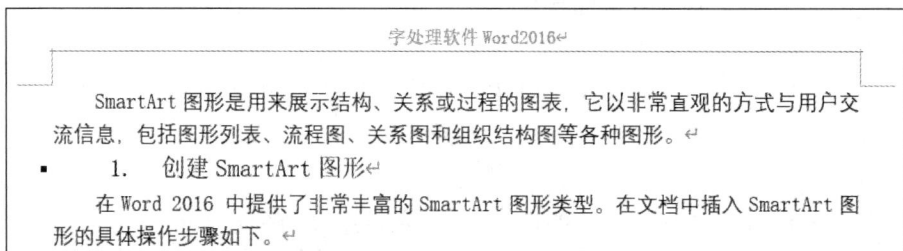

> 字处理软件 Word2016
>
> SmartArt 图形是用来展示结构、关系或过程的图表，它以非常直观的方式与用户交流信息，包括图形列表、流程图、关系图和组织结构图等各种图形。
> - 1. 创建 SmartArt 图形
> 在 Word 2016 中提供了非常丰富的 SmartArt 图形类型。在文档中插入 SmartArt 图形的具体操作步骤如下。

图 2-21　自动插入章节标题

2.2.2 高级查找与替换技术

1．批量清除文档中的空格

使用快捷键"Ctrl + H"或者直接单击"开始"选项卡→"替换"命令，打开替换窗口。然后选择查找内容，单击下面的"更多"→"特殊格式"，在列表中选择"空白区域"选项，如图 2-22 所示。

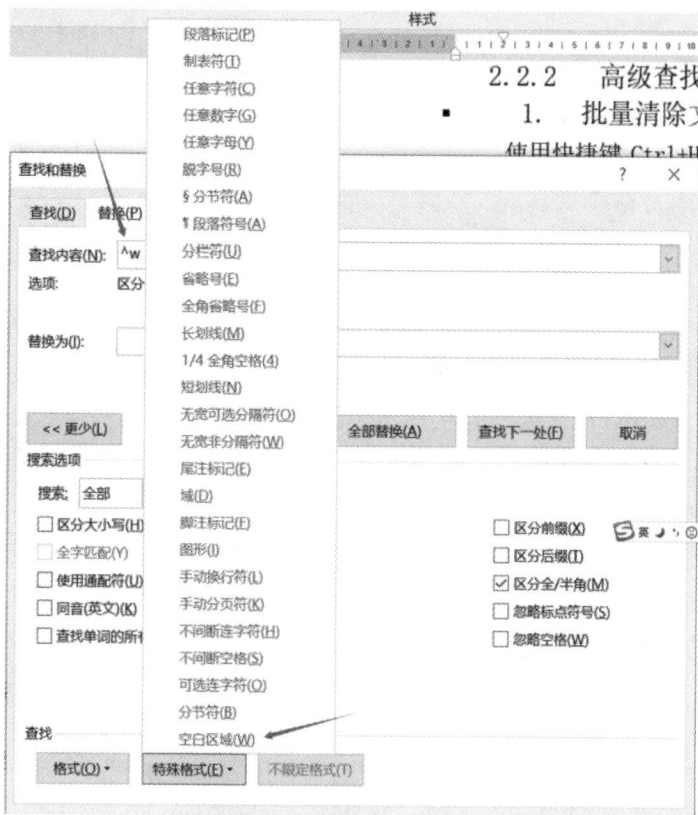

图 2-22　清除文档中的空格

直接在"查找内容"框中输入^w 也可以，下面的"替换为"框中什么都不需要写，直接留空就可以了。单击全部替换即可。

2．批量清除文档中的空行

使用快捷键"Ctrl + H"或者直接单击"开始"选项卡→"替换"命令，打开替换窗口。然后选择查找内容，单击下面的"更多"→"特殊格式"，在列表中选择"段落标记"选项。

直接在"查找内容"框中输入^p^p 也可以，下面的"替换为"框中写^p，两个段落标记替换成一个。单击全部替换，全部替换好之后会弹出替换成功窗口，如图 2-23 所示。

图 2-23　清除文档中的空行

3．批量替换文档中的手动换行符

使用快捷键"Ctrl + H"或者直接单击"开始"选项卡→"替换"命令，打开替换窗口。然后选择查找内容，单击下面的"更多"→"特殊格式"，在列表中选择"手动换行符"选项。

直接在"查找内容"框中输入^l 也可以，下面的"替换为"框中写^p，单击全部替换，全部替换好之后会弹出替换成功窗口，如图 2-24 所示。

图 2-24　替换文档中的手动换行符

4．批量替换中英文引号

在编辑文章时，可能会遇到使用英文标点符号的文档，需要把所有的英文标点符号转化为中文标点符号。

以替换英文引号为例，将文中的任意一个英文引号复制到剪贴板中，打开 Word 替换窗口，在"查找内容"框内输入"*"(英文引号和*号)，选中"使用通配符"，然后在"替换为"框内输入"\1"。把光标放在文档的开始处，单击"全部替换"。经过替换之后，文中所有的英文引号都变为中文引号了，如图 2-25 所示。

图 2-25 替换英文引号

5. 批量添加图片编号

1) 为图片添加题注

在文档中插入图片以后，选中图片，依次单击"引用"→"题注"→"插入题注"，弹出"题注"对话框，如图 2-26 所示。

单击"编号"按钮，弹出"题注编号"对话框。勾选"包含章节号"复选框，再单击"确定"。"题注"的效果预览中，不仅含有标签，而且包含了章节号。单击"确定"即完成了图片题注的插入。

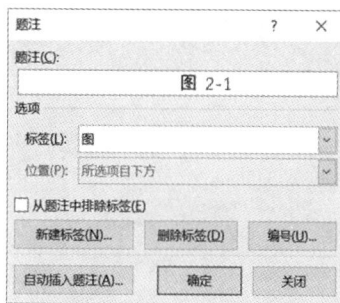

图 2-26 为图片添加题注

2) 批量添加图片题注

右击已添加的题注，选择"切换域代码"(或者按快捷键"Alt + F9")，切换到域代码状态。

按"Ctrl + C"组合键复制这个域代码，包括域代码的大括号(注意只复制题注本身的域代码，不包括段落标记和自己填写的图片名称)。按"Ctrl + H"组合键打开"查找和替换"对话框，在"查找内容"处输入"^g"，"替换为"处输入"^&^p^c"，然后单击"全部替换"按钮即可，如图 2-27 所示。

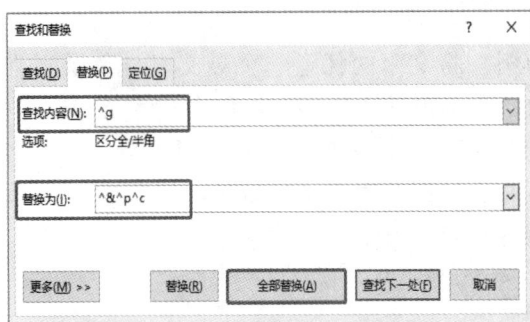

图 2-27 批量添加图片题注

最后按"Ctrl + A"组合键全选内容，按"F9"刷新，然后再按"Alt + F9"切换回域值状态就可以了。

另外，当从中删除一张图片后，所有的编号将变为 1，这时需要全选，按"F9"刷新才能重新编号。当添加一张图片时，只要给这张图片添加题注，就会自动参与编号。

6.批量图片居中对齐

在 Word 工具栏上点击"替换"按钮，打开"查找和替换"窗口；点击"更多"按钮，在打开的新窗口中点击"特殊格式"下拉菜单，在弹出的菜单中选择"图形"菜单项；然后点击左侧的"格式"下拉菜单，在弹出的菜单中选择"段落"菜单项；在打开的"查找段落"窗口中，点击"对齐方式"下拉菜单，在弹出的下拉菜单中选择"居中"菜单项；回到"查找和替换"窗口后，最后点击"全部替换"按钮，就可以把所有的图片居中对齐了，如图 2-28 所示。

图 2-28 所有图片居中对齐

2.2.3　Word 2016 高级制表技术

1．Word 2016 快速插入列和行

在编辑表格时，当鼠标移至列线和行线时表格框线上会出现一个"加号"，点击它就能在当前行列插入一新的行列，如图 2-29 所示。

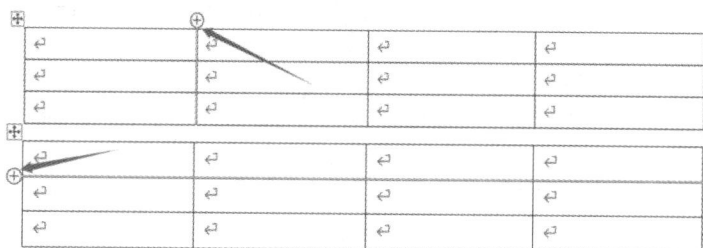

图 2-29　插入列和行

2．Word 表格自动排序号

首先在 Word 表格中选中要填充序号的区域，再单击"格式→项目符号和编号"命令，在打开的"项目符号和编号"对话框中选择"编号"选项卡，根据需要选择。编号形式。或者单击框下边的"自定义"按钮，出现"自定义编号列表"对话框，在"编号格式"文本框中输入自己想要的格式形式，注意框中数字"1"不能删掉。在"编号样式"下拉列表框中选"1，2，3，"，"起始编号"数字框中填上序号的第一个数字，完成后单击"确定"按钮，Word 表格所选择的行或列中便自动填写好想要的序号了，如图 2-30 所示。

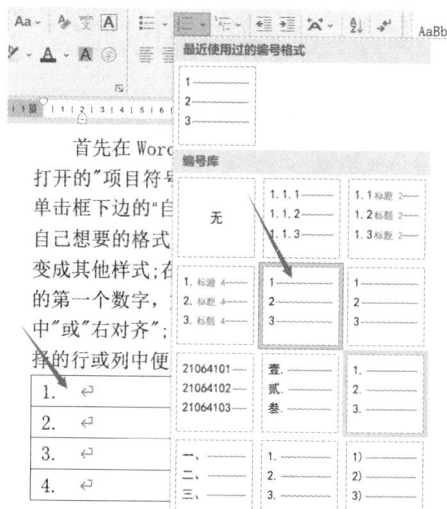

图 2-30　自动排序号

3．表格行高列宽调整技巧

可利用鼠标拖动表格线的方式对行高列宽进行调整，在调整的过程中，如不想影

响其他列的宽度，可在拖动时按住键盘上的"Shift"键；而若不想影响整个表格的宽度，可在拖动时按住"Ctrl"键。

4．微调行高列宽

在进行 Word 表格编辑时，如果想知道行高或列宽，只需在按住鼠标左键调整的同时按下右键，标尺上(调整行时会在垂直标尺上显示，调整列时会在水平标尺上显示)就会显示出行高或列宽。此时表格标尺的精确度为 0.01 字符，如图 2-31 所示。

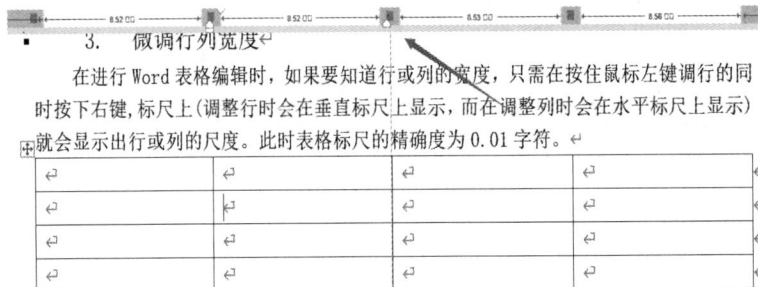

图 2-31　微调行列宽度

5．Word 2016 表格双维度计算

如果在累计单元格内，不仅要计算当前单元格左侧各单元格的数据之和，还要加上上面的数据，只需在计算单元格累计时，将公式中的参数改为 LEFT 和 ABOVE 连用，就可以将左侧和上方数据一同计算了，如图 2-32 所示。

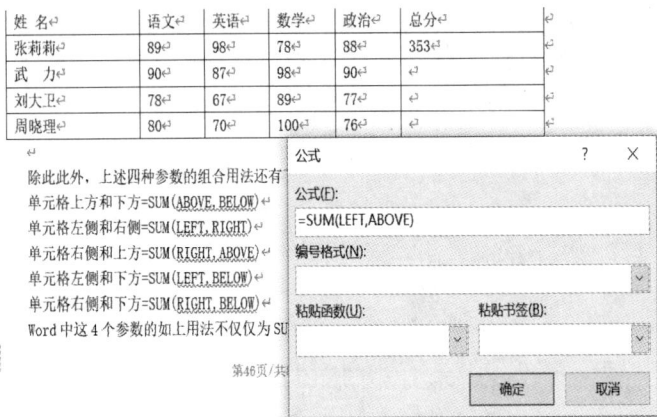

图 2-32　表格双维度计算

除此以外，还有下面的几种情况。

单元格上方和下方 = SUM(ABOVE，BELOW)

单元格左侧和右侧 = SUM(LEFT，RIGHT)

单元格右侧和上方 = SUM(RIGHT，ABOVE)

单元格左侧和下方 = SUM(LEFT，BELOW)

单元格右侧和下方 = SUM(RIGHT，BELOW)

Word 中这 4 个参数的如上用法不仅仅为 SUM 函数所独有，它们同样适用于 AVERAGE、COUNT、MAX、MIN、PRODUCT 等常用函数。

6. Word 2016 中设置数据更新计算

在 Word 2016 表格中，可以使用"表格"菜单中的"公式"来进行简单的计算。但是如果改变了表格中的数据，合计值却不会自动更新。这时我们可以选中要更新的数值，点击右键，点选快捷菜单中的"更新域"，Word 就会自动重新计算结果并更新，如图 2-33 所示。

要是表格中有多处计算结果，可以选中整个表格，然后按 F9 键，一次性地更新所有的计算结果。

在打印表格时，也可以让 Word 自动更新计算结果。方法是依次点击菜单"文件"→"选项"，在"Word 选项"对话框中，选择"显示"选项卡，勾选其中的"打印前更新域"复选框，然后点击"确定"。这样，在打印文档前，Word 将会自动更新文档中所有的域，从而保证打印出最新的正确计算结果，如图 2-34 所示。

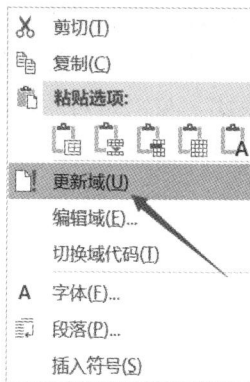

图 2-33　数据更新计算

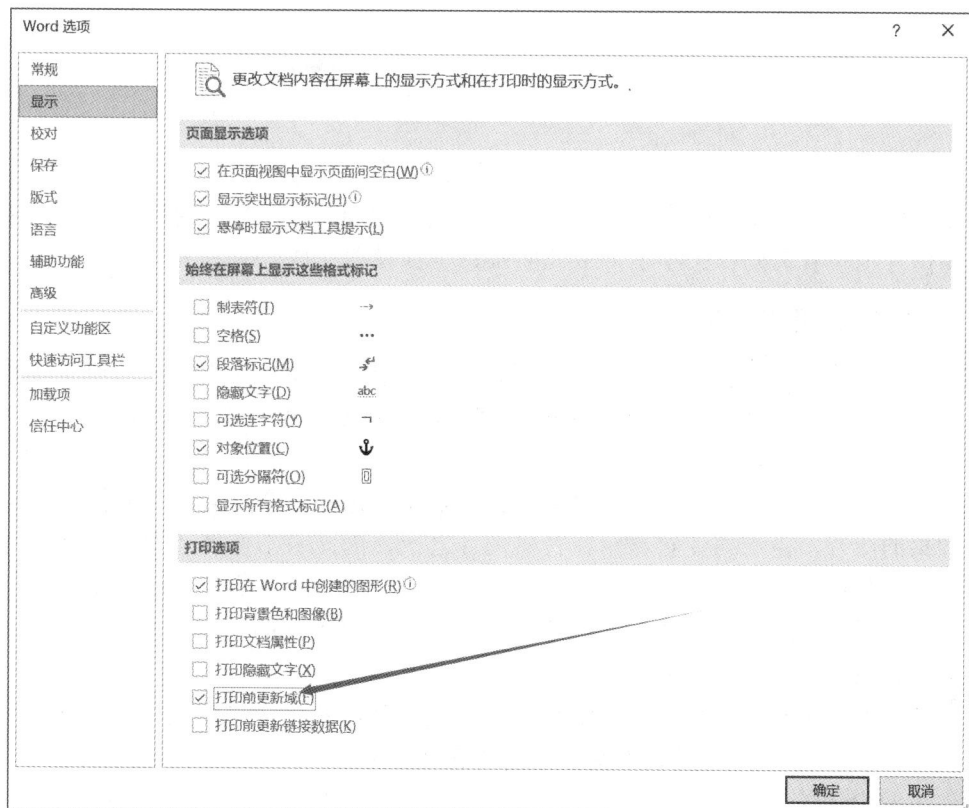

图 2-34　自动更新计算设置

2.2.4　Word 2016 图片处理技术

1．调整图片尺寸

首先选中任意一张图片，然后右键点击该图片，在弹出菜单中选择"大小和位置"菜单项，然后在弹出的"布局"窗口中设置好图片的高度与宽度，同时要把"锁定纵横比"与"相对原始图片大小"前的勾选去掉，如图 2-35 所示。

图 2-35　调整图片尺寸

然后我们选择其他的图片，按下重复上一步操作快捷键 F4 键，这时就可以快速地把这个图片也设置为同样大小了，依此类推，全部设置完成。

2．设计立体图片效果

图片是最具影响力的媒介之一。在 Word 文档中添加图片元素，可以使文档看起来更加生动形象、充满活力。新版 Word 2016 在图片处理的功能上更加进步，可以轻松制作图片立体效果。

插入一张背景图片，插入后调整图片大小至完全包含整个页面，然后插入要添加立体效果的图片，由于要使它显示在背景图片之上，因此右击选择"浮于文字上方"。

点击"图片工具"下的"格式"选项卡，点击"校正"，适当更改图片的柔度，这里选择"柔化：50%"；点击"颜色"按钮，适当调整图片的"颜色饱和度"和"色温"，这里选择"饱和度：300%"。

然后点击"艺术效果"按钮，选择"画笔刷"，使图片更加自然地嵌入于背景；然后点击"图片效果"按钮，选择映像，点击"映像变体"中的"紧密映像：接触"，即可制造出倒影效果。

最后点击"三维旋转"按钮，选择"透视"中的"透视：前"，即可将该图片的立体效果显现出来。

3．剪裁图片形状

插入一张需要改变形状的图片，点击"图片工具"→"裁剪"→"裁剪为形状"菜单选项。在菜单中有许多预设的形状可以选用，如图 2-36 所示。

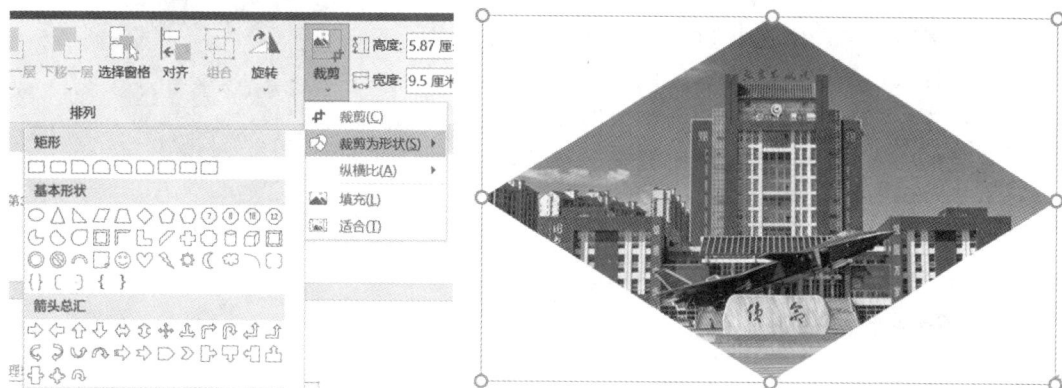

图 2-36　剪裁图片形状

4．删除图片背景

在 Word 2016 中，删除图片有两个功能，一个是直接把图片删除，另一个是删除图片背景。在删除图片背景时，可以自己选择要保留的区域，这样不至于删掉要留下的区域。

选中要删除背景的图片，点击"图片格式"选项卡，单击"删除背景"，转到"背景消除"窗口，此时红色标记的区域是要被删除的区域，单击"删除标记"，再单击"保留更改"即可。例如插入一张玫瑰花，选择"删除背景"进入"背景消除"窗口，此时画面如图 2-37 所示。

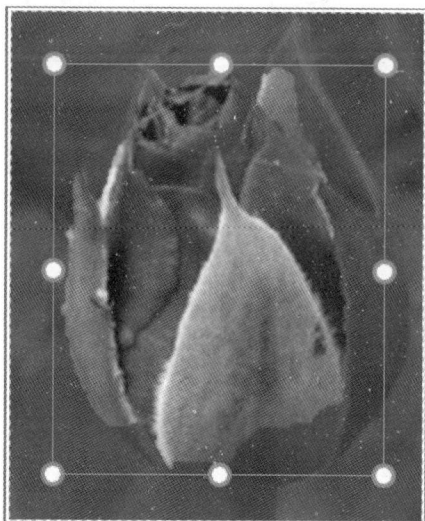

图 2-37　删除图片背景

如果我们只想保留玫瑰花，则规则的选框无法选择，需要重新选择要保留的区域。单击"标记要保留的区域"，鼠标会变为一支铅笔的形状，为便于画线条，把选框拉大一些，把鼠标移到要保留区域的左上角按住左键并沿着花朵拉一条直线，到结束位置放开鼠标左键绘制出一条直线。用同样方法绘制出剩余的线条，由于花朵形状不规则，要绘制比较多的线条，最后单击"删除标记"，再单击"保留更改"，如图 2-38 所示。

图 2-38　保留标记区域

2.2.5　SmartArt 图形应用

SmartArt 图形是用来展示结构、关系或过程的图表，它以非常直观的方式与用户交流信息。SmartArt 图形包括流程图、关系图和组织结构图等各种图形。

1．创建 SmartArt 图形

Word 2016 提供了非常丰富的 SmartArt 图形类型。在文档中插入 SmartArt 图形的具体操作步骤如下。

步骤 1：新建文档，将光标移动到需要插入图形的位置，然后单击"插入"选项卡"插图"组中的"SmartArt"按钮。

步骤 2：弹出"选择 SmartArt 图形"对话框，选择"流程"选项卡，然后选择"流程箭头"选项，如图 2-39 所示。

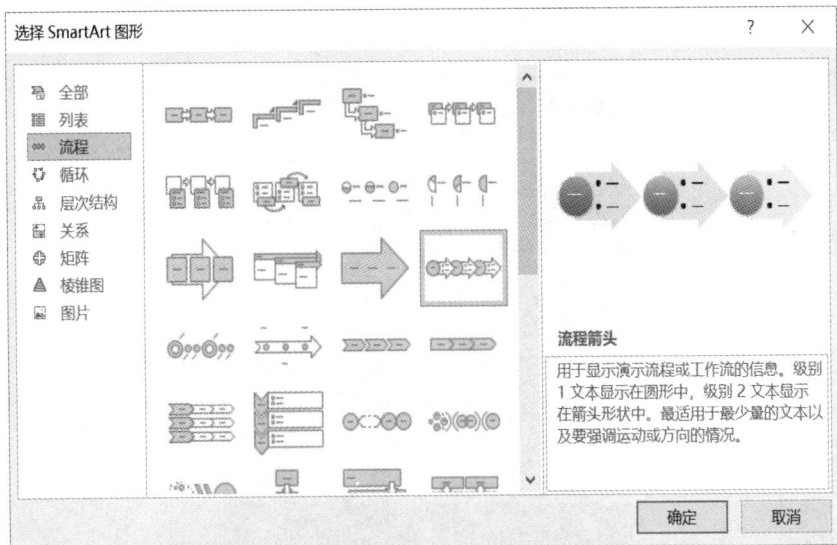

图 2-39　SmartArt 图形

步骤 3：单击"确定"按钮，即可将图形插入到文档中。

步骤 4：在 SmartArt 图形的"文本"处单击，输入相应的文字，输入完成后，单击 SmartArt 图形以外的任意位置，即可完成 SmartArt 图形的文字编辑，如图 2-40 所示。

图 2-40　流程图

2. 改变 SmartArt 图形布局

当对创建的 SmartArt 图形布局不满意时，可以改变其图形布局。具体操作步骤如下：

选中之前创建的 SmartArt 图形，单击"SmartArt 工具"→"设计"选项卡下"版式"组中的"其他"按钮，在弹出的下拉列表中选择一种布局，单击"确定"按钮，即可改变 SmartArt 图形布局，如图 2-41 所示。

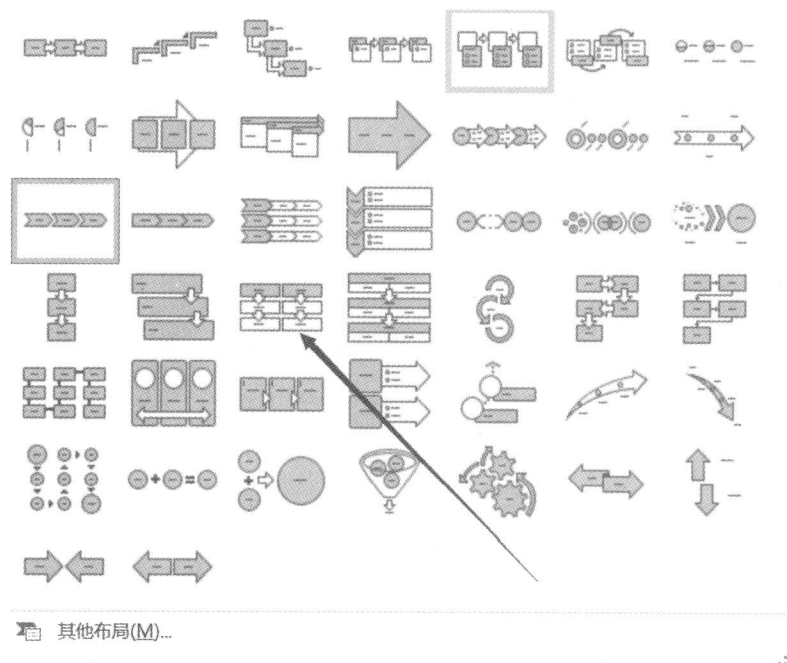

其他布局(M)...

图 2-41　改变图形布局

3. 应用主题颜色

如果需要将 SmartArt 图形中的某些部分重点突出，我们可以给它设置使用主题颜色。具体操作步骤如下：

接前面操作，选择插入的 SmartArt 图形，单击"SmartArt 工具"→"设计"选项卡下"SmartArt 样式"组中的"更改颜色"按钮，在弹出的下拉列表中选择一种主题颜色，即可为其应用选中的主题颜色。

4．调整 SmartArt 图形的大小

为了使插入的 SmartArt 图形适合页面的大小，我们可以对其进行调整。具体操作步骤如下。

步骤 1：选中插入的 SmartArt 图形，在图形四周会出现 7 个控制点以及左侧的向左箭头，如图 2-42 所示。

图 2-42　设置颜色和主题

单击左侧的◂按钮，可弹出"在此处键入文字"对话框，在该对话框中可输入 SmartArt 图形中形状块中的文字，如图 2-43 所示。

图 2-43　编辑文字

步骤 2：将光标移动到其中一个控制点上，单击鼠标左键拖拽，即可改变 SmartArt 图形的大小。

还可以选中 SmartArt 图形后，利用"SmartArt 工具"→"格式"组中"布局"里的"大小"选项进行具体数值的控制。调整时要注意"锁定纵横比"复选框的设置。

5．制作组织结构图

组织结构图是把企业组织分成若干部分，并且标明各部分之间可能存在的各种关系的结构图表。这里所说的各种关系包括上下级领导关系、物流关系、资金流关系和资料传递关系等。所有这些关系都伴随着信息流，这正是调查者最关心的。要在组织机构图的基础上，把每种内在联系用一张图画出来，或者在组织机构图上加上各种联系符号，以更好地反映、表达各部门间的真实关系。组织结构图不是简单的组织机构

表，在描述组织结构图时注意不能只简单地表示各部门之间的隶属关系。组织结构图可以使组织结构内的人员清楚自己的工作职责，加强其参与工作的欲望，增强组织的协调性。

使用 SmartArt 图形工具制作组织结构图的操作步骤如下。

步骤 1：创建一个新的文档。

步骤 2：依次单击"插入"→"SmartArt"，弹出"选择 SmartArt 图形"对话框，在该对话框左侧列表中选择"层次结构"，在中间区域选择"表层次结构"，在右侧我们可以看到关于"表层次结构"的一些说明，点击"确定"按钮，这样就做好了最初的组织机构图。

步骤 3：设置机构图的布局。我们可以根据需要改变一些布局。单击"设计"，我们就可以看见基本栏中间区域的"更改布局"选项，我们在这里选择"组织结构图"，如图 2-44 所示。

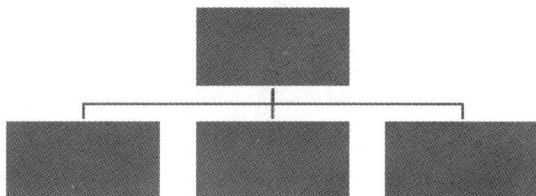

图 2-44　更改布局

步骤 4：此时的默认图形可能还不符合我们的要求，我们选中第一行的矩形图形，然后单击"设计"→"添加形状"按钮，在下拉菜单中选择"添加助理"选项，如图 2-45 所示。

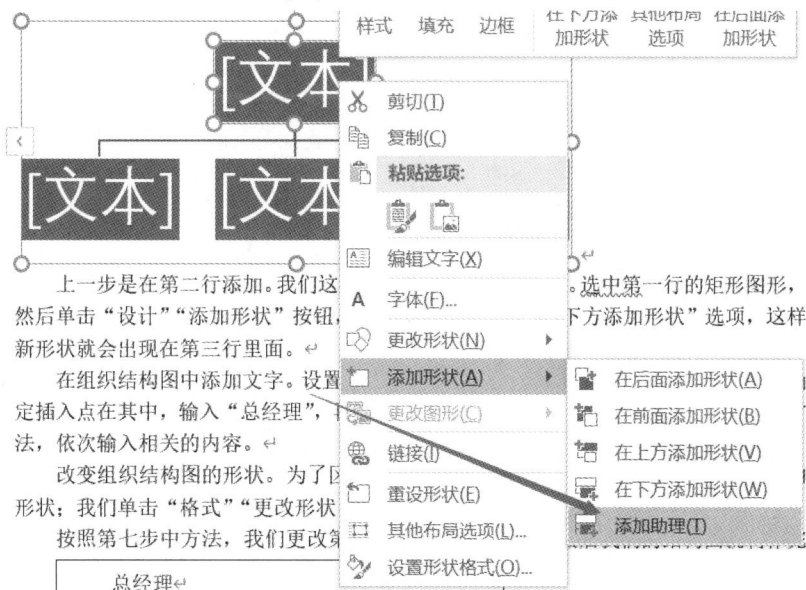

图 2-45　编辑组织结构图

步骤 5：在第三行添加图形。选中矩形图形，然后单击"设计"→"添加形状"按钮，在下拉菜单中选择"在后方添加形状"选项，这样就添加了一个新形状。以此类推，完成布局。

步骤 6：在组织结构图中添加文字。设置好布局后，就可以添加文字了。选中第一行矩形，确定插入点在其中，输入"总经理"，在输入的时候，字体会自动调节大小。按照同样的方法，依次输入相应的内容，如图 2-46 所示。

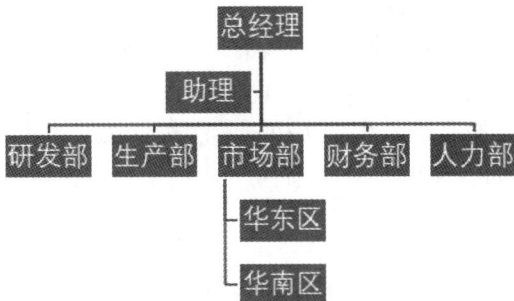

图 2-46　添加文字

步骤 7：改变组织结构图的形状。为了区别对待不同层次的关系，可以选择相应图形的形状；依次单击"SmartArt"→"格式"→"更改形状"，在出现的下拉表中，选择想要的图形，如图 2-47 所示。

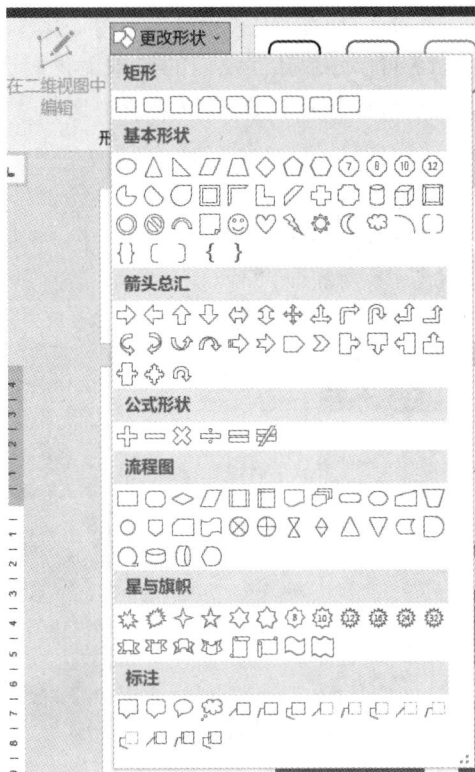

图 2-47　改变组织结构图的形状

步骤 8：更改各图形的颜色和外观效果，最后我们的结构图就制作完成了，如图 2-48 所示。

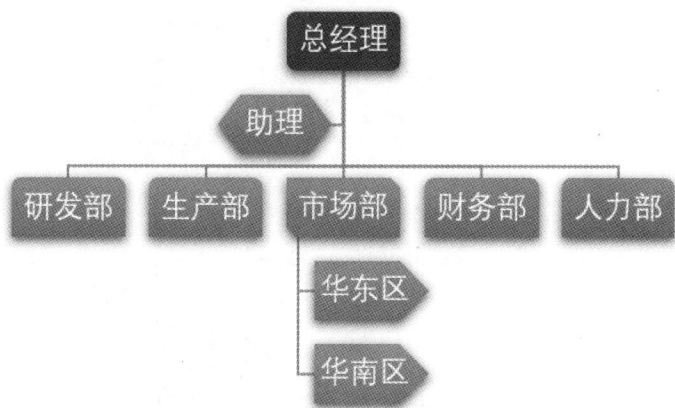

图 2-48 更改颜色和外观效果

6．制作思维导图

思维导图简洁的表述方式可以更快速清晰地将演讲者的思路进行传达，使接受者更容易理解演讲者要传递的内容。

下面以段落设置的思维导图为例，介绍制作思维导图的具体操作步骤。

首先，打开 Word 软件，点击插入选项卡，依次点击"SmartArt"→"层次结构"→"水平层次结构"，如图 2-49 所示。

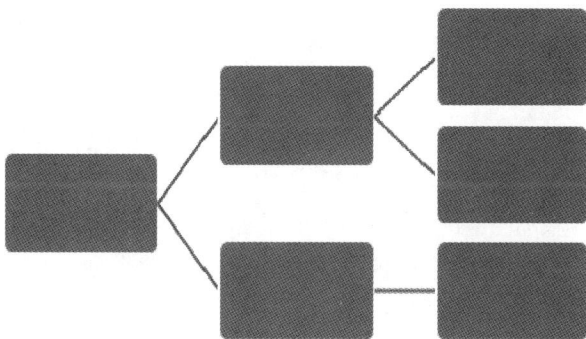

图 2-49 思维导图

在编辑区中拉出一个圆角矩形，再对着矩形上的黄色菱形按住左右方向拉动可以调节圆角的弧度。右击圆角矩形，点击添加文字，就可以在矩形框中输入文字。

点击插入选项卡，点击形状功能里的曲线，绘制出曲线。调整好曲线的位置后，复制粘贴一条出来，然后再执行"格式"→"垂直旋转"，调整好位置。

继续点击"插入"→"形状"→"矩形"，绘制出矩形框。点击填充工具，填充需要的颜色。

把矩形框向下复制几个，并排放好位置。继续点击曲线绘制出导图上需要的线条。

点击插入选项卡，点击艺术字，点击一种艺术字体，拉到导图上需要的位置，输入需要的文字，这样导图就做好了，如图 2-50 所示。

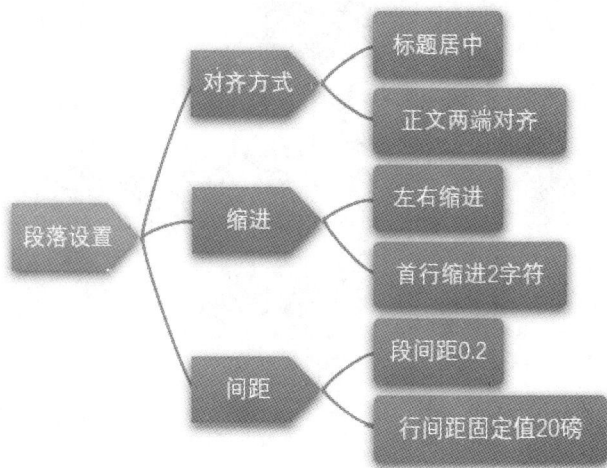

图 2-50 段落的思维导图

2.3 Word 高级编排技术

2.3.1 文档编排规范

1．文本文档设置

1) 页面设置

一般情况下页边距设置如下：上 2.54 厘米；下 2.54 厘米；左 3.18 厘米；右 3.18 厘米。(如一页篇幅内仅有一两行文字，可适当缩减整体文字页边距，将此页篇幅文字调至上一页。)文字材料有明确模板要求的，按要求设置页面。

2) 封面、标识、目录

封面：活动指南、专业性方案、报告等文字材料，在有明确要求的情况下，可带封面。一般情况下，文字材料不带封面。

标识：有明确要求的，在封面或材料首页的左上角添加标识。一般情况下，文字材料不带标识。

目录：两端对齐，美观大方，目录后再加页码。

3) 文本标题

当文档标题级别较多时，标题可依次使用"一、(一)、1、(1)、①"；若文档标题级别较少，可直接使用"一、1"。

主标题：方正小标宋简体，二号，不加粗，段落行距固定值为 36 磅。

一级标题：黑体，三号，不加粗，顶格对齐，段前段后 0.5 字符，段落行距固定值为 28 磅，序号为大写数字后加顿号。

二级标题：楷体_GB2312，三号，加粗，顶格对齐，段前段后 0 字符，段落行距固定值为 20 磅，序号为大写数字加小括号。

三级标题：仿宋_GB2312，三号，加粗或不加粗，顶格对齐，序号为阿拉伯数字后加圆点。

4) 正文格式

正文字体为仿宋_GB2312，字号为三号字；正文的对齐方式为两端对齐，每一段首行缩进 2 字符；正文行距在 20 至 25 磅之间视具体情况进行选择。

5) 字体、字号格式

正文：仿宋_GB2312，三号，不加粗，序号为阿拉伯数字外加小括号。

6) 段落格式

首行缩进 2 字符；段前段后 0.2 字符；行距在 20 至 32 磅之间。

7) 页码设置

普通打印：页码设置为底端居中，版式为"-1-"，字体为宋体四号。

骑马钉打印：页码设置为左右插入，奇数页在右侧，偶数页在左侧，版式为"-1-"，字体为宋体四号。

8) 打印

普通打印：白纸黑字，一般双面打印，法律合同单面打印。

骑马钉打印：在页面设置的纸张处选择 A3 大小(看个人打印纸张大小修改)，在页面设置→页边距处将页码范围设置成"书籍折页"，设置好上、下、内(版面页边距)、外(中间间隔)。确定后就是 A4 页面大小，按正常排版，双面打印。

9) 装订

各类公文体文字材料、一般性的文字材料一律左侧装订。一般采用普通装订和骑马钉两种装订方式。装订时，距上下各 1/4 处左侧对齐装订即可。

2．表格类文档设置

页面设置→页边距：上 2 厘米；下 2 厘米；左 2 厘米；右 2 厘米。

标题字体：方正小标宋简体，二号，不加粗。

内容字体：宋体，小四号，单元格内文字要合理断词。

表单的设置，页边距设置：上 2 厘米；下 2 厘米；左 2 厘米；右 2 厘米。

横版表单：一般情况下设置为 16 行。

竖版表单：一般情况下设置为 22 行。

3．各类文件、电子文档格式要求

1) 工作简报

主标题：华文中宋，60 磅，居中，加粗；

正文标题：方正小标宋_GBK，二号，居中，加粗；

正文内容：方正仿宋_GBK，三号，不加粗，首行缩进 2 字符；

行间距：固定值 28 磅；

页边距：上 3.7，下 3.5，左 2.8，右 2.6 。

2) 会议纪要

主标题：华文中宋，60 磅，居中，加粗；

正文标题：方正小标宋_GBK，二号，居中，加粗；

正文内容：方正仿宋_GBK，三号，不加粗，首行缩进 2 字符；

行间距：固定值 28 磅；

页边距：上 3.7，下 3.5，左 2.8，右 2.6 。

3) 新闻稿

正标题：方正小标宋_GBK，二号，加粗、居中；

副标题：方正小标宋_GBK，小二，加粗；

正文内容：方正仿宋_GBK，三号，不加粗，首行缩进 2 字符；

行间距：固定值 28 磅；

页边距：上 2，下 2，左 2，右 2 。

4) 工作总结

正标题：方正小标宋_GBK，二号，加粗，居中；

副标题：方正小标宋_GBK，小二，加粗；

正文内容：方正仿宋_GBK，三号，不加粗，首行缩进 2 字符；

行间距：固定值 28 磅；

页边距：上 2，下 2，左 2，右 2 。

5) 办公室通报

主标题：华文中宋 60，居中，加粗；

正文标题：方正小标宋_GBK，二号、居中，加粗；

正文内容：方正仿宋_GBK，三号，不加粗，首行缩进 2 字符；

行间距：固定值 28 磅；

页边距：上 3.7，下 3.5，左 2.8，右 2.6 。

2.3.2 Word 长文件编排

对于文字内容较多、篇幅相对较长、文章层次结构相对复杂的文档，如毕业设计、商业报告、软件使用说明书等文档的排版操作，可以使用 Word 2016 的样式与格式、特殊中文版式、格式刷、分隔符、页眉和页脚，以及目录和索引、定位查找替换以及打印等常用功能来处理。

1. 整理文档

在 Word 2016 中输入内容后，对文档进行整理的具体操作步骤如下。

步骤 1：打开文件，单击"布局"选项卡下"页面设置"选项组中的"页边距"按钮，在弹出的下拉列表中选择"自定义页边距"选项，如图 2-51 所示。

步骤 2：删除文档所有格式，如图 2-52 所示。

图 2-51　页面设置

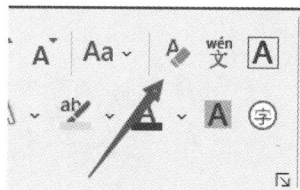

图 2-52　删除文档所有格式

步骤 3：清除文档中的不间断空格。按"Ctrl + H"打开"查找和替换"对话框，在"查找内容"中输入^s，点击"全部替换"按钮，如图 2-53 所示。

图 2-53　清除文档中的不间断空格

步骤 4：全部正文设置首行缩进 2 字符，如图 2-54 所示。

图 2-54　首行缩进 2 字符

2．使用样式与格式

样式包括字符样式和段落样式。字符样式的设置以单个字符为单位；段落样式的设置以段落为单位。字符样式可以应用于任何文字，包括字体、字体大小和修饰等；段落样式应用于整个文档，包括字体、行间距、对齐方式、缩进格式、制表位、边框和编号等。

1）自定义样式

当系统内置的样式不能满足需求时，用户可以自行创建样式，具体操作步骤如下。

步骤 1：打开文件，选中需要应用样式的文本，或者将插入符移至需要应用样式的段落内的任意一个位置，然后在"开始"选项卡的"样式"组中，单击"样式"按钮，弹出"样式"窗格。

步骤 2：单击"新建样式"按钮，弹出"根据格式化创建新样式"对话框，如图 2-55 所示。

步骤 3：在"名称"文本框中输入新建样式的名称，例如输入"内正文"。在属性区域分别在"样式类型"、"样式基准"和"后续段落样式"下拉列表中选择需要的样式类型和样式基准。在"格式"区域，根据需要设置字体格式，单击"倾斜"按钮，如图 2-56 所示。

图 2-55　新建样式

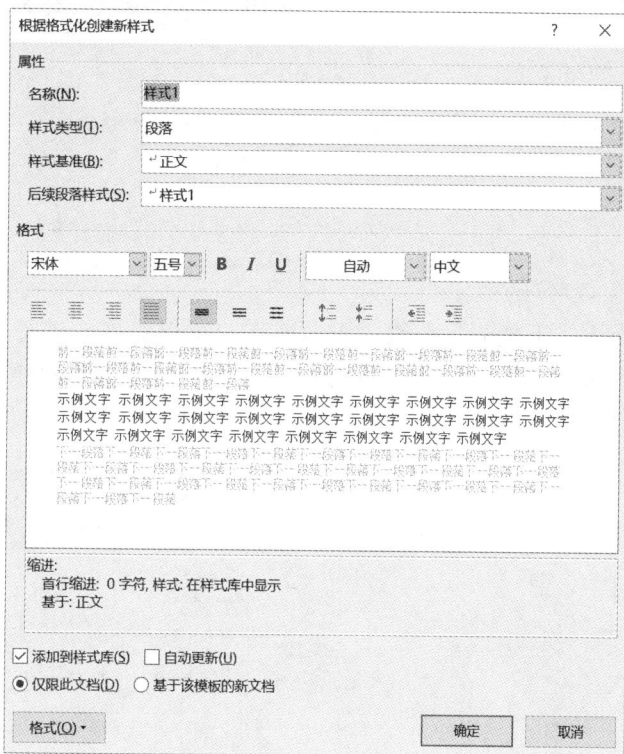

图 2-56　编辑样式

步骤 4：单击左下角的"格式"按钮，在弹出的下拉列表中选择"段落"选项，弹出"段落"对话框。在"段落"对话框中设置"首行缩进，2 字符"，单击"确定"按钮。返回"根据格式化创建新样式"对话框，在中间区域预览效果，单击"确定"按钮。在"样式"窗格中查看创建的新样式，在文档中显示设置后的效果。

步骤 5：选中其他要用该样式的段落，单击"样式"窗格中的"内正文"样式，即可将该样式应用到新选的段落，如图 2-57 所示。

2) 应用样式

应用样式的方法：选择要应用样式的文本(或者将鼠标光标定位在要应用样式的段落内)，例如将光标定位至第一段段内，单击"开始"选项卡下"样式"选项组中的"第 1 章"按钮，此时第一段即变为标题样式，如图 2-58 所示。

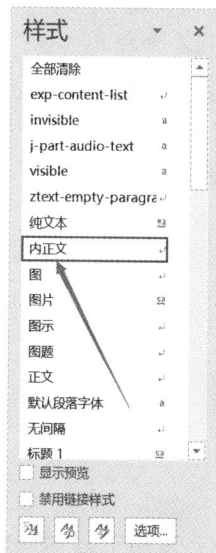

图 2-57　样式应用

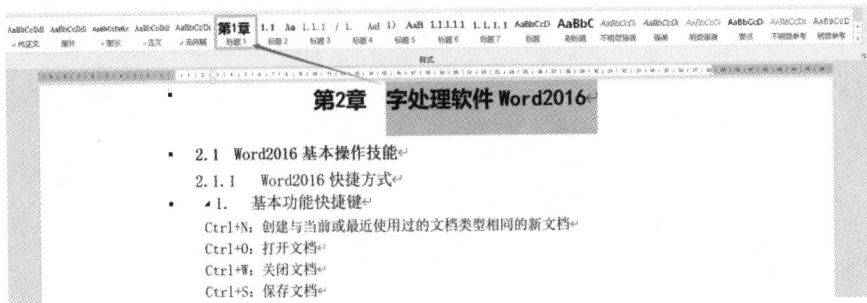

图 2-58　应用标题样式

3) 修改样式

当样式不能满足编辑需求时，用户可以对样式进行修改，具体操作步骤如下。

步骤 1：在"样式"窗格中，右键点击要修改的样式，然后单击"修改"按钮，如图 2-59 所示。

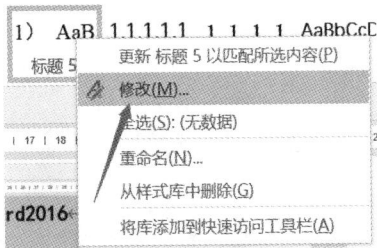

图 2-59　修改样式

步骤 2：弹出"修改样式"对话框，根据需要设置字体、字号、加粗、段间距、对齐方式和缩进量等选项，然后单击"确定"按钮即可完成样式的修改。

4) 清除样式

当需要清除某段文字的样式时，选中该段文字，单击"开始"选项卡下"样式"选项组中的"其他"按钮，在弹出的下拉列表中选择"从样式库中删除"选项，如图 2-60 所示。

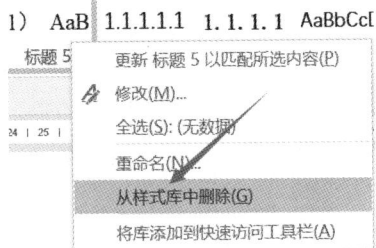

图 2-60　清除样式

3．添加页眉与页脚

Word 2016 提供了丰富的页眉和页脚模板，使用户在插入页眉和页脚时变得更为快捷。

1）插入页眉

步骤 1：打开文件，单击"插入"选项卡"页眉和页脚"组中的页眉按钮，弹出
"页眉"下拉列表，选择需要的页眉，例如选择"边线型"选项，如图 2-61 所示。

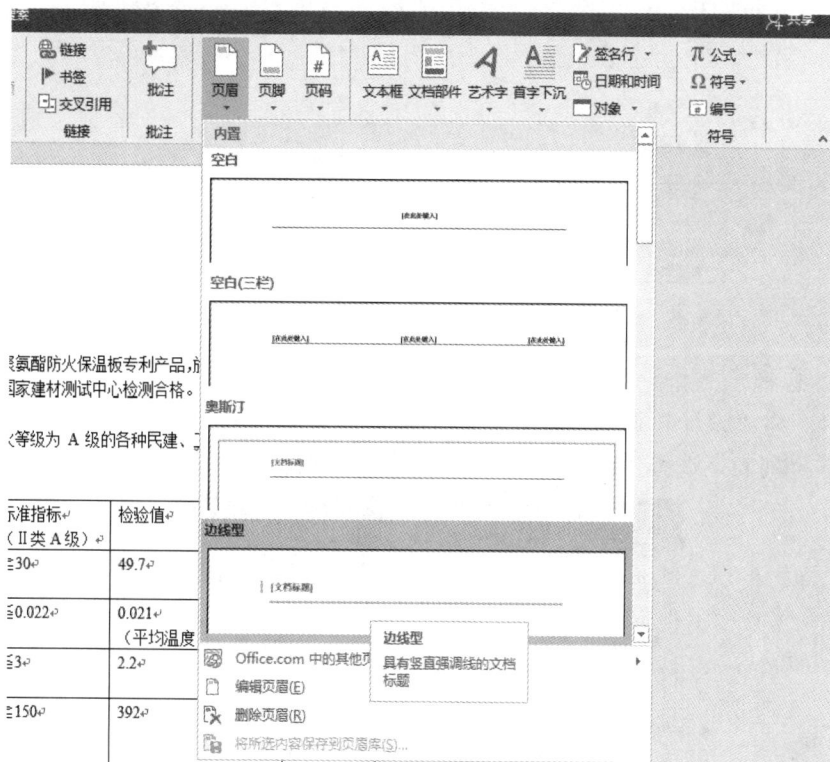

图 2-61　添加页眉

步骤 2：此时，Word 2016 会在文档每一页的顶部插入页眉，并显示"文档标题"
文本域，如图 2-62 所示。

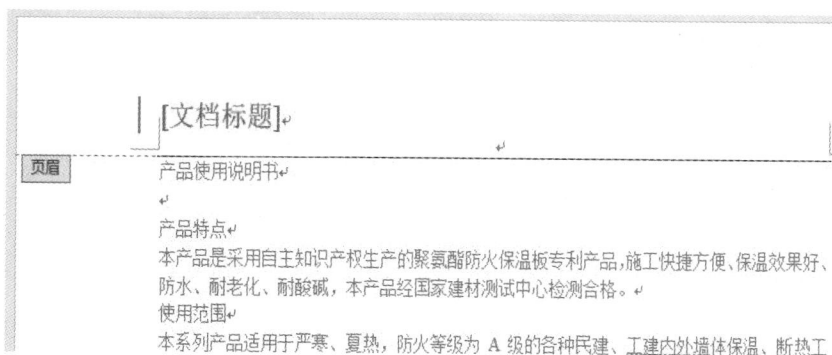

图 2-62　顶部插入页眉

步骤 3：在页眉的文本域中输入内容，单击"设计"选项卡下"关闭"选项组中
的"关闭页眉和页脚"按钮，即完成页眉插入，如图 2-63 所示。

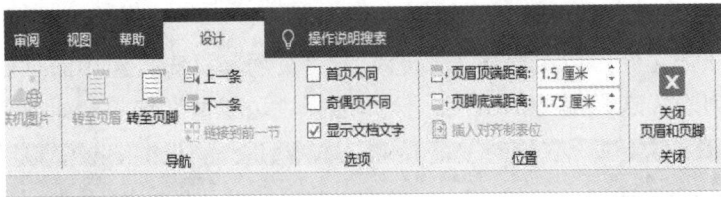

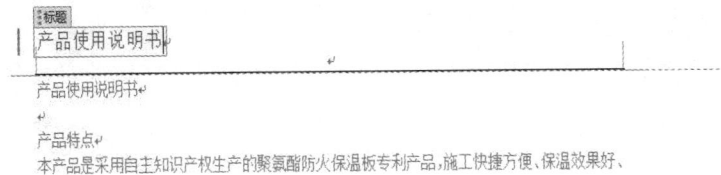

图 2-63　更改页眉内容

2) 插入页脚

步骤 1：在"设计"选项卡中，单击"页眉和页脚"组中的"页脚"选项，弹出"页脚"下拉列表，选择"怀旧"样式，如图 2-64 所示。

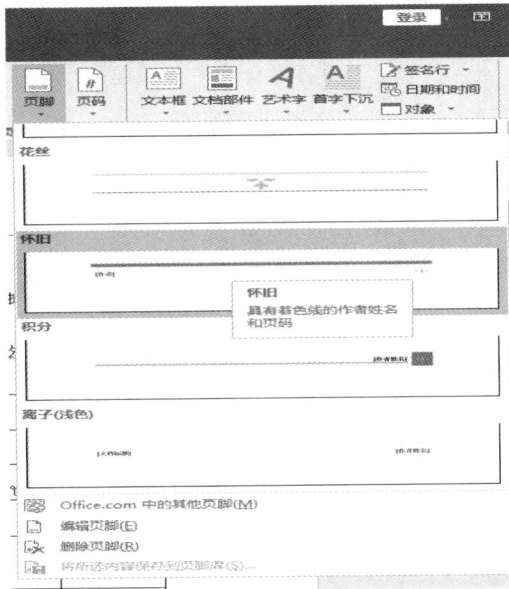

图 2-64　插入页脚

步骤 2：此时，文档自动跳转至页脚编辑状态，如图 2-65 所示。

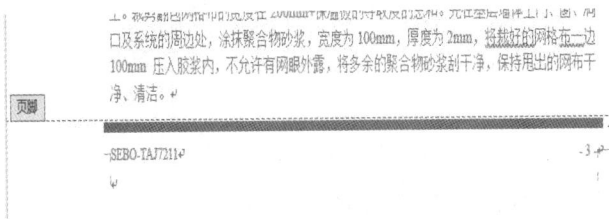

图 2-65　文档自动跳转至页脚

步骤 3：输入页脚内容，单击"设计"选项卡下"关闭"选项组中的"关闭页眉和页脚"按钮，即可看到插入页脚的效果。

插入页眉和页脚后，还可以根据需要设置页眉和页脚的样式，具体操作步骤如下。

步骤 1：双击插入的页眉，使其处于编辑状态。单击"设计"选项卡下"页眉和页脚"组中的"页眉"按钮，在弹出的下拉菜单列表中选择"镶边"样式，如图 2-66 所示。

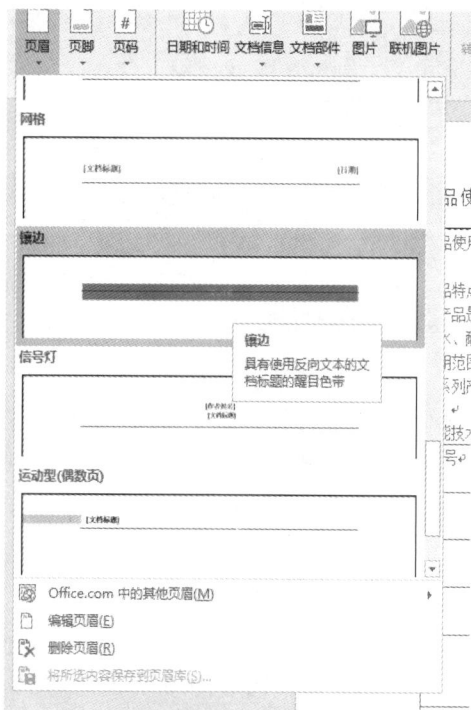

图 2-66　选择"镶边"样式

步骤 2：在"设计"选项卡下"选项"组中单击选中"奇偶页不同"复选项，如图 2-67 所示。

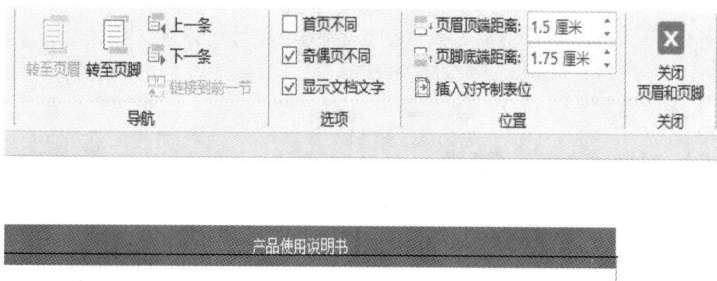

图 2-67　选中"奇偶页不同"复选项

步骤 3：选中页眉中的文本内容，在"开始"选项卡下设置其字体、字号、字体颜色等。返回至文档，按住 Esc 键即可退出页眉和页脚的编辑状态。此设置效果即可呈现。

在文档中插入页码的具体步骤如下。

步骤 1：打开文件，单击"插入"选项卡"页眉和页脚"组中的"页码"按钮，在弹出的下拉列表中选择"设置页码格式"选项，如图 2-68 所示。

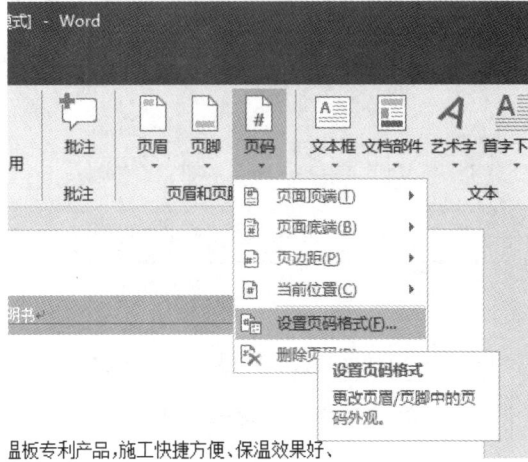

图 2-68　插入页码

步骤 2：在弹出的"页码格式"对话框中，单击"编号格式"选项框后的按钮，在弹出的下拉列表中选择一种编号格式；在"页码编号"组中选择"起始页码"单选按钮，单击"确定"按钮即可，如图 2-69 所示。

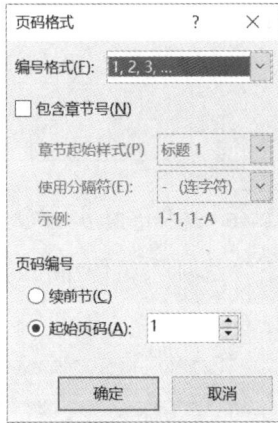

图 2-69　页码格式

"包含章节号"复选框：将章节号插入到页码中，可以选择章节起始样式和分隔符。

"续前节"单选按钮：接着上一节的页码连续设置页码。

"起始页码"单选按钮：选中此单选按钮后，可以在后方的微调框中输入起始页码数。

步骤 3：单击"插入"选项卡的"页眉和页脚"选项组中的"页码"按钮，在弹出的下拉列表中选择"页面底端"选项组中的"普通数字 2"，即可插入页码，如图 2-70 所示。

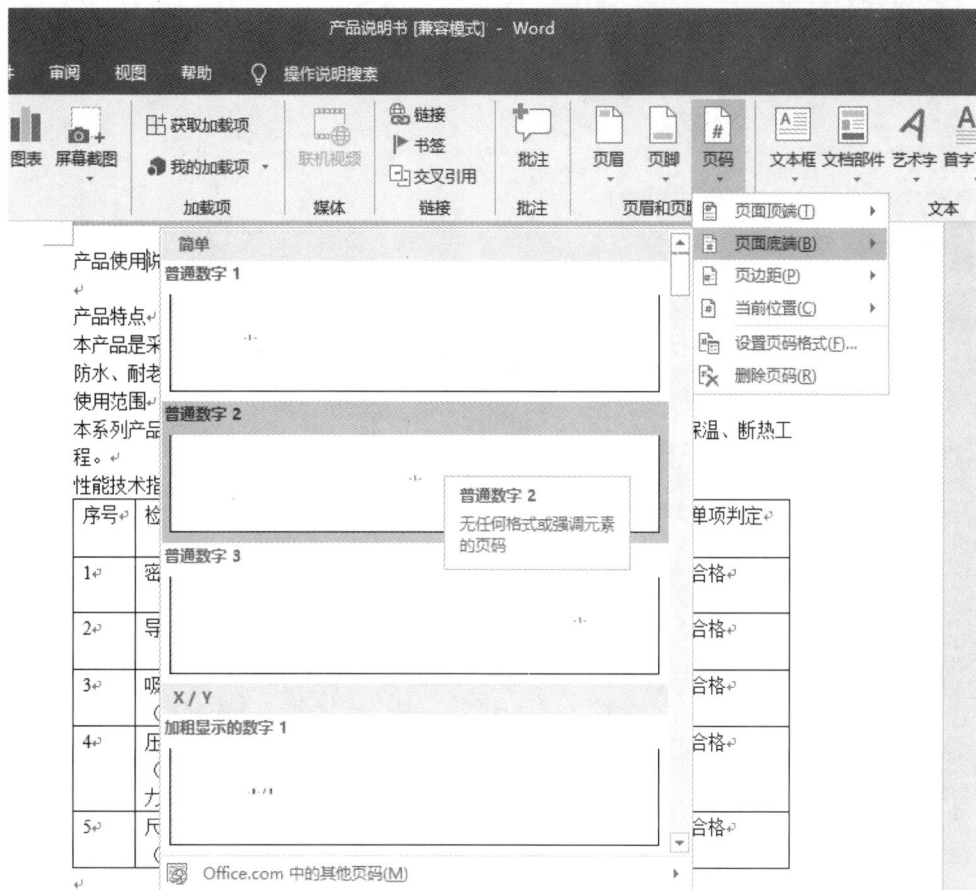

图 2-70 页码样式设置为普通数字 2

步骤 4：单击"确定"按钮，即可在文档中插入页码，单击"关闭页眉和页脚"按钮，退出页眉和页脚编辑状态。

4．使用分隔符

排版时，部分内容需要另起一节或另起一页，这时就需要在文档中插入分节符或者分页符，其中分页符一般用于章节之间的分隔。

分页符用于分割页面，"分页符"选项组包含分页符、分栏符和自动换行符，下面以插入自动换行符为例，介绍在文档中插入分页符的具体操作步骤。

步骤 1：打开文件，移动光标到要换行的位置。单击"布局"选项卡下的"页面设置"组中的"分隔符"按钮，在弹出的下拉列表中的"分页符"选项组中选择"自动换行符"选项，如图 2-71 所示。

步骤 2：此时文档已另起一行，且上一行的行尾会添加一个自动换行符，如图 2-72 所示。

为了便于对同一文档的不同部分的文本进行不同的格式化操作，可以将文档分隔成多节。节是文档格式化的最大单位，分节可使文档的编辑、排版更灵活，版面更美观。

产品特点↵

↵

本产品是采用自主知识产权生产的聚氨酯
防水、耐老化、耐酸碱，本产品经国家建

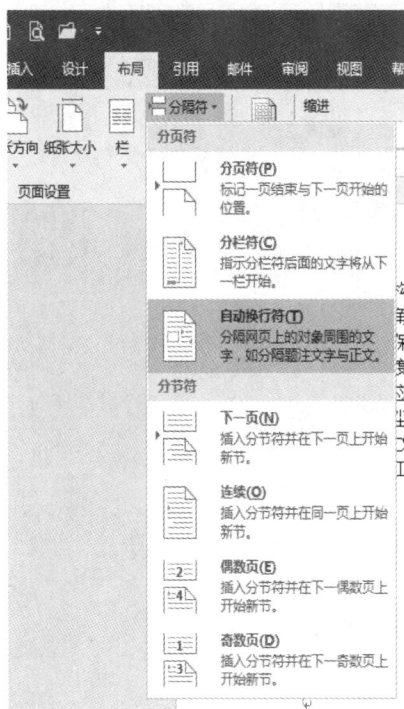

图 2-71　使用分隔符　　　　　　　　　图 2-72　自动换行符

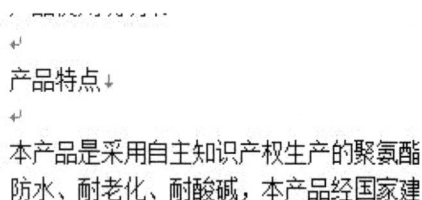

　　插入分节符的操作步骤具体如下：打开文件，移动光标到要换行的位置。单击"布局"选项卡下的"页面设置"组中的"分隔符"按钮，在弹出的下拉列表中的"分节符"选项组中选择"下一节"选项即可，如图 2-73 所示。

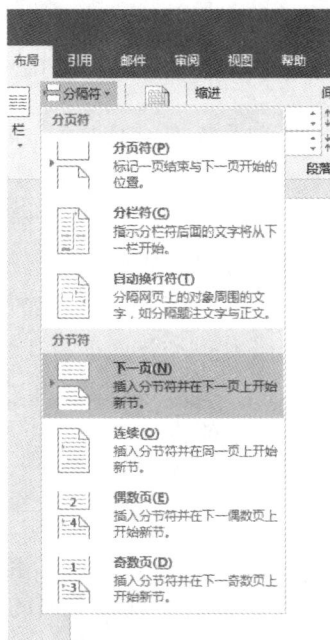

图 2-73　插入分节符

5. 特殊的中文版式

Word 2016 中包含了特殊的中文版式，例如常用的纵横混排、首字下沉等。

纵横混排的操作方法如下。

步骤 1：选中需要垂直排列的文本内容，单击"开始"选项卡下"段落"组中的"中文版式"按钮，在弹出的下拉列表中选择"纵横混排"选项，如图 2-74 所示。

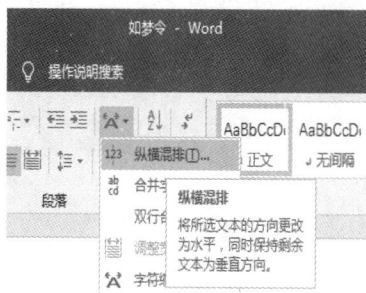

图 2-74　选择"纵横混排"选项

步骤 2：在弹出的如图 2-75 所示的"纵横混排"对话框中，撤销已选中的"适应行宽"复选框，在"预览"区域预览设置后的效果。

图 2-75　"纵横混排"对话框

步骤 3：单击"确定"按钮，纵横混排的效果如图 2-76 所示。

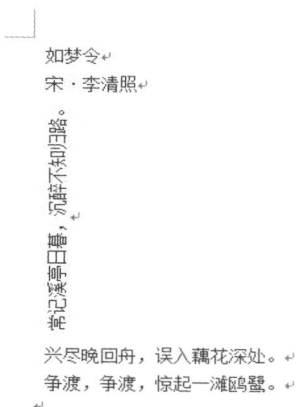

图 2-76　纵横混排的效果

6. 格式刷的使用

格式刷是 Word 2016 中使用频率非常高的一个功能。通过格式刷可以快速地将当前的文本或段落的格式应用到另一文本或段落中。使用格式刷的具体步骤如下。

步骤 1：选中要引用格式的文本，单击"开始"选项卡下"剪贴板"选项组中的格式刷按钮，鼠标光标将变为刷子的形状，如图 2-77 所示。

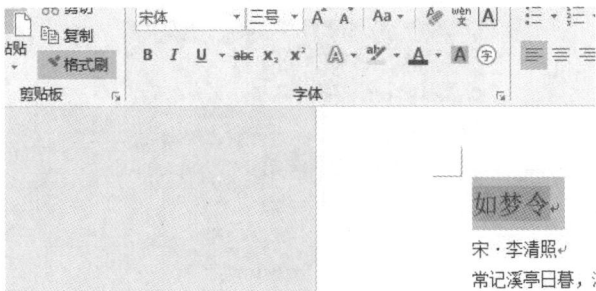

图 2-77　格式刷的使用

步骤 2：用刷子选中要改变段落格式的段落，即可将格式应用至所选段落，如图 2-78 所示。

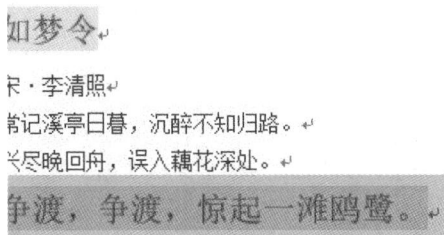

图 2-78　改变段落格式

单击一次格式刷按钮，仅能使用一次该样式。连续两次单击格式刷按钮，就可多次使用该样式。另外我们还可以使用快捷键进行格式的复制，在选中复制格式的原段落后，按"Ctrl + Shift + C"组合键，然后选中要改变格式的文本，再按"Ctrl + Shift+ V"组合键即可。

7. 封面设计

在插入选项卡里面，我们可以找到一个封面按钮，如图 2-79 所示。

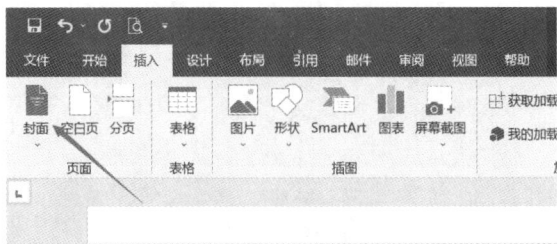

图 2-79　封面按钮

点击封面按钮，将显示封面的类型，如图 2-80 所示。

图 2-80　封面类型

对封面进行相关的编辑和修改，完成封面设计，如图 2-81 所示。

图 2-81　封面设计效果

8．创建目录

目录可以帮助用户方便、快捷地查阅有关的内容。编制目录就是列出文档的各级标题，以及每个标题所在的页码。

1) 创建文档目录

为文档插入页码并为段落设置大纲级别是提取目录的前提条件。设置段落级别并提取目录的具体操作步骤如下。

步骤 1：打开文件，将光标定位在"第一部分，产品特点……" 段落的任意位置，单击"引用"选项卡下"目录"选项组中的"添加文字"按钮，在弹出的下拉列表中选择"1 级"选项，如图 2-82 所示。

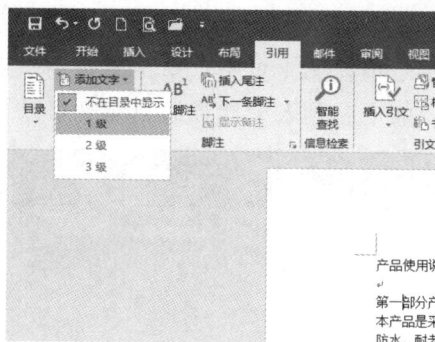

图 2-82　设置段落级别

步骤 2：将光标定位在"施工顺序"段落任意位置，单击"引用"选项卡下"目录"选项组中的"添加文字"按钮，在弹出的下拉列表中选择"2 级"选项，如图 2-83 所示。

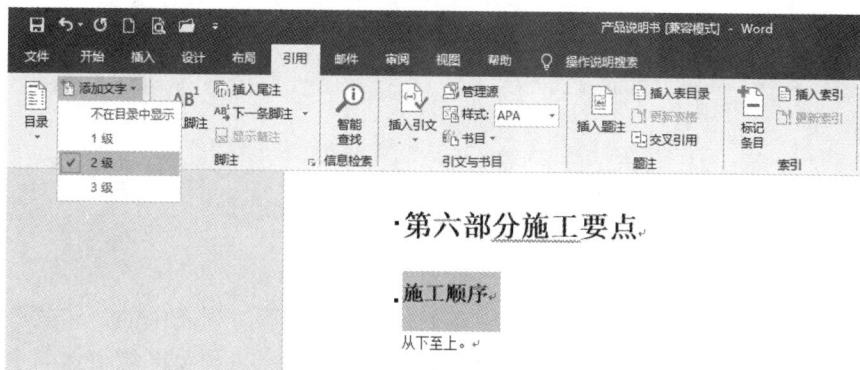

图 2-83　"2 级"选项效果

步骤 3：使用"格式刷"快速设置其他标题级别，如图 2-84 所示。

图 2-84　设置其他标题级别

步骤4：为文档插入页码。将光标移至第一部分文字前面，按"Ctrl+ Enter"组合键插入空白页，然后将光标定位在第1页中。单击"引用"选项卡下"目录"选项组中的"目录"按钮，在弹出的下拉列表中选择"自定义目录"选项，如图2-85所示。

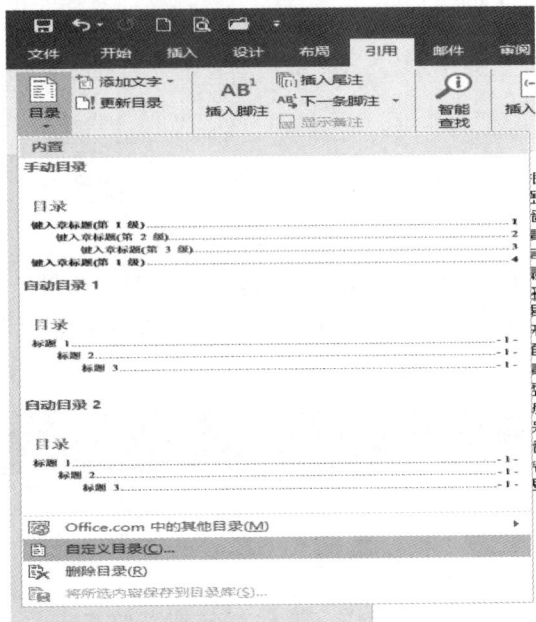

图 2-85　自定义目录

步骤 5：在弹出的"目录"对话框中选择"格式"下拉列表中的"正式"选项，在"显示级别"微调框中输入或者选择显示级别为"2"，在预览区域可以看到设置后的效果，如图2-86所示。

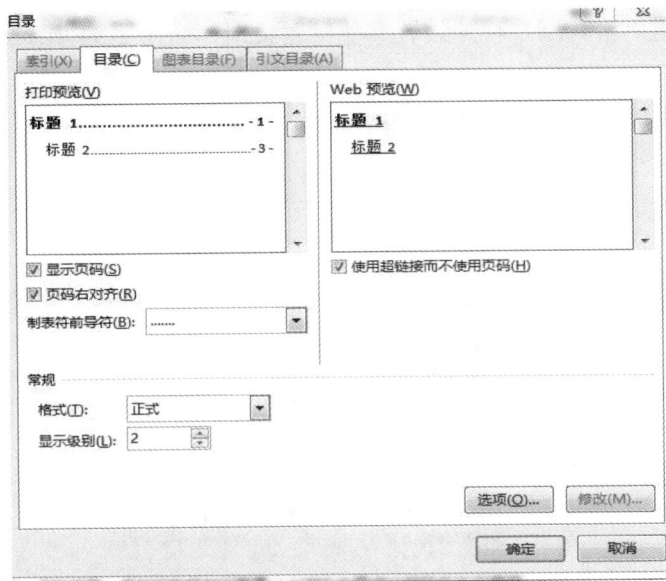

图 2-86　选择目录显示级别

步骤 6：单击"确定"按钮，此时就会在指定的位置建立目录，如图 2-87 所示。

图 2-87　建立目录效果

提取目录时，Word 会自动将插入的页码显示在标题后。在建立目录后，还可以利用目录快速地查找文档中的内容。将鼠标指针移动到目录中要查看的内容上，按住 Ctrl 键鼠标指针就会变成小手的形状，单击鼠标即可跳转到文档中的相应标题处。

2）更新文档目录

编制目录后，如果在文档中进行了增加和删除文本的操作而使页码发生了变化，或者在文档中标记了新的目录项，就需要对编制的目录进行更新，具体的步骤如下。

步骤 1：选中目录，右键单击，在弹出的快捷菜单中选择"更新域"命令，如图 2-88 所示。

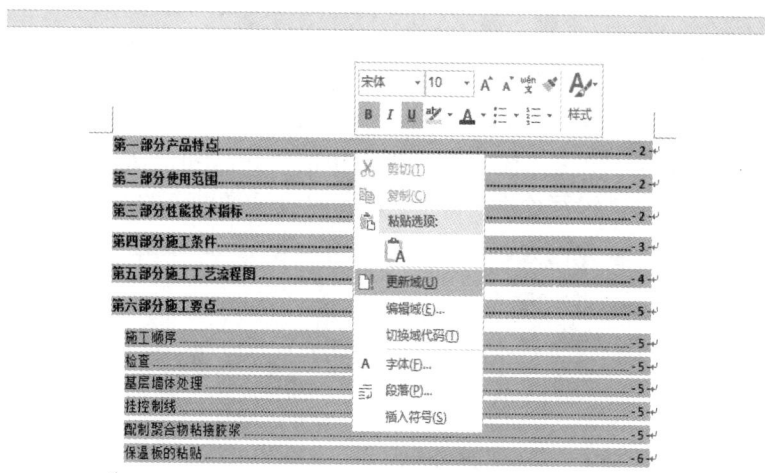

图 2-88　选择"更新域"命令

步骤 2：选中"更新整个目录"单选按钮，单击"确定"按钮即可完成对文档目录的更新，如图 2-89 所示。

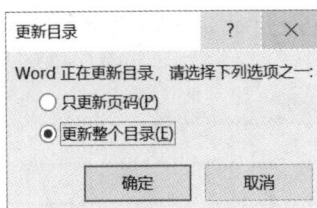

图 2-89　文档目录的更新

9．拼写和语法检查

在输入文本时，如果无意中输入了错误的或不可识别的单词，Word 2016 就会在该单词下用红色波浪线进行标记；如果是语法错误，在出现错误的部分就会用绿色波浪线进行标记，如图 2-90 所示。

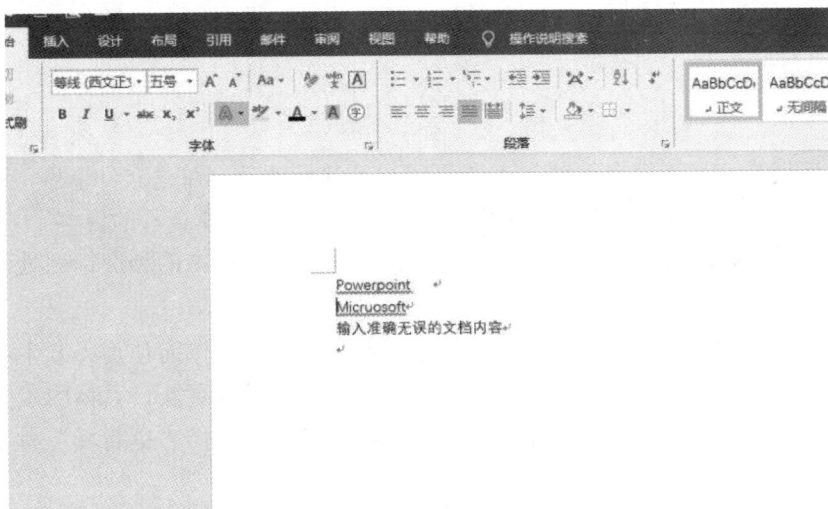

图 2-90　自动拼写和语法检查

设置自动拼写和语法检查的具体操作如下。

步骤 1：新建一个文档，在文档中输入一些语法不正确的和拼写不正确的内容，切换到"审阅"选项卡，单击"校对"选项组中的"拼写和语法"按钮。

步骤 2：此时会打开"拼写检查"窗格，在其中显示了检查的结果，如图 2-91 所示。

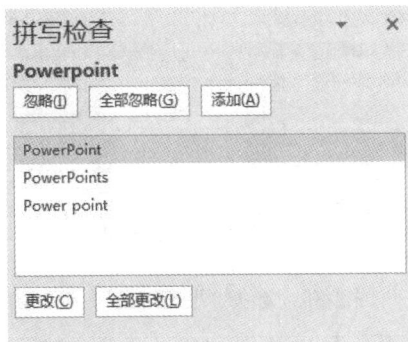

图 2-91　"拼写检查"窗格

步骤 3：在检查结果中，用户可以输入正确的语句，然后单击"更改"按钮，对错误的语句进行更改。更改完毕后会弹出一个信息提示对话框，提示用户拼写和语法检查完成。

步骤 4：单击"确定"按钮返回 Word 文档，此时文档中的红线已消失，表示错误已更改完成。

如果输入了一段有语法错误的文字，在出现错误的单词下面就会出现绿色波浪线。选中出错的单词，然后鼠标右键单击，在弹出的快捷菜单中选择全部忽略命令，Word 2016 就会忽略这个错误，此时错误语句下方的绿色波浪线也会消失。

在 Word 2016 中，除了使用拼写和语法检查功能之外，还可以使用自动更正功能检查和更正错误的输入。例如输入"神月"，系统就会自动更正为"审阅"。使用自动更正功能的操作步骤如下。

步骤 1：在 Word 文档窗口中切换到"文件"选项卡，在打开的界面中选择"选项"选项，如图 2-92 所示。

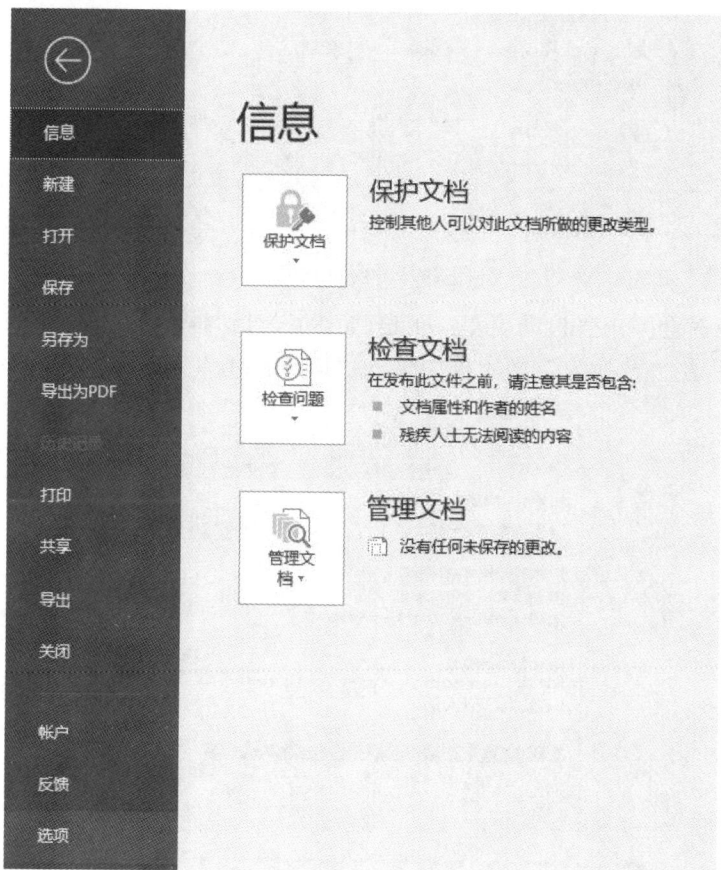

图 2-92　自动更正功能检查

步骤 2：在弹出的"Word 选项"对话框中，在左侧的列表中选择"校对"选项，然后在右侧的窗口中单击"自动更正选项(A)"按钮，如图 2-93 所示。

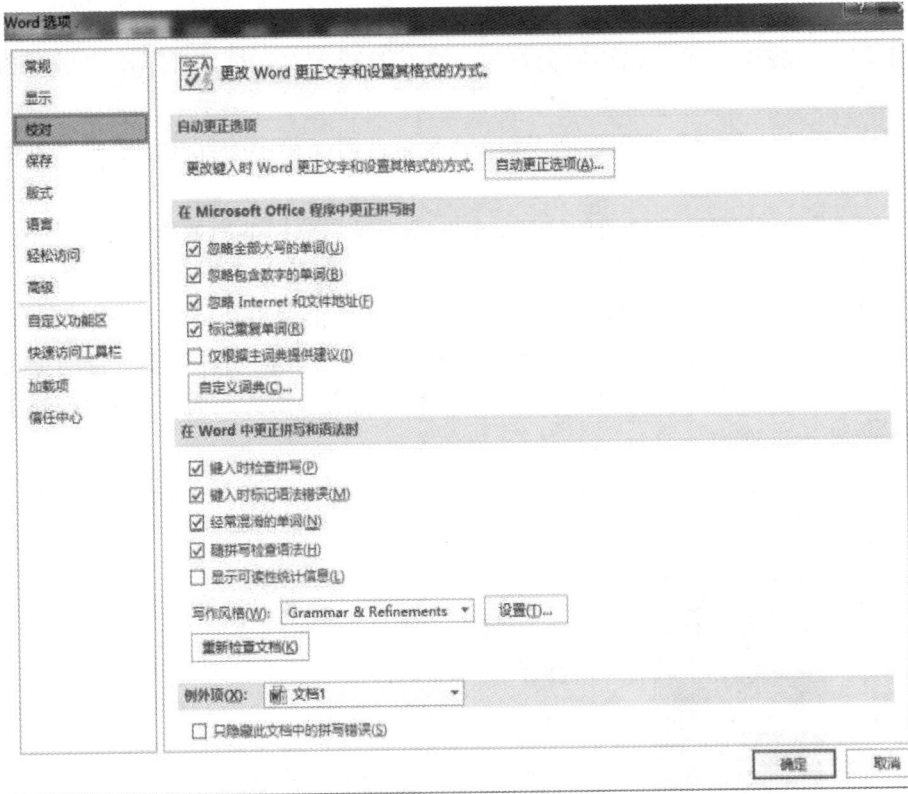

图 2-93　校对设置

步骤 3：此时会弹出"自动更正：英语(美国)"对话框，在"替换"文本框中输入"Micruosoft"，在"替换为"文本框中输入"Microsoft"，如图 2-94 所示。

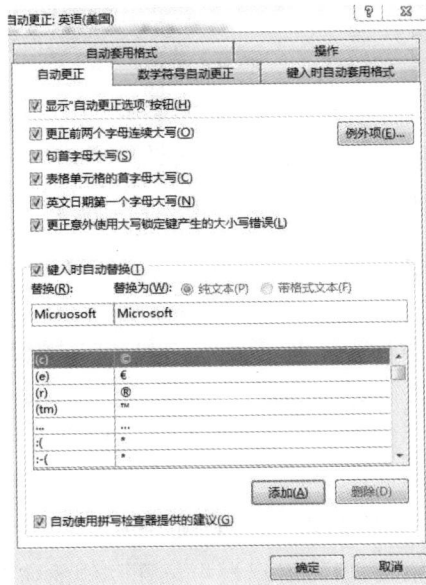

图 2-94　自动更正

步骤 4：单击"确定"按钮，返回文档编辑模式，则文档中所有的"Micruosoft"错误会被自动更正。

10．文件的打印

打印作为整个排版工作的最后一步也是至关重要的。下面介绍如何对 Word 文档进行打印设置。

1）打印预览

在打印 Word 文档前，可以对文档先进行预览，该功能可以根据文档的打印设置模拟文档打印在纸张上的效果。

预览时可以及时发现文档中的版式错误，如果对打印效果不满意，也可以及时对文档的版面进行重新设置和调整，以获得满意的打印效果，避免纸张的浪费。下面介绍预览文档打印效果的方法。

打开 Word 文档，依次单击"文件"选项卡下的"打印"选项，或者直接按"Ctrl + P"组合键，即可进入"打印"界面，如图 2-95 所示。左侧窗口中将显示所有与文档打印有关的命令选项，右侧的窗格中可以预览打印效果。拖动"显示比例"滚动条上的滑块能够调整文档的显示大小，单击"下一页"按钮和"上一页"按钮，能够进行预览的翻页操作。

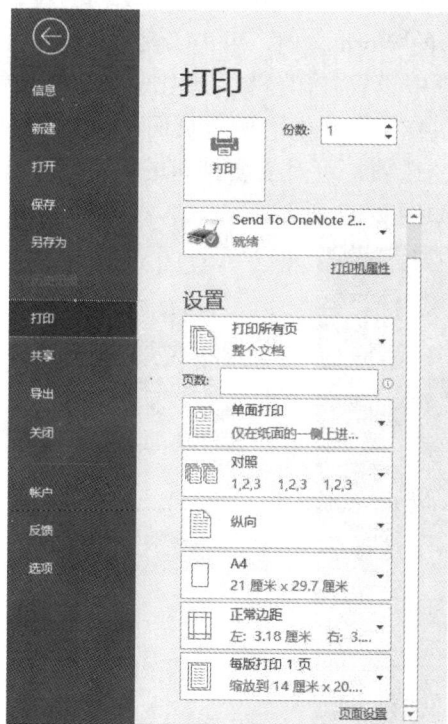

图 2-95　文件的打印

设置完成后，打印选项卡右侧会出现预览效果，如图 2-96 所示。

对预览效果满意后，就可以对文档进行打印了。

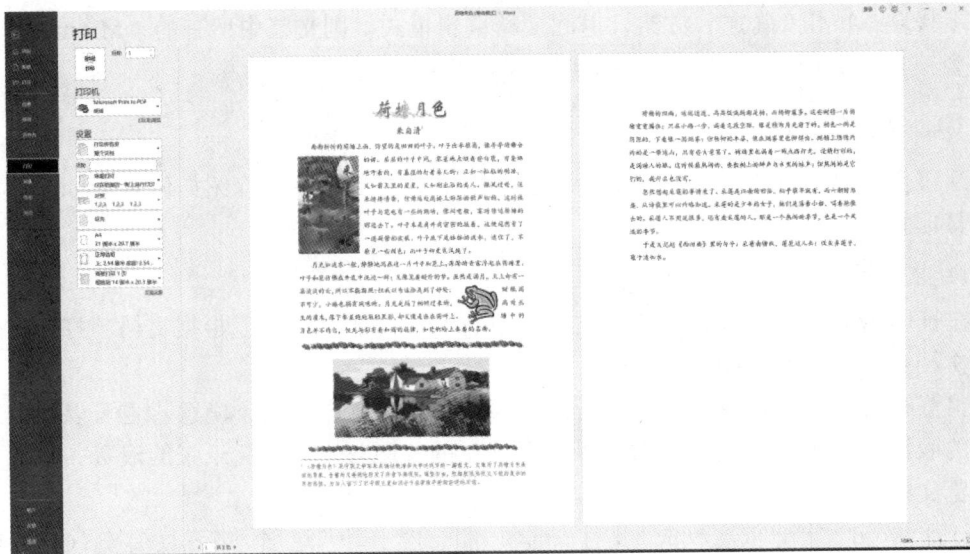

图 2-96　预览效果

2）打印设置

在 Word 2016 中，为打印进行页面、页数和份数等设置，可以直接在"打印"命令列表中选择操作。下面来介绍 Word 2016 中打印文档的设置方法。

步骤 1：打开需要打印的 Word 文档，单击"文件"选项卡下的"打印"选项，在中间窗格中"份数"增量框中设置打印份数，单击"打印"按钮即可开始文档的打印。

步骤 2. Word 2016 默认打印文档中的所有页面，单击此时的"打印所有页"按钮，在打开的列表中选择相应的选项，可对需要打印的页进行设置，如选择"打印当前页"选项，则只打印当前页，如图 2-97 所示。

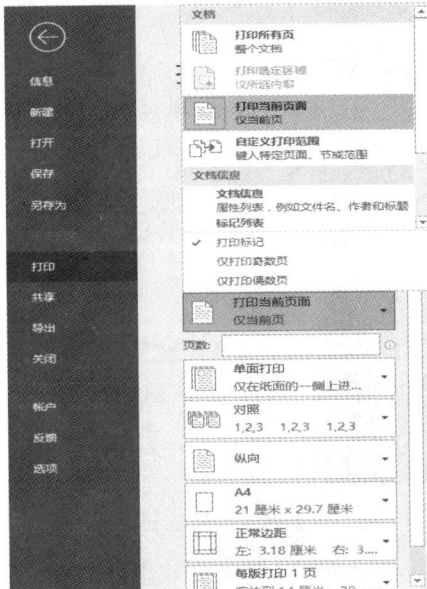

图 2-97　只打印当前页设置

步骤 3：在"打印"命令的列表窗格中提供了常用的打印设置按钮，如设置页面的打印顺序、页面的打印方向以及页边距等。用户只需要单击相应的选项按钮，在下级列表中选择预设参数即可。如果需要进一步的设置，可以单击"页面设置"命令打开"页面设置"对话框来进行设置，设置完成后单击"确定"按钮即可，如图 2-98 所示。

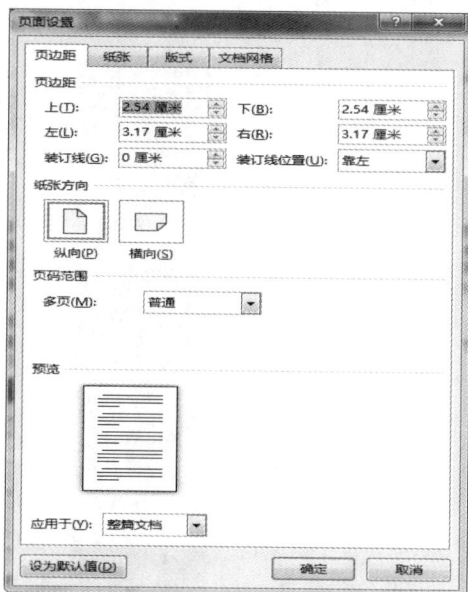

图 2-98　设置页边距

步骤 4：在"页面设置"对话框中切换到"布局"标签，点击"页边距"下拉列表，选择"自定义页边距"，如图 2-99 所示。

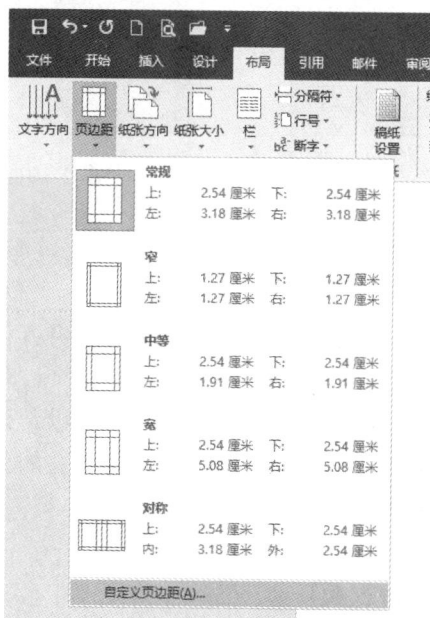

图 2-99　自定义页边距

步骤 5：对"页边距"进行设置，在"多页"下拉列表中，选择"对称页边距"，点击"确定"按钮，如图 2-100 所示。

步骤 6：在"文件"选项中选择"打印"命令。如勾选 "手动双面打印"，系统会先自动打印奇数页，打完奇数页后，需要人工把所有的纸张翻过来，再放进打印机打印偶数页，如图 2-101 所示。

图 2-100　"页边距"设置

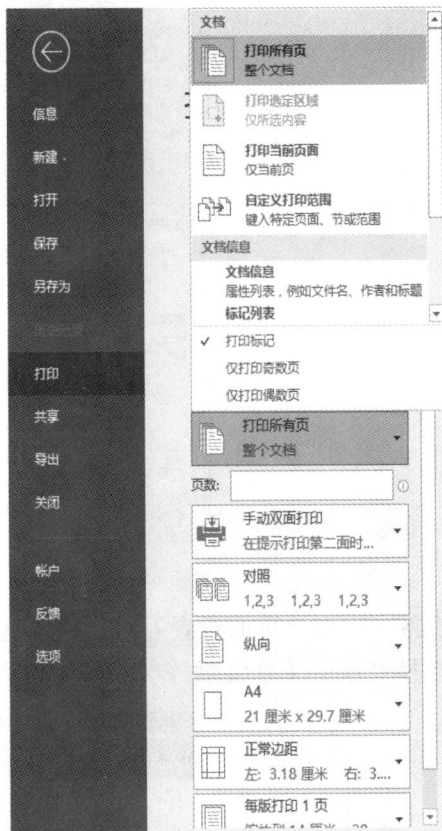

图 2-101　手动双面打印

2.3.3　Word 邮件合并应用技术

在平常的工作中，我们经常需要批量制作一些主要内容相同、只是部分数据有变化的文件，比如成绩单、邀请函、名片等。如果一个一个制作的话，会浪费大量的时间。这时我们就可以利用 Word 的邮件合并功能，它可以帮助我们快速批量的生成文件。下面我们以制作邀请函为例给大家介绍一下邮件合并的具体使用方法。

步骤 1：录入人员名单信息，然后保存为"人员名单"Excel 文件，如图 2-102 所示。

步骤 2：编辑 Word 邀请函模板。

步骤 3：选取数据源。点击"邮件"选项卡"开始邮件合并"功能组中的"选择收件人"下拉按钮，在下拉列表中选择"使用现有列表"，弹出"选取数据源"对话框，然后选择刚才的"人员名单"Excel 工作表，点击"打开"，如图 2-103 所示。

	A	B	C	D	E
1	姓 名	性 别	职位	通讯地址	邮政编码
2	何承志	男	经理	云南省大理市电信公司	862200
3	黄晓锐	男	经理	广东省汕头市波美网络公司	815163
4	刘从丰	男	经理	湖南省黄花机场	613000
5	刘静萍	女	经理	湖南省长沙市携程公司	613409
6	罗彬	男	经理	湖南省株洲南方集团	613100
7	沈海超	男	经理	深圳市新保安航空公司	910000
8	向超	女	经理	上海锦江集团	513213
9	赵丽莉	女	经理	四川省成都飞机制造公司	522714

图 2-102　人员名单信息

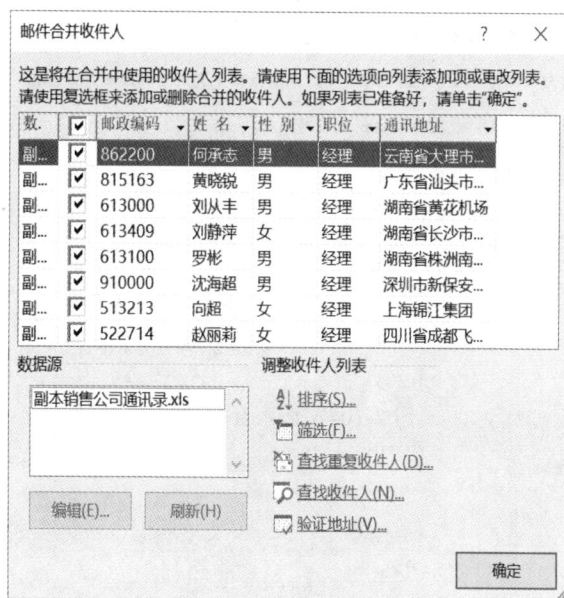

图 2-103　选取数据源

步骤 4：插入合并域。将光标定位在 Word 文档中需要插入信息的位置，点击"邮件"选项卡"编写和插入域"功能组中的"插入合并域"下拉按钮，在下拉列表中选择对应的信息，本例中选择"姓名"，点击"插入"按钮，然后关闭"插入合并域"对话框，此时文档中相应位置就会出现已插入的域标记，如图 2-104 所示。

步骤 5：编写和插入域。在"邮件"选项卡上的"编写和插入域"组中，单击"规则"下拉列表中的"如果…那么…否则…"命令，打开"插入域"对话框。在"域名"下拉列表框中选择"性别"，在"比较条件"下拉列表框中选择"等于"，在"比较对象"文本框中输入"男"，在"则插入此文字"文本框中输入"先生"，在"否则插入此文字"文本框中输入"女士"，然后单击"确定"按钮，如图 2-105 所示。

邮编：《邮政编码》

地址：　《通讯地址》

收件人：《姓_名》

2021 年度毕业生招聘会

邀请函

尊敬的：《姓_名》先生

　　我校定于 2021 年 12 月 1 日召开 2021 年度毕业生招聘会，现特邀你单位派一或二名代表参加。这次的会议内容是签订 2021 年应届毕业生人才招聘协议，广泛听取您的意见，了解企业人才需求。会议报到日期为 2021 年 11 月 30 日，地点为阳光大酒店一楼大厅，会议时间为一天。欢迎贵单位代表届时光临！

　　联系人：杨老师

　　联系电话：8250333

　　邮箱：hskj@163.com

湖南航空工业大学

2021 年 11 月 1 日

图 2-104　插入合并域

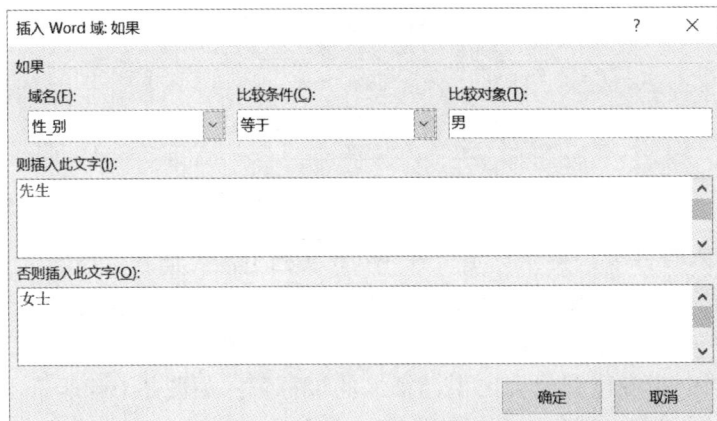

图 2-105　设置规则

　　步骤 6：完成并合并。点击"邮件"选项卡"完成"功能组中的"完成并合并"下拉按钮，在下拉列表中点击"编辑单个文档…"，弹出"合并到新文档"对话框，选择"全部"，点击"确定"。此时就会在新窗口中合并生成一个名为"信函 1.docx"的新文档，"信函 1"中包含了所有人员的邀请信息，如图 2-106 所示。

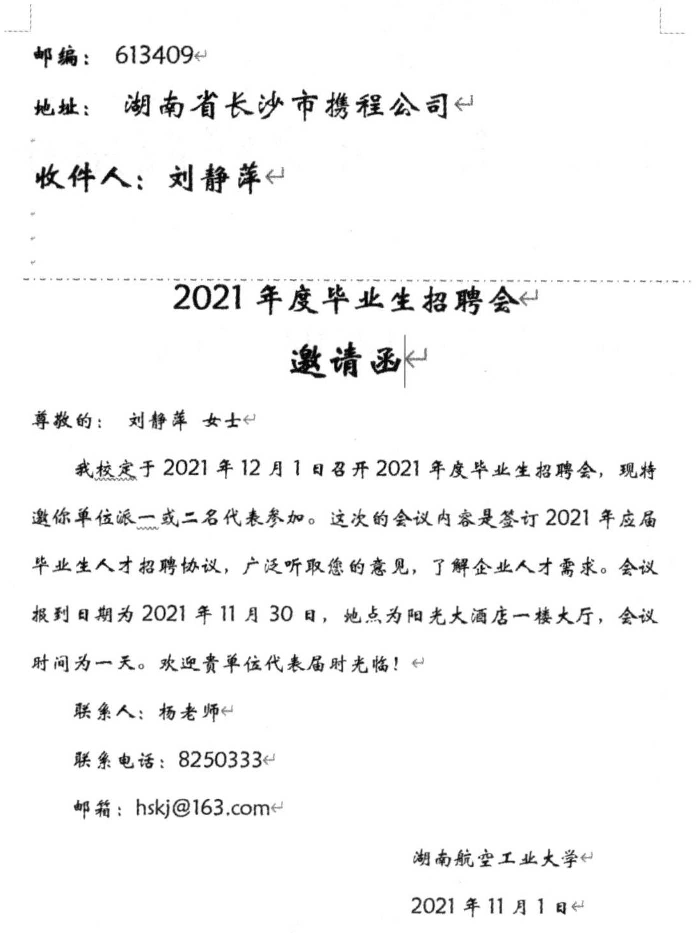

邮编：613409

地址：　湖南省长沙市携程公司

收件人：刘静萍

2021 年度毕业生招聘会

邀请函

尊敬的：　刘静萍　女士

　　我校定于 2021 年 12 月 1 日召开 2021 年度毕业生招聘会，现特邀你单位派一或二名代表参加。这次的会议内容是签订 2021 年应届毕业生人才招聘协议，广泛听取您的意见，了解企业人才需求。会议报到日期为 2021 年 11 月 30 日，地点为阳光大酒店一楼大厅，会议时间为一天。欢迎贵单位代表届时光临！

　　联系人：杨老师

　　联系电话：8250333

　　邮箱：hskj@163.com

湖南航空工业大学
2021 年 11 月 1 日

图 2-106　完成合并效果

第 3 章　Excel 高级应用技术

3.1　Excel 2016 操作技能

3.1.1　Excel 2016 快捷方式

1．常用快捷方式

Ctrl + W：关闭工作簿；
Ctrl + O：打开工作簿；
Ctrl + S：保存工作簿；
Ctrl + 9：隐藏选定的行；
Ctrl + 0：隐藏选定的列。

2．功能区键盘快捷方式

功能区对选项卡上的相关选项进行了分组。 例如，在"开始"选项卡上，"数字"组包括"数字格式"选项。 按下 Alt 键以显示功能区快捷方式，称为"键提示"，显示为选项卡和选项旁边的小图像中的字母，如图 3-1 所示。

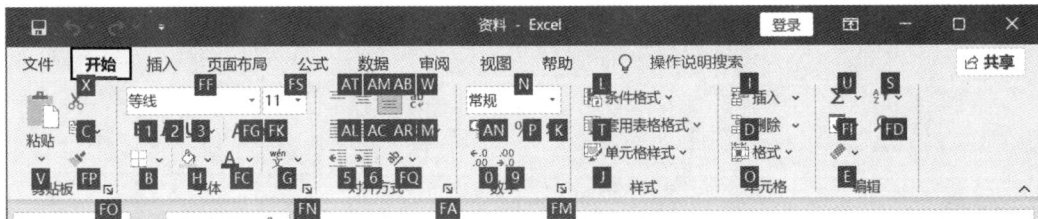

图 3-1　功能区快捷方式

3．单元格操作快捷方式

Shift + Tab：移到工作表中的前一个单元格或对话框中的前一个选项；
Ctrl + 箭头键：移到工作表中当前数据区域的边缘；
Ctrl + End：移到工作表上的最后一个单元格，即所使用的最右一列的最下面一行；
Ctrl + Shift + End：将单元格选定区域扩展至工作表上最后一个使用的单元格；
Ctrl + Home：移到工作表的开头；

Page Down：在工作表中向下移动一屏；

Ctrl + Page Down：移到工作簿中的下一个工作表；

Alt + Page Down：在工作表中向右移动一屏；

Ctrl + Alt + =：放大；

Ctrl + Alt + -：缩小。

4．Excel 中 Ctrl 加字母快捷键

Ctrl + A：全选表格；

Ctrl + B：粗体字；

Ctrl + C：复制；

Ctrl + D：向下填充，可以隔行；

Ctrl + E：快速填充；

Ctrl + F：查找；

Ctrl + G：定位；

Ctrl + H：替换；

Ctrl + I：斜体字；

Ctrl + L：创建表，和 Ctrl+T 相同；

Ctrl + N：新建 Excel 文件；

Ctrl + O：打开文件；

Ctrl + P：打印；

Ctrl + Q：启动快速分析；

Ctrl + R：向右填充，筛选状态下很好用；

Ctrl + S：保存文件；

Ctrl + T：创建表格；

Ctrl + U：字体添加下划线；

Ctrl + V：粘贴；

Ctrl + W：关闭单个 Excel 文件；

Ctrl + X：剪切；

Ctrl + Y：恢复上一步操作；

Ctrl + Z：撤销上一次操作。

3.1.2 Excel 2016 实用操作技能

1．用箭头标记数据的增减

当我们要做一份分析销售量变化的 Excel 表时，希望看到更直观的效果，可以用箭头来标记数据的增减情况。

方法："选中目标区域"→"右击设置单元格格式"→"自定义"→"输入[蓝色]↑0.0%；[红色]↓0.0%；0.0%"→"确定"。

2．表格中插入选择框

有时在 Excel 表格中插入选择框会更直观、更有可读性。

方法："选中目标区域"→"设置字体 Wingdings 2"→"数据"→"数据验证"→"选择序列"→"输入 R，S"→"选择对应方框"。

3．不复制隐藏数据

包含隐藏区域的表格，在复制粘贴时会默认包含隐藏区域，如果不希望复制隐藏区域，在复制前按组合键 Alt+；(分号)就行了。

方法："选中目标区域"→"Alt+；(分号)"→"复制粘贴"。

4．提示输入

有些表格数据需要其他人来填写，而填写人往往不清楚填写格式，导致数据一团糟。防止错误输入的有效方法是增加一些提示。

方法："选中输入区域"→"数据"→"数据验证"→"输入信息"→"确定"。

5．删除重复值

选取数据区域，点击"数据"→"删除重复值"，在对话框中选择数据列，点击"确定"完成，如图 3-2 所示。

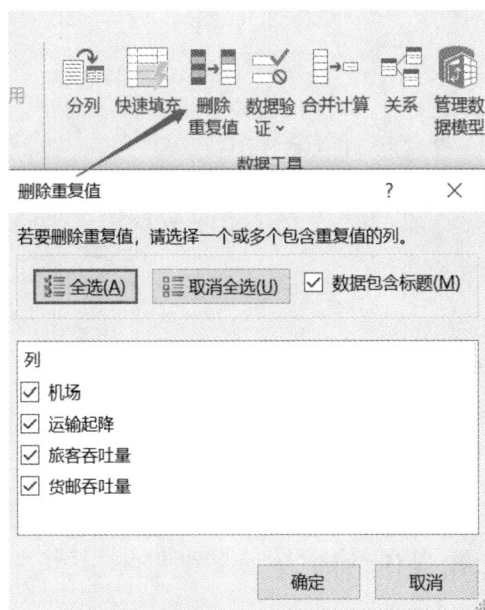

图 3-2　删除重复值

6．显示重复值

选取数据区域，点击"开始"→"条件格式"→"显示规则"→"重复值"，如图 3-3 所示。

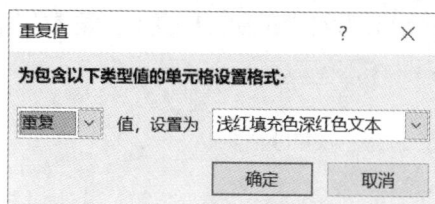

图 3-3　显示重复值

7. 删除数据空行

按"Ctrl + G"组合键打开定位窗口，选择"空值"选项，单击确定后即可定位到空白单元格，整行删除即可，如图 3-4 所示。

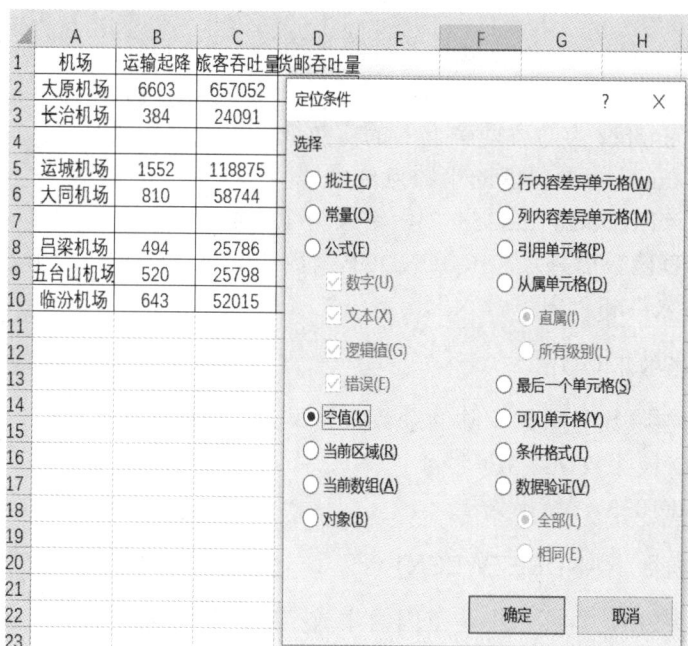

图 3-4　删除数据空行

3.2　Excel 2016 函数应用

3.2.1　数字操作函数

1. 求绝对值函数(ABS)

功能：ABS 函数是一种用于求实数绝对值的函数，返回不带符号的数值。

语法结构：ABS(number)

参数解释：number 为需要求绝对值的实数或者单元格引用。

举例：输入数值=ABS(-15)，返回值为 15。

输入单元格引用=ABS(A1)，返回值为 A1 单元格里数字的绝对值。

2．取整函数(INT)

功能：将数值向下取整为最接近的整数。

语法结构：INT(number)

参数解释：number 为需要取整的实数或者单元格引用。

举例：输入数值=INT(1.001)，返回值为 1。

输入数值=INT(1.999)，返回值为 1。

输入单元格引用=INT(A1)，返回值为 A1 单元格向下取的、最接近的整数。

3．四舍五入函数(ROUND)

功能：按指定的位数对数值进行"四舍五入"。

语法结构：ROUND(number, digits)

参数解释：number 为需要四舍五入的实数或者单元格引用；

digits 为要保留的小数点位数。

举例：输入= ROUND(12.5353, 2)，结果为 12.54。

除了 ROUND 函数以外还有 ROUNDUP 函数和 ROUNDDOWN 函数，它们的含义分别是"向上舍入"和"向下舍入"。

4．取余数函数(MOD)

功能：返回被除数与除数相除的余数，结果为数值型。

语法：MOD(被除数，除数)

举例：=mod(10, 3)，结果为 1。

5．生成随机数(RANDBETWEEN)

RANDBETWEEN 能够在指定范围内生成一组随机数据，对于广大质检、监理、统计人员来说，这是一个非常实用的函数。

语法：=RANDBETWEEN(数字下限，数字上限)

比如以下公式，就是生成 60 到 100 之间的随机数：

举例：=RANDBETWEEN(60，100)

3.2.2　字符操作函数

1．左取字符函数(LEFT)

LEFT 函数的功能是从文本字符串的第一个字符开始提取指定个数的字符。

语法规则：LEFT(提取字符串，字符个数)

举例：从出生日期中提取出对应的出生年份，只需要在 F2 单元格中输入 LEFT(E2, 4)并向下填充即可得到结果，如图 3-5 所示。

F2　=LEFT(E2,4)

	A	B	C	D	E	F
1	员工编号	姓名	性别	手机号	生日年月	年份
2	201001	郭亚飞	女	1397441000X	1996-06	1996
3	201002	卢新凯	男	1367442000X	1996-07	1996
4	201003	刘梦亚	女	1387441000X	1996-08	1996
5	201004	刘志杰	男	1390744000X	1997-09	1997
6	201005	郭苏丹	女	1370753000X	1983-10	1983
7	201006	冯倩倩	女	1350912000X	1987-07	1987
8	201007	陈真	男	1345966000X	1995-01	1995
9	201008	陈子烈	男	1337431000X	1992-04	1992
10	201009	李中泽	男	1589633000X	1978-10	1978
11	201010	金艺阁	男	1357485000X	1996-12	1996
12	201011	彭林森	男	1372753000X	1988-10	1988

图 3-5　左取字符

2．指定取字符函数(MID)

MID 函数的功能是从文本字符串中指定的起始位置开始提取指定个数的字符。

语法：MID(提取字符串，第一个字符的位置，要提取的字符个数)

举例：从出生日期中还可以提取出出生月份，因为月份是出生日期的中间部分，所以这里采用 MID 函数。出生月份占 2 个字符，且从出生日期的第 6 个字符开始，只需要在 F2 单元格中输入 MID(E2, 6, 2)并向下填充就可得到出生月份，如图 3-6 所示。

F2　=MID(E2,6,2)

	A	B	C	D	E	F
1	员工编号	姓名	性别	手机号	生日年月	年份
2	201001	郭亚飞	女	1397441000X	1996-06	06
3	201002	卢新凯	男	1367442000X	1996-07	07
4	201003	刘梦亚	女	1387441000X	1996-08	08
5	201004	刘志杰	男	1390744000X	1997-09	09
6	201005	郭苏丹	女	1370753000X	1983-10	10
7	201006	冯倩倩	女	1350912000X	1987-07	07
8	201007	陈真	男	1345966000X	1995-01	01
9	201008	陈子烈	男	1337431000X	1992-04	04
10	201009	李中泽	男	1589633000X	1978-10	10
11	201010	金艺阁	男	1357485000X	1996-12	12
12	201011	彭林森	男	1372753000X	1988-10	10

图 3-6　提取指定字符

3．右取字符函数(RIGHT)

RIGHT 函数的功能是从文本字符串的最后一个字符开始提取指定个数的字符。

语法：RIGHT(要提取字符的字符串，要提取的字符个数)

举例：在 F2 单元格中输入 RIGHT(E2, 2)并向下填充同样可以得到出生月份，如图 3-7 所示。

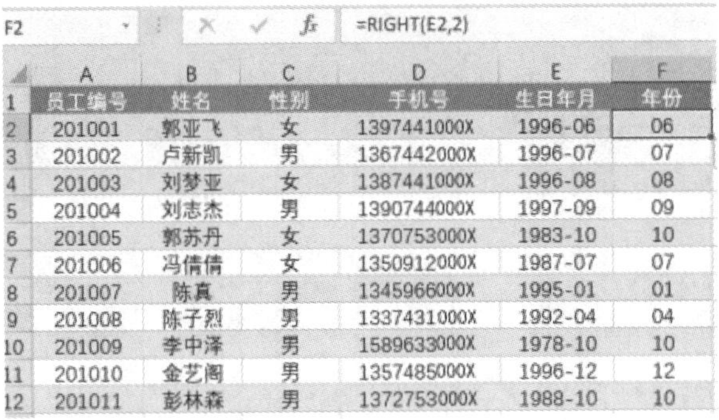

F2 =RIGHT(E2,2)

员工编号	姓名	性别	手机号	生日年月	年份
201001	郭亚飞	女	1397441000X	1996-06	06
201002	卢新凯	男	1367442000X	1996-07	07
201003	刘梦亚	女	1387441000X	1996-08	08
201004	刘志杰	男	1390744000X	1997-09	09
201005	郭苏丹	女	1370753000X	1983-10	10
201006	冯倩倩	女	1350912000X	1987-07	07
201007	陈真	男	1345966000X	1995-01	01
201008	陈子烈	男	1337431000X	1992-04	04
201009	李中泽	男	1589633000X	1978-10	10
201010	金艺阁	男	1357485000X	1996-12	12
201011	彭林森	男	1372753000X	1988-10	10

图 3-7　右取字符

4．查询取字符函数(FIND)

FIND 函数的功能是返回一个字符串在另一个字符串中出现的起始位置(区分大小写)。

语法：FIND(要查找的字符串，要在其中进行搜索的字符串，起始搜索位置)

举例：要查找字符串“744”在手机号中的位置，只需在 F2 中输入 FIND("744", D2)并向下填充即可得到结果，如没有找到则返回“#VALUE!”，如图 3-8 所示。

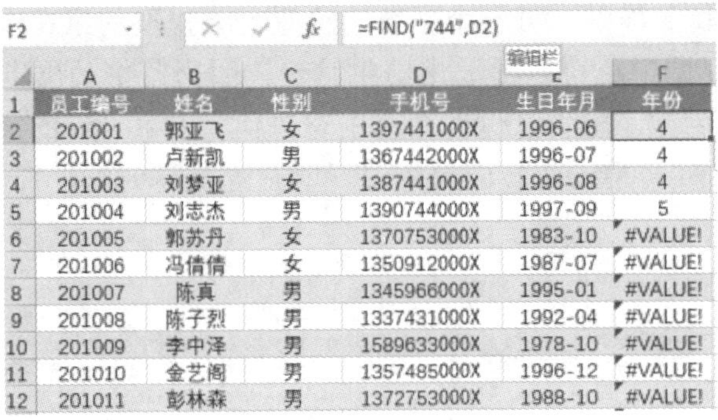

F2 =FIND("744",D2)

员工编号	姓名	性别	手机号	生日年月	年份
201001	郭亚飞	女	1397441000X	1996-06	4
201002	卢新凯	男	1367442000X	1996-07	4
201003	刘梦亚	女	1387441000X	1996-08	4
201004	刘志杰	男	1390744000X	1997-09	5
201005	郭苏丹	女	1370753000X	1983-10	#VALUE!
201006	冯倩倩	女	1350912000X	1987-07	#VALUE!
201007	陈真	男	1345966000X	1995-01	#VALUE!
201008	陈子烈	男	1337431000X	1992-04	#VALUE!
201009	李中泽	男	1589633000X	1978-10	#VALUE!
201010	金艺阁	男	1357485000X	1996-12	#VALUE!
201011	彭林森	男	1372753000X	1988-10	#VALUE!

图 3-8　查询取字符

5．移去空格函数(TRIM)

空格函数的功能是清除字符串前后的空格。

语法：TRIM(字符串)

举例：TRIM("　abc　")，返回“abc”。

6．数值转换函数(TEXT)

TEXT()函数可以截取日期中的某部分或者转换显示格式。

语法：TEXT(数值，指定格式文本)

举例：

A1=0.2 TEXT(A1, "0%")，=20% (转换为百分比)

A2=22.38 TEXT(A1, "$0, 000.0"), =$0, 022.4(转换为货币格式)

A1=2016-10-01 TEXT(A1, "dd")=01 (截取日，显示 2 位数)

A1=2016-10-01 TEXT(A1, "d")=1 (截取日，显示 1 位数)

A1=2016-10-01 TEXT(A1, "mm")= 10(截取月，显示 2 位数)

3.2.3　条件统计函数

1．多条件函数(AND)

以图 3-9 中的数据为例，如果职级为高级、工龄为大于等于 20 年则有特殊津贴，那么可以在 I2 单元格使用公式：

=IF(AND(E2="高级", F2>=20), "有", "无")

图 3-9　多条件函数

AND 函数对两个条件判断，如果同时符合，IF 函数返回"有"，否则为"无"。

2．条件求和(SUMIF)

语法：=SUMIF(条件区域，指定的求和条件，求和的区域)

语法：=SUMIFS(求和的区域，条件区域 1，指定的求和条件 1，条件区域 2，指定的求和条件 2，……)

举例：职称等于高级，对 H2:H14 单元格对应的区域求和，公式如下：

=SUMIF(E2:E14, "高级", H2:H14)

求和结果如图 3-10 所示。

图 3-10　条件求和

3．多条件计数(COUNTIFS)

COUNTIFS 函数统计条件区域中，符合多个指定条件的单元格个数。

语法：=COUNTIFS(条件区域 1，指定条件 1，条件区域 2，指定条件 2……)

举例：检索职称为政工师且工资小于或等于 9000 的人数，公式如下：

=COUNTIFS(D2:D14, H1, E2:E14, I1)

检索结果为 4，如图 3-11 所示。

I2				fx	=COUNTIFS(D2:D14,H1,E2:E14,I1)				
	A	B	C	D	E	F	G	H	I
1	员工编号	姓名	部门	职称	工资	绩效		政工师	<=9000
2	201001	郭亚飞	人事部	政工师	7000	1000			4
3	201002	卢新凯	人事部	政工师	7500	800			
4	201003	刘梦亚	人事部	政工师	6500	600			
5	201004	刘志杰	人事部	政工师	9000	1000			
6	201005	郭苏丹	财务部	经济师	10000	1000			
7	201006	冯倩倩	财务部	经济师	12000	1000			
8	201007	陈真	财务部	经济师	8000	900			
9	201008	陈子烈	财务部	经济师	7000	800			
10	201009	李中泽	技术部	工程师	8000	700			
11	201010	金艺阁	技术部	工程师	12000	1000			
12	201011	彭林森	技术部	工程师	11000	900			
13	201012	张峻维	技术部	工程师	12100	900			
14	201013	王嘉月	技术部	工程师	11010	1000			

图 3-11　多条件计数

3.2.4　查询与引用函数

1．条件查找函数(VLOOKUP)

语法：VLOOKUP(要找谁，在哪儿找，返回第几列的内容，精确找还是近似找)

举例：要查询 G2 单元格中的员工属于哪个部门，公式如下：

=VLOOKUP(G2, B1:E14, 2, 0)

查询结果如图 3-12 所示。

H2				fx	=VLOOKUP(G2,B1:E14,2,0)			
	A	B	C	D	E	F	G	H
1	员工编号	姓名	部门	职称	职级		姓名	部门
2	201001	郭亚飞	人事部	政工师	中级		郭苏丹	财务部
3	201002	卢新凯	人事部	政工师	中级			
4	201003	刘梦亚	人事部	助理政工师	初级			
5	201004	刘志杰	人事部	高级政工师	高级			
6	201005	郭苏丹	财务部	经济师	中级			
7	201006	冯倩倩	财务部	高级经济师	高级			
8	201007	陈真	财务部	助理经济师	初级			
9	201008	陈子烈	财务部	经济师	中级			
10	201009	李中泽	技术部	工程师	中级			
11	201010	金艺阁	技术部	高级工程师	高级			
12	201011	彭林森	技术部	工程师	中级			
13	201012	张峻维	技术部	助理工程师	初级			
14	201013	王嘉月	技术部	工程师	中级			
15								

图 3-12　条件查找函数

使用该函数时，需要注意以下几点：

第 4 参数一般用 0(或 FASLE)以精确匹配方式进行查找。

第 3 参数中的列号，不能理解为工作表中实际的列号，而是指定返回值在查找范围中的第几列。

如果查找值与数据区域关键字的数据类型不一致，会返回错误值#N/A。

查找值必须位于查询区域中的第一列。

2. 多条件查找函数(LOOKUP)

语法：=LOOKUP(1, 0/((条件区域 1=条件 1)*(条件区域 2=条件 2)), 查询区域)

举例：要求查询部门为生产且岗位为部长的姓名，公式如下：

=LOOKUP(1, 0/((C2:C14=H2)*(E2:E14=I2)), B2:B14)

查询结果如图 3-13 所示。

	A	B	C	D	E	F	G	H	I
	员工编号	姓名	部门	职称	职务		姓名	部门	职称
1									
2	201001	郭亚飞	人事部	政工师	科员		金艺阁	技术部	主任
3	201002	卢新凯	人事部	政工师	科员				
4	201003	刘梦亚	人事部	助理政工师	科员				
5	201004	刘志杰	人事部	高级政工师	主任				
6	201005	郭苏丹	财务部	经济师	科员				
7	201006	冯倩倩	财务部	高级经济师	主任				
8	201007	陈真	财务部	助理经济师	科员				
9	201008	陈子烈	财务部	经济师	科员				
10	201009	李中泽	技术部	工程师	工程师				
11	201010	金艺阁	技术部	高级工程师	主任				
12	201011	彭林森	技术部	工程师	工程师				
13	201012	张峻维	技术部	助理工程师	技术员				
14	201013	王嘉月	技术部	工程师	工程师				

G2 单元格公式：=LOOKUP(1,0/((C2:C14=H2)*(E2:E14=I2)),B2:B14)

图 3-13 多条件查找函数

3. 行查询函数(HLOOKUP)

在表格的首行或数值数组中搜索值，然后返回表格或数组中指定行的所在列中的值。当比较值位于数据表格的首行时，如果要向下查看指定的行数，则可使用 HLOOKUP。

HLOOKUP 中的 H 代表"行"。

语法：HLOOKUP(第一行中查找的值，查找数据的信息表，要返回列值，返回值是否排序)

举例：在首行查找综合排名，并返回大同机场排名，公式如下：

=HLOOKUP("综合排名", A1:E8, 5, TRUE)

返回值为 3，如图 3-14 所示。

H2 =HLOOKUP("综合排名", A1:E8, 5, TRUE)

	A	B	C	D	E	F	G	H
1	机场	运输起降	旅客吞吐量	货邮吞吐量	综合排名		机场	综合排名
2	太原机场	6603	657052	5635.1	1		大同机场	3
3	长治机场	384	24091	15.4	7			
4	运城机场	1552	118875	597.5	2			
5	大同机场	810	58744	146.6	3			
6	吕梁机场	494	25786	2.9	6			
7	五台山机场	520	25798	14.5	5			
8	临汾机场	643	52015	25.6	4			

图 3-14 行查询函数

4．行列引用函数(INDEX)

使用 INDEX 函数有两种方法：返回指定单元格或单元格数组的值；返回对指定单元格的引用。

语法：INDEX(单元格区域，行，列)

举例：查询区域 A2:E8 中第二行和第二列交叉处的数值，公式如下：

=INDEX(A2:E8, 2, 2)

查询结果如图 3-15 所示。

D12 =INDEX(A2:E8,2,2)

	A	B	C	D	E
1	机场	运输起降	旅客吞吐量	货邮吞吐量	综合排名
2	太原机场	6603	657052	5635.1	1
3	长治机场	384	24091	15.4	7
4	运城机场	1552	118875	597.5	2
5	大同机场	810	58744	146.6	3
6	吕梁机场	494	25786	2.9	6
7	五台山机场	520	25798	14.5	5
8	临汾机场	643	52015	25.6	4
9					
10					
11					
12	第二行和第二列交叉处的数值			384	

图 3-15 行列引用函数

3.3 Excel 对象插入技术

3.3.1 图表应用技术

1．Excel 2016 图表分类应用

1) 树状图

树状图一般用于展示数据之间的层级和占比关系，矩形的面积代表数值的大小，

颜色和排列代表数据的层级关系。

用树状图展示机场吞吐量信息，如图 3-16 所示。

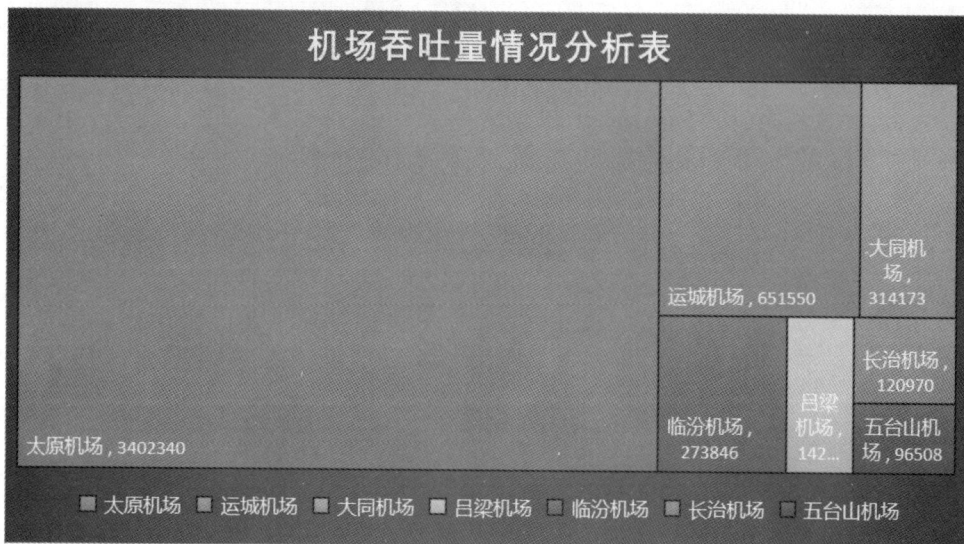

图 3-16　树状图效果

树状图按颜色和分隔矩形显示类别，可以轻松表达其他图表类型很难表达的大量数据。

饼图也能展示分类关系，但饼图有两个局限性：一是饼图用于展示分类时，数据项不能太多，最好不超过 7 个，否则图形过于混乱；二是饼图没有层级关系，比如上图中的各机场的数据，在饼图中无法同时展示出来。

2）旭日图

旭日图用于展示多层级数据之间的占比及对比关系，每一个圆环代表同一级别的比例数据，离原点越近的圆环级别越高，最内层的圆表示层次结构的顶级。

比如季度→月份→周次这样的层级，最内层就是全年各季度的数据；第二层是各月份的数据；最外层则是每个月中各周的数据。

只有一个层级的旭日图与圆环图类似，这也说明了其实旭日图是由圆环图叠加生成的。

3）直方图

直方图是数据统计常用的一种图表，它可以清晰地展示一组数据的分布情况，让用户一目了然地查看到数据的分类情况和各类别之间的差异，为分析和判断数据提供依据。

直方图效果图如图 3-17 所示。

若要在 Excel 中创建直方图，需要提供两种类型的数据：要分析的数据以及测量频率的间隔。

在插入直方图的界面，还有一个直方图的高级版，叫做排列图，如图 3-18 所示。

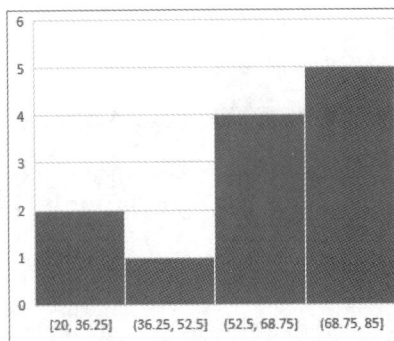

图 3-17　直方图效果

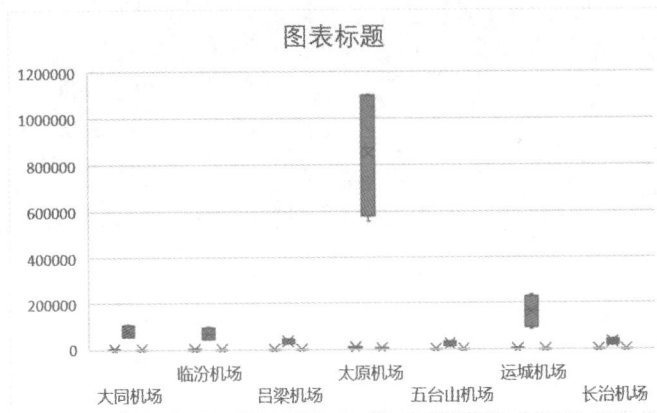

图 3-18　排列图效果

4) 箱形图

箱形图是一种用于显示一组数据分布情况的统计图。

图形由柱形、线段和数据点组成,这些线条指示超出四分位点上限和下限的变化程度,处于这些线条或虚线之外的任何点都被视为离群值。

箱形图常用于统计分析,比如,可以使用箱形图来比较医疗试用结果或测试分数。箱形图也可用来展示日常中最常见的股票涨跌 K 线图,如图 3-19 所示。

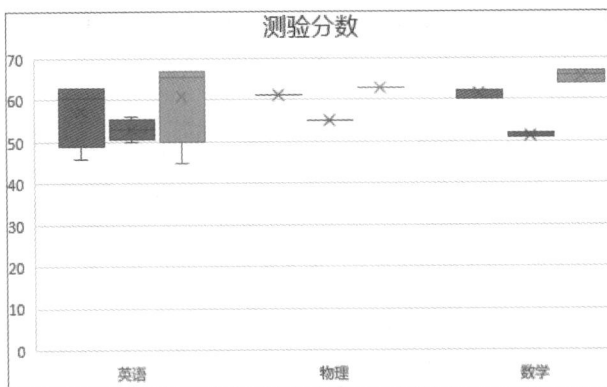

图 3-19　箱形图效果

四分位数(Quartile)即统计学中把所有数值由小到大排列并分成四等份，处于三个分割点位置的数值就是四分位数。

如图 3-20 所示，最大值和最小值之间，有三个分割点，分别是上四分位数、中位数和下四分位数。

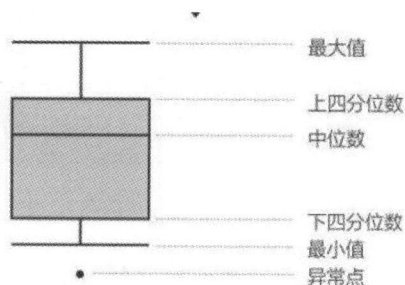

图 3-20　四分位数图示

5) 瀑布图

瀑布图用于表现一系列数据的增减变化情况以及数据之间的差异对比，通过显示各阶段的正值或者负值来显示值的变化过程。在表达一系列正值和负值对初始值的影响时，这种图表非常有用。

采用彩色编码，可以快速将正数与负数区分开来。初始值和最终值列通常从水平轴开始，而中间值则为浮动列。由于拥有这样的"外观"，瀑布图也称为桥梁图，如图 3-21 所示。

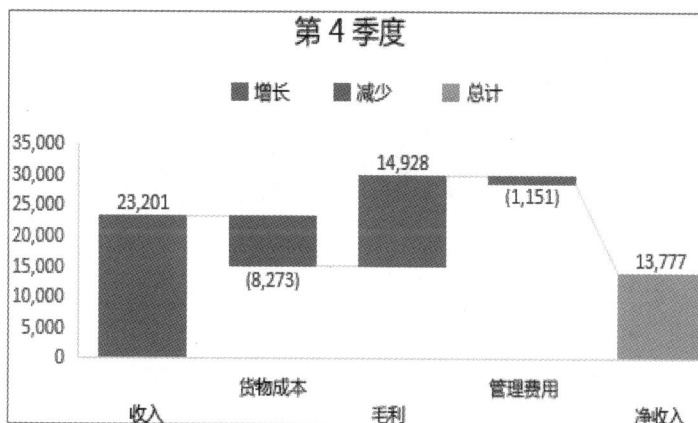

图 3-21　瀑布图效果

6) 漏斗图

漏斗图显示流程中多个阶段的值。例如，可以使用漏斗图来显示商品销售过程中每个阶段的销售潜在客户数。通常情况下，值逐渐减小，从而使条形图呈现出漏斗形状，如图 3-22 所示。

在传统的做法中，漏斗图与瀑布图类似，也是使用辅助列，只不过漏斗图是在直方图的基础上演变而来的。

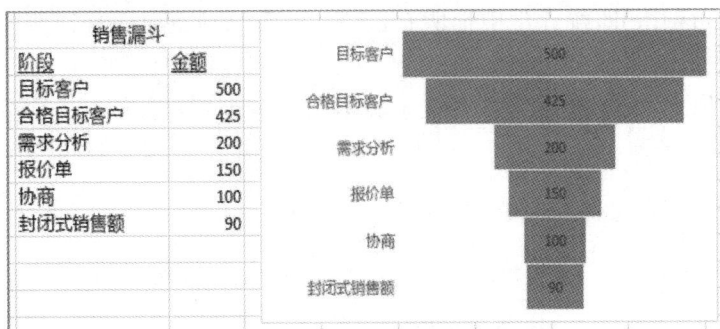

图 3-22　漏斗图效果

2．图表的设置

在 Excel 中完成图表创建后，往往需要对图表进行设置。下面我们从调整图表布局、切换图表的行和列、更改图表类型以及为图表添加或减少数据系列等方面了解 Excel 图表设置的技巧。

1）更改图表类型

打开工作表，选中图表，在"图表设计"选项卡的"类型"组中单击"更改图表类型"按钮，打开"更改图表类型"对话框。选择图表类型后，单击"确定"按钮，选择的图表将更改为指定的类型，如图 3-23 所示。

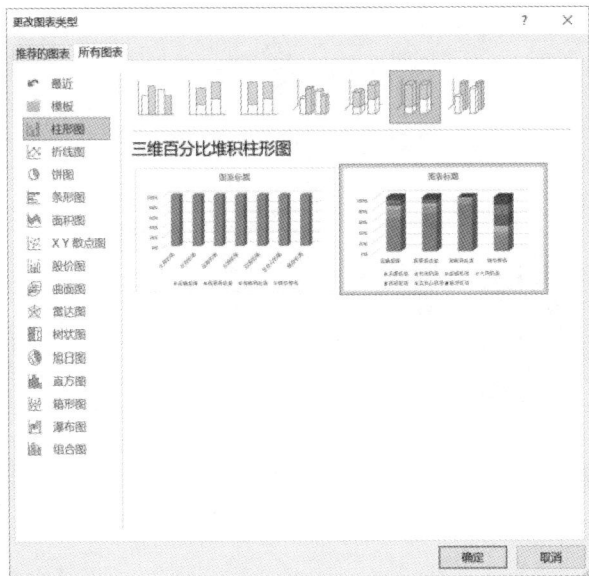

图 3-23　选择图表类型

2）图表布局

在"图表工具设计"选项卡中单击"图表布局"组中的"快速布局"按钮，在打开的下拉列表中选择图表布局样式，此时图表将更改为选择的布局样式。在添加的图表标题和坐标轴标题文本框中输入文字，图表和坐标轴即被添加了标题，如图 3-24 所示。

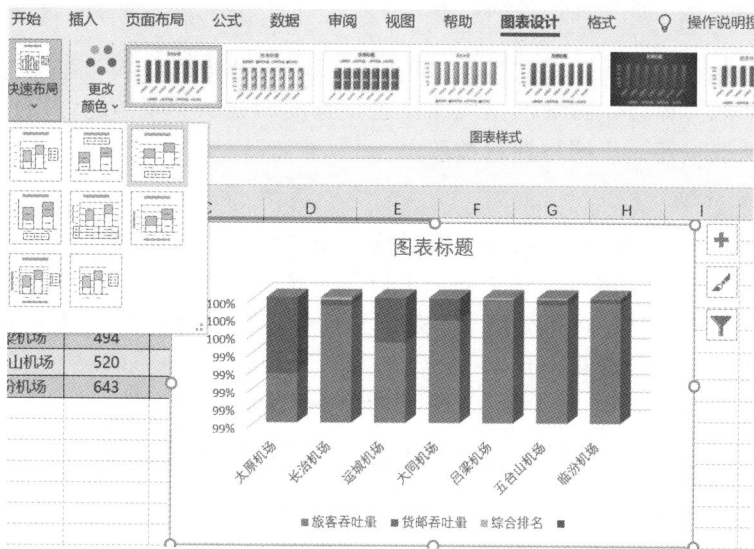

图 3-24　图表布局

3）图表样式

在"图表设计"选项卡中单击"图表样式"，选择图表样式后该样式即可被应用到选择的图表中。

单击选择图表左侧的"更改颜色"标签，在弹出的选项卡中选择颜色样式，可以快速更改图表中数据系列的填充颜色。

单击图表左侧的"添加图表元素"按钮，在打开的列表中勾选相应的复选框可以将对应的图表元素添加到图表中，同时可以对该元素在图表中的样式进行设置。如这里勾选"数据标签"复选框，单击该选项右侧出现的箭头按钮打开级联列表，选择相应选项可以设置数据标签在数据系列中的位置，修改数据系列，如图 3-25 所示。

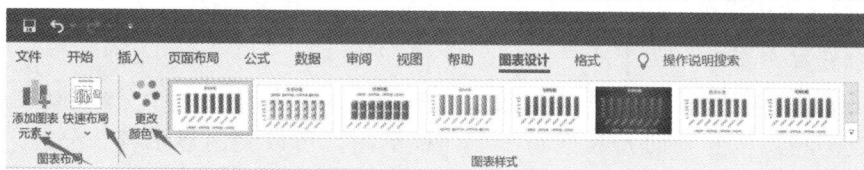

图 3-25　图表样式

在图表中选择需要修改的数据系列，表格中的数据将以不同颜色的框线表示，将鼠标指针放置到框线四角的填充控制柄上进行拖动，能够对数据系列进行增减。

在图表中选择一个数据系列后，按"Delete"键可以将其删除。如果数据系列较多，无法用鼠标直接选择，在"图表工具—格式"选项卡的"当前所选内容"组中单击"图表元素"按钮，在打开的下拉列表中选择需要的数据系列后按"Delete"键就可以将其删除了。

在图表中的任意一个数据系列上右击，选择快捷菜单中的"选择数据"命令，打开"选择数据源"对话框，在"图例项"列表框中选择一个选项后单击"下移"按钮或"上移"按钮即可调整其在列表中的位置。单击"确定"按钮关闭"选择数据源"对话框后，数据系列的排列顺序将改变。

4) 设置网格线

在图表中右击网格线，选择快捷菜单中的"设置网格线格式"命令，打开"设置主要网格线格式"窗格，可对网格线的颜色、宽度和线条类型等进行设置。比如选择"无线条"单选按钮，则网格线将被取消。

5) 设置坐标轴

在图表中的垂直坐标轴上右击，选择快捷菜单中的"设置坐标轴格式"命令，打开"设置坐标轴格式"窗格，在"显示单位"下拉列表中选择"百"作为坐标轴的数据单位。将坐标轴的主要刻度线和次要刻度线均设置为"内部"，设置完成后即可在图表中看到垂直坐标轴的变化，如图 3-26 所示。

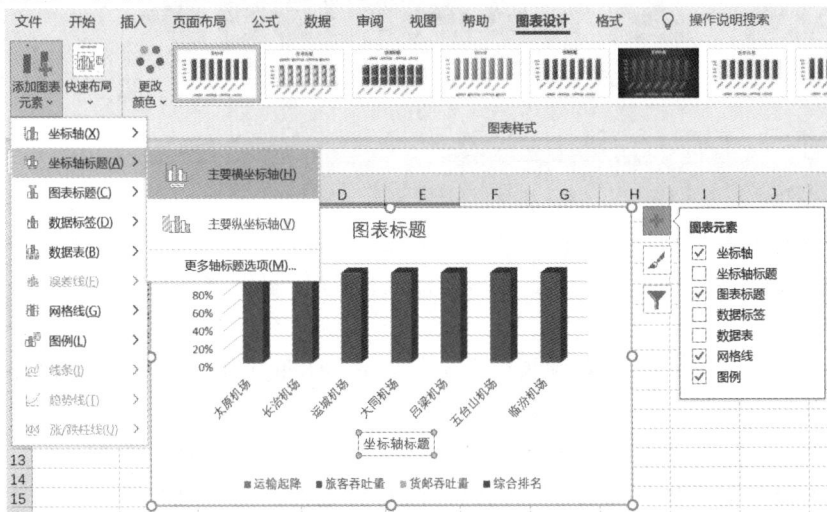

图 3-26　设置坐标轴格式

3. 图表实用技术

1) 细分柱形图

Excel 柱形图中的堆积柱形图，可以直观地显示出柱体中各个分段的情况。根据这一特点，利用构建辅助列数据制作细分柱形图，可以突出显示各个分段之间的柱形差异。

步骤一：在图 3-27 所示的数据源中，构建细分柱形图数据。

假定以 200 为一个分段，首先需要计算数量中最大值的、最接近 200 倍数的数据，在 B9 单元格输入如下公式：

=CEILING(MAX(B2:B8)/200, 1)*200

通过上面的公式计算得出结果为 200，表示该数据需要分为 4 个分段，则在 C1：F1 单元格区域输入如下公式：

=200*(COLUMN()-2)

在 C2 单元格输入如下公式，并填充至 C2：F7 单元格区域以计算各分段数据：

=IF($B2<C$1, MAX($B2-N(B$1),), 200)

步骤二：选择 A1：G8 单元格，点击"插入"→"推荐的图表"→"堆积柱形图"。

步骤三：进一步根据需要美化图表，并设置坐标轴、图表区、绘图区、网格线等格式，如图 3-27 所示。

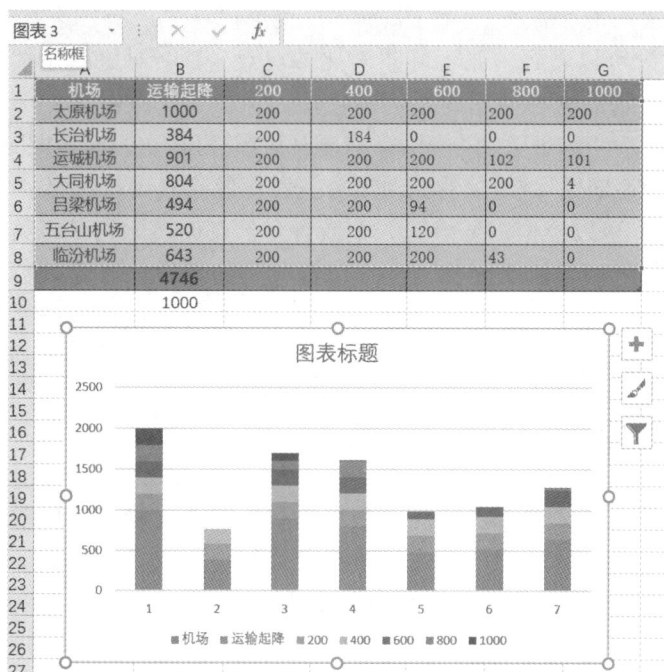

图 3-27　细分柱形图效果

2) 树状图的应用

树状图是 Excel2016 新增加的功能，不需要复杂的函数就可以实现。相比较 Word 里面的树状图，Excel 的树状图更加侧重于数据的分析与展示，如图 3-28 所示。

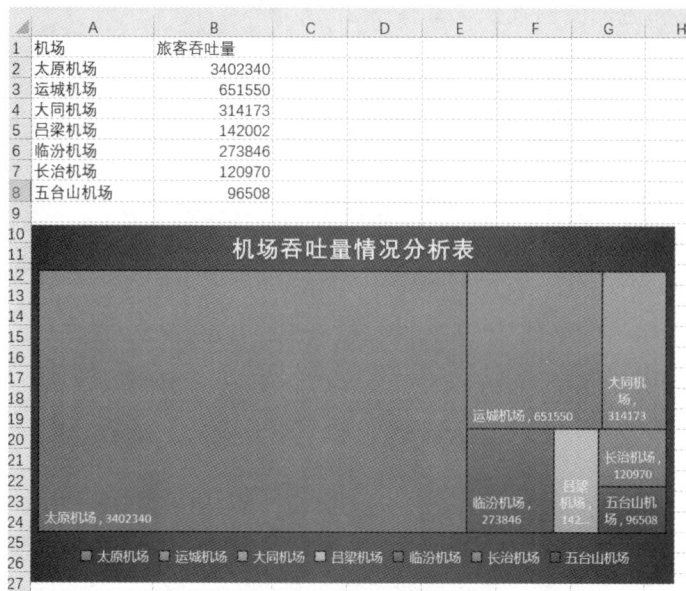

图 3-28　树状图的应用

在 Excel 输入需要处理的数据。数据结构从一分类到三分类，具体情况根据实际需要进行分析。

在工具栏依次点击"插入"→"图表(下拉菜单)"→"所有图表"，选择"树状图"，点击"确定"，此时可以看到一张吞吐量对比图已经生成。对比图是按照每个机场名字的不同、不同吞吐量的大小显示为不同的色块。

为了使色块显示的信息更加全面，有必要对该图表进行美化。在图表上面单击右键，选择"添加数据标签格式"。可以看到主要有三种标签形式可供选择："系列名称"、"类别名称"和"值"。可以根据需要点选一个或者全部点选，此处以"类别名称"为例。

在进行展示的时候，树状图有一个很值得称赞的地方，以此处数据为例，如果点选某机场对应的运输色块，则该色块为高亮显示，其他色块区域则是暗色显示，这样展示效果更加一目了然。

3.3.2 使用迷你图

在 Excel 中插入迷你图可以直观地表现出数据的变化趋势，同时又不占据大量的空间。迷你图在表现一段时间内的大量数据变化趋势时非常实用。

Excel 迷你图支持三种类型：折线图、柱形图和盈亏图。本文以折线图为例进行介绍。

1. 插入迷你图

仍以机场吞吐量数据为例，选择 B2:E8 数据，依次选择"插入"→"迷你图"→"折线图"，将打开"创建迷你图"窗口，刚才选择的数据区域已经显示在"数据范围"中，将光标定位到"位置范围"，选取 F2:F8 单元格作为存放迷你图的单元格，点击"确定"按钮，即完成迷你图的插入，如图 3-29 所示。

	A	B	C	D	E	F
1	机场	旅客吞吐量1月	旅客吞吐量2月	旅客吞吐量3月	旅客吞吐量4月	迷你图
2	太原机场	657052	554771	1101506	1089011	
3	长治机场	24091	15903	37064	43912	
4	运城机场	118875	86331	212410	233934	
5	大同机场	58744	54838	91859	108732	
6	吕梁机场	25786	27074	43581	45561	
7	五台山机场	25798	11462	33294	25954	
8	临汾机场	52015	44580	79814	97437	

图 3-29 迷你图效果

迷你图可以放在与数据范围区域不同的工作表中；可以在"创建迷你图"窗口中再次选择数据范围或更改数据范围；数据范围区域可以是横向的一组数据，也可以是纵向的一组数据，但往往为横向的数据添加迷你图的效果更好。

2．设置迷你图

创建了迷你图之后，会显示出"迷你图工具"-"设计"功能菜单页签，选择某个迷你图，就可以激活迷你图设计功能菜单页签了。

通过这些菜单功能，我们可以编辑迷你图的位置和数据区域，可以设置迷你图的图形类型，可以设置是否在迷你图中显示高低点、尾点、标记等特别数据，可以设置迷你图的样式、颜色，还可以对迷你图的坐标轴进行设置，如图 3-30 所示。

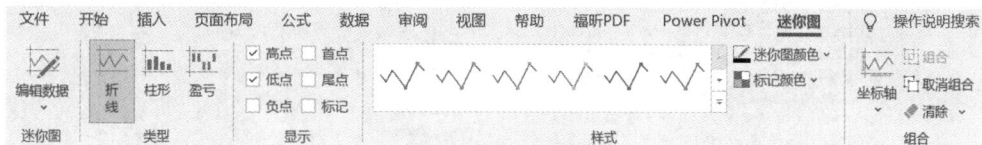

图 3-30　设置迷你图

3．组合迷你图

有两种方法可以将迷你图进行组合：

(1) 先插入一个迷你图，再下拉向下填充，这些迷你图将自动组合；

(2) 选择所有要插入迷你图的数据区域，插入迷你图，再选择所有要放置迷你图的单元格区域，确定后插入的所有迷你图将自动成组。

迷你图被组合后，选中某个迷你图，将自动选中整组迷你图，通过这些迷你图组外面的蓝色边框，就可以看出这是一组组合起来的迷你图了。

对于成组的迷你图，当设置某个迷你图的样式、颜色等内容时，将自动应用到整组的所有迷你图。

4．迷你图使用技巧

简约：由于迷你图占用的是一个单元格，所以你仍然可以设置各种单元格样式，甚至可以在单元格中输入数据，但是尽量避免这样做，因为这会干扰读者对数据的理解。

辅助数据：为了辅助理解，可以在迷你图旁边增加辅助数据列，比如显示最大值、平均值、合计值等。

特别标记：可以设置迷你图显示最高点、最低点等特别标记。

增大空间：可以适当增大迷你图所在单元格的宽度和高度，使迷你图显示得更加清楚。

3.3.3　切片器使用技术

Excel 中的切片器，在日常工作中用于筛选功能的情况较多，但切片器的功能远不止于此。

Excel 中的切片器在普通表格中无法使用，在智能表或者数据透视表中才有这个功能。这两种表格中切片器的功能基本一样，下面以智能表中的切片器功能为例来介绍切片器使用技术。

1．创建智能表

将鼠标定位到单元格内任意区域，按下"Ctrl + T"组合键就可以快速创建智能表，在设计选项卡中就可以看到插入切片器的功能，如图 3-31 所示。

图 3-31　创建智能表

如要将智能表转换为普通表格，按下设计选项卡中的"转换为区域"即可转换为普通表格。

2．插入切片器

如果要对上图中的职称进行筛选，点击设计选项卡中的"插入切片器"，选择职称，点击确定就出现了一个切片器功能对象。在这里用鼠标单击要筛选的内容，即可在工作表中实现筛选后的结果，如图 3-32 所示。

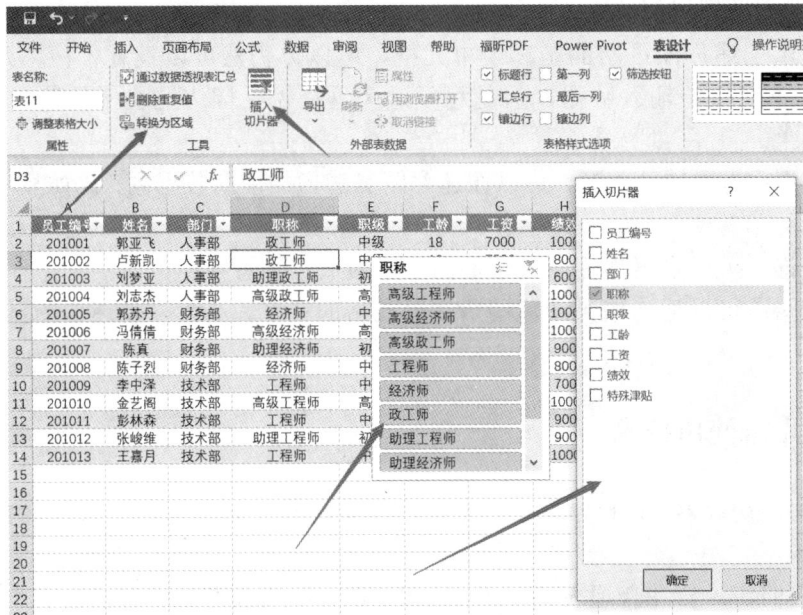

图 3-32　插入切片器

在切片器对象的右上角，有两个按键，左边的是多选按键，点一下这个按键可以进行多选筛选，再按一下这个按键可以取消多选。也可以按住 Ctrl 键然后用鼠标点击筛选的选项进行多选。

后面的按键是取消筛选的按键，按下这个按键可以取消利用切片器进行筛选，将表格恢复到最初的样式。

选择切片器后按 Delete 键，可以关闭切片器对象。

3．切片器的多条件筛选

实现多条件筛选的思路就是建立两个切片器。如图 3-33 所示，就是在职级基础上新增了部门切片器对象，如果要实现职级和部门的多条件筛选，在两个切片器中同时选择条件即可。

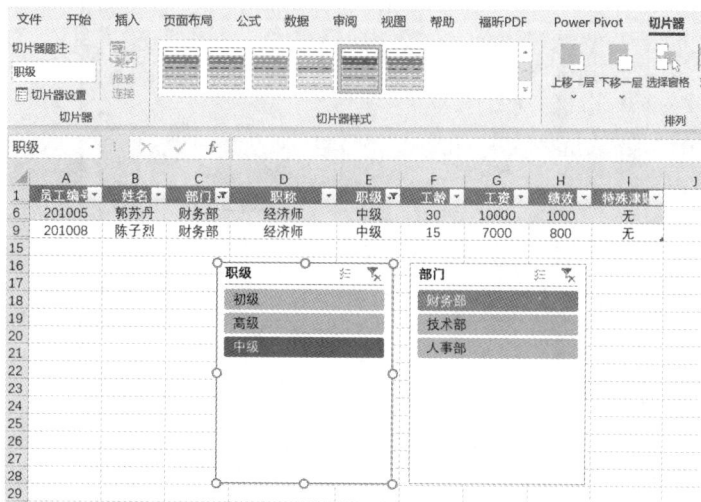

图 3-33　建立两个切片器

4．设置切片器的列数与格式

可以向右拖动切片器对象边框调整大小，然后在选项中进行列数的设置。其实这里还可以设置切片器对象的大小和切片器对象中选项的大小。(调整宽度和高度)

5．切片器的排列功能

在切片器工具选项中，有一组排列功能，主要用于在多个切片器对象中排列及组合设置。比如对齐，通过下拉箭头可以选择多个切片器对象的对齐方式；组合可以将多个切片器对象组合成一个整体；选择窗格主要是对切片器对象显示、隐藏上移一层或者下移一层等进行设置。

6．插入日程表

日程表用于规划和记录时间，安排办事流程，记录项目进程。

如图 3-34 所示的获利表记录了 7 月到 10 月的公司获利情况，建立一个透视表，然后插入一个日程表，实现与透视表的数据联动。

在获利表中，点击"插入"→"透视表"，时间放在行，获利放在值，生成透视表。再点击"数据透视表分析"→"日程表"功能按钮，选择时间选项，插入时间日程表，如图 3-34 所示。

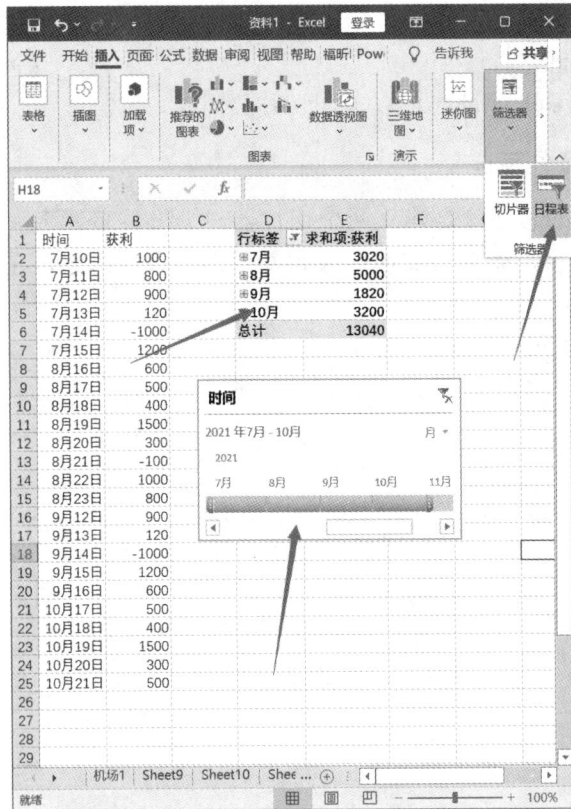

图 3-34　插入时间日程表

点击"时间线"选项卡，对日程表进行编辑，如图 3-35 所示。

图 3-35　"时间线"选项卡

3.4　Excel 数据处理技术

3.4.1　实用数据处理技术

1. 合并多个单元格内容

连接合并多个单元格中的内容，可以使用&符号完成。要合并 B 列的姓名和 D 列的手机号，可以使用公式：=B2&D$1&D2，如图 3-36 所示。

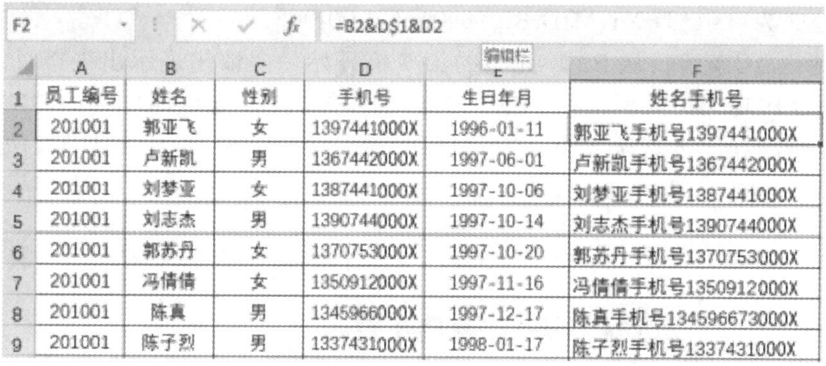

F2 =B2&D$1&D2

	A	B	C	D	E	F
1	员工编号	姓名	性别	手机号	生日年月	姓名手机号
2	201001	郭亚飞	女	1397441000X	1996-01-11	郭亚飞手机号1397441000X
3	201001	卢新凯	男	1367442000X	1997-06-01	卢新凯手机号1367442000X
4	201001	刘梦亚	女	1387441000X	1997-10-06	刘梦亚手机号1387441000X
5	201001	刘志杰	男	1390744000X	1997-10-14	刘志杰手机号1390744000X
6	201001	郭苏丹	女	1370753000X	1997-10-20	郭苏丹手机号1370753000X
7	201001	冯倩倩	女	1350912000X	1997-11-16	冯倩倩手机号1350912000X
8	201001	陈真	男	1345966000X	1997-12-17	陈真手机号134596673000X
9	201001	陈子烈	男	1337431000X	1998-01-17	陈子烈手机号1337431000X

图 3-36　合并多个单元格

2．合并带格式的单元格内容

合并带有格式的单元格内容时，Excel 默认按常规格式进行合并，但是如果是日期、时间或是其他有格式的数值，首先使用 TEXT 函数把 B 列的日期变成具有特定样式的字符串，然后再与 A 列的姓名连接，就变成了最终需要的样式。如：

=A2&TEXT(B2，"y 年 m 月 d 日")

3．提取混合内容中的姓名

如图 3-37 所示，要从 A 列姓名手机号中提取出姓名，除了使用高版本的自动填充功能，还可以使用公式完成：

=LEFT(A2, LENB(A2)-LEN(A2))

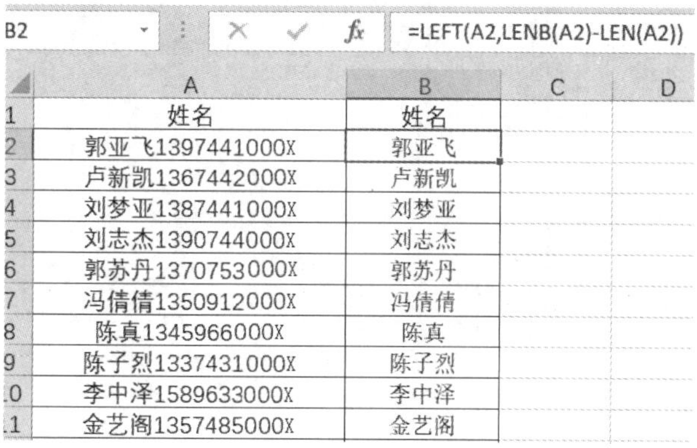

B2 =LEFT(A2,LENB(A2)-LEN(A2))

	A	B	C	D
1	姓名	姓名		
2	郭亚飞1397441000X	郭亚飞		
3	卢新凯1367442000X	卢新凯		
4	刘梦亚1387441000X	刘梦亚		
5	刘志杰1390744000X	刘志杰		
6	郭苏丹1370753000X	郭苏丹		
7	冯倩倩1350912000X	冯倩倩		
8	陈真1345966000X	陈真		
9	陈子烈1337431000X	陈子烈		
10	李中泽1589633000X	李中泽		
11	金艺阁1357485000X	金艺阁		

图 3-37　提取姓名

LENB 函数将每个汉字(双字节字符)的字符数按 2 计数，LEN 函数则对所有的字符都按 1 计数，因此“LENB(A2)-LEN(A2)”返回的结果就是文本字符串中的汉字个数。

LEFT 函数从文本字符串的第一个字符开始，返回指定个数的字符，最终提取出员工姓名。

4．根据身份证号码提取出生年月

计算公式为：=1*TEXT(MID(B2, 7, 8), ″ 0-00-00″)

首先使用 MID 函数从 B2 单元格的第 7 位开始，提取出表示出生年月的 8 个字符，结果为："19780215"，再使用 TEXT 函数将字符串转换为日期样式："1978-02-15"，然后通过*1 计算，将其转换为真正的日期，最后设置为日期格式即可，如图 3-38 所示。

C2　=1*TEXT(MID(B2,7,8),"0-00-00")

	A	B	C	D	E
1	姓名	身份证	出生年月日		
2	李明	352124197802154285	1978/2/15		

图 3-38　提取出生年月

5．隐藏部分电话号码

将手机号码的中间四位换成星号。

公式为：=SUBSTITUTE(D2, MID(D2, 4, 4), ″ ****″ , 1)

先使用 MID 函数取得 B 列号码中的中间 4 位，再用"****"替换掉这部分内容，最后一个参数使用 1，表示只替换第一次出现的内容，如图 3-39 所示。

E2　=SUBSTITUTE(D2,MID(D2,4,4),"****",1)

	A	B	C	D	E	F
1	员工编号	姓名	性别	手机号	隐藏手机号	
2	201001	郭亚飞	女	139744125XX	139****25XX	
3	201001	卢新凯	男	136744285XX	136****85XX	
4	201001	刘梦亚	女	138744198XX	138****98XX	
5	201001	刘志杰	男	139074417XX	139****17XX	
6	201001	郭苏丹	女	137075399XX	137****99XX	
7	201001	冯倩倩	女	135091265XX	135****65XX	
8	201001	陈真	男	134596673XX	134****73XX	
9	201001	陈子烈	男	133743132XX	133****32XX	
10	201001	李中泽	男	158963312XX	158****12XX	
11	201001	金艺阁	男	135748523XX	135****23XX	
12	201001	彭林森	男	137275384XX	137****84XX	
13	201001	张峻维	男	137784565XX	137****65XX	
14	201001	王嘉月	女	139744563XX	139****63XX	
15	201001	曹锦涛	男	139744351XX	139****51XX	
16	201001	王俊涛	男	139744287XX	139****87XX	
17	201001	曹嘉杰	男	139744225XX	139****25XX	
18	201001	牧楠	男	139744125XX	139****25XX	

图 3-39　隐藏电话号码

6．提取日期单元格中的日期值

要从日期时间数据中提取出日期，可以使用以下公式：

=INT(A2)

7．函数组合使用

要从 A 列姓名中提取手机号，由于姓名所占的字符个数不一样，首先要用 FIND

函数求出字符“1”在 A 列姓名的位置即 FIND("1", A2)，然后用 MID 函数提取即可。综合得到公式=MID(A2, FIND("1", A2), 12)，如图 3-40 所示。

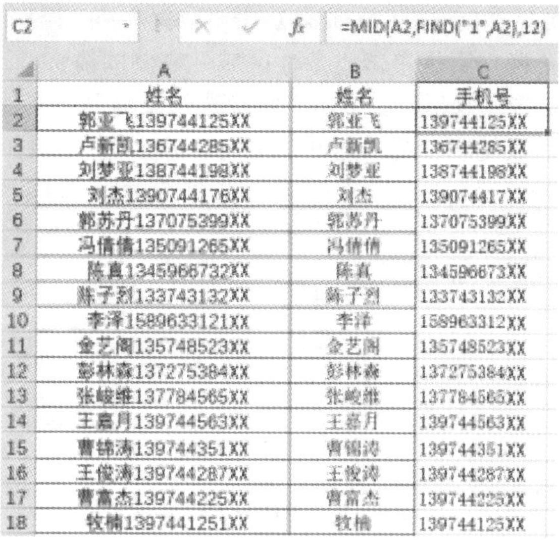

C2　=MID(A2,FIND("1",A2),12)

	A	B	C
1	姓名	姓名	手机号
2	郭亚飞139744125XX	郭亚飞	139744125XX
3	卢新凯136744285XX	卢新凯	136744285XX
4	刘梦亚138744198XX	刘梦亚	138744198XX
5	刘杰1390744176XX	刘杰	139074417XX
6	郭苏丹137075399XX	郭苏丹	137075399XX
7	冯倩倩135091265XX	冯倩倩	135091265XX
8	陈真1345966732XX	陈真	134596673XX
9	陈子烈133743132XX	陈子烈	133743132XX
10	李泽1589633121XX	李泽	158963312XX
11	金艺阁135748523XX	金艺阁	135748523XX
12	彭林森137275384XX	彭林森	137275384XX
13	张峻维137784565XX	张峻维	137784565XX
14	王嘉月139744563XX	王嘉月	139744563XX
15	曹锦涛139744351XX	曹锦涛	139744351XX
16	王俊涛139744287XX	王俊涛	139744287XX
17	曹富杰139744225XX	曹富杰	139744225XX
18	牧楠1397441251XX	牧楠	139744125XX

图 3-40　函数组合应用

3.4.2　数据高级筛选技术

Excel 中的数据筛选，一般情况下都是使用“数据”→“筛选”，根据某一指定的值进行筛选。其实，在 Excel 中，除了此操作之外，还有功能更强大的“高级筛选”。

1. 单条件单字段筛选

目的：筛选出旅客吞吐量大于 100000 的记录。

方法：先制作条件区，选中目标数据源(包括标题行)。点击“数据”→“排序和筛选”→“高级”，如果所选定的数据源正确，直接单击“条件区域”右侧的箭头，选取“条件区域”并单击箭头返回“高级筛选”对话框，点击“确定”。筛选结果如图 3-41 所示。

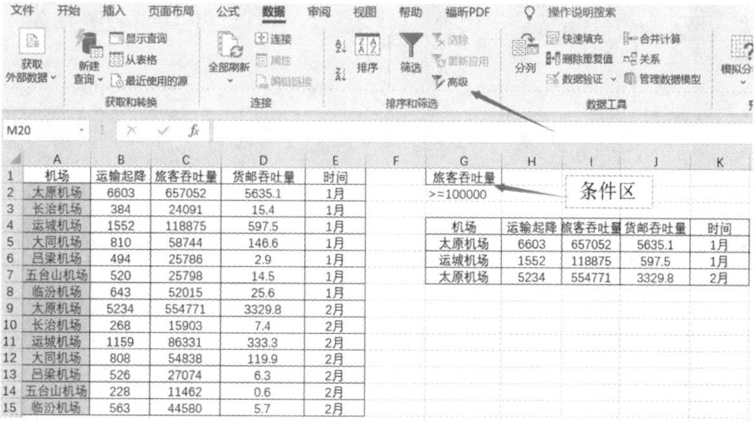

	A	B	C	D	E
1	机场	运输起降	旅客吞吐量	货邮吞吐量	时间
2	太原机场	6603	657052	5635.1	1月
3	长治机场	384	24091	15.4	1月
4	运城机场	1552	118875	597.5	1月
5	大同机场	810	58744	146.6	1月
6	吕梁机场	494	25786	2.9	1月
7	五台山机场	520	25798	14.5	1月
8	临汾机场	643	52015	25.6	1月
9	太原机场	5234	554771	3329.8	2月
10	长治机场	268	15903	7.4	2月
11	运城机场	1159	86331	333.3	2月
12	大同机场	808	54838	119.9	2月
13	吕梁机场	526	27074	6.3	2月
14	五台山机场	228	11462	0.6	2月
15	临汾机场	563	44580	5.7	2月

G
旅客吞吐量
>=100000

机场	运输起降	旅客吞吐量	货邮吞吐量	时间
太原机场	6603	657052	5635.1	1月
运城机场	1552	118875	597.5	1月
太原机场	5234	554771	3329.8	2月

图 3-41　单条件单字段筛选

2. 多条件单字段筛选

目的：筛选出旅客吞吐量大于100000、小于2600的记录。

方法：选中目标数据源(包括标题行)。点击"数据"→"排序和筛选"→"高级"，如果所选定的数据源正确，直接单击"条件区域"右侧的箭头，选取"条件区域"并单击箭头返回"高级筛选"对话框。单击"将筛选结果复制到其他位置"，并单击"复制到"右侧的箭头，选取复制位置后返回，点击"确定"，如图3-42所示。

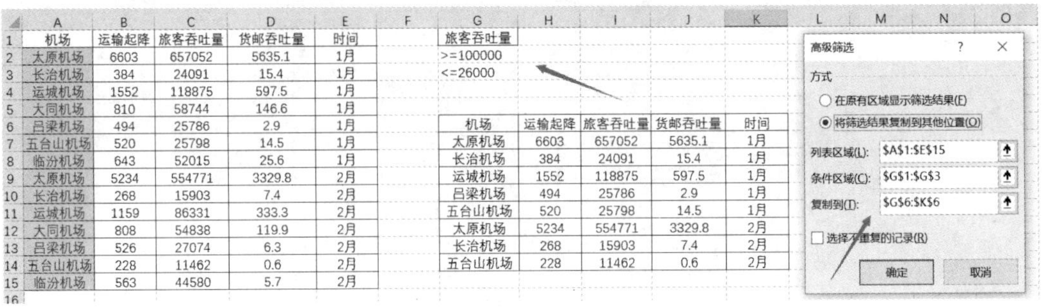

图 3-42　多条件单字段筛选

3. 单条件多字段筛选

目的：筛选出旅客吞吐量大于100000，货邮吞吐量大于3000的记录。

解读：筛选条件包含"旅客吞吐量"和"货邮吞吐量"两个字段，筛选结果如图3-43所示。

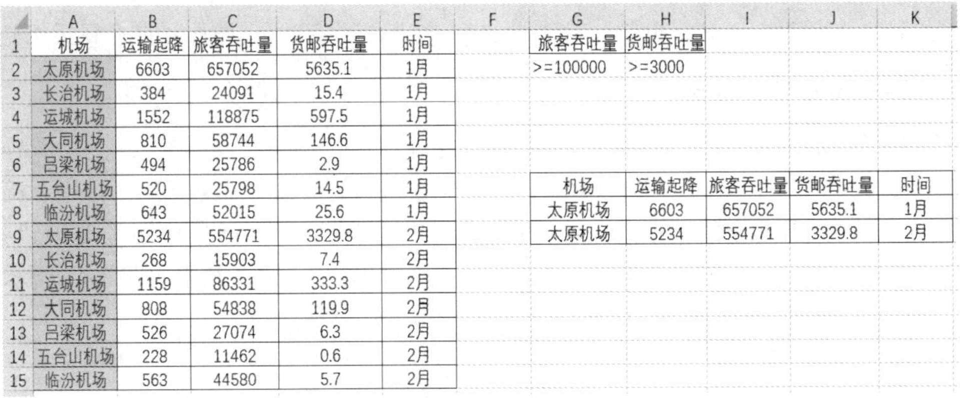

图 3-43　单条件多字段筛选

4. 多条件多字段筛选

目的：筛选出旅客吞吐量大于100000、小于2600的记录。筛选出货邮吞吐量大于3000、小于10的记录。

解读：筛选的结果为筛选旅客吞吐量大于100000、小于2600的记录。货邮吞吐量大于3000、小于10的记录。如果两个条件都不满足，则筛选结果为空，如图3-44所示。

	机场	运输起降	旅客吞吐量	货邮吞吐量	时间		旅客吞吐量	货邮吞吐量			
1	机场	运输起降	旅客吞吐量	货邮吞吐量	时间		旅客吞吐量	货邮吞吐量			
2	太原机场	6603	657052	5635.1	1月		>=100000	>=3000			
3	长治机场	384	24091	15.4	1月		<=26000	<10			
4	运城机场	1552	118875	597.5	1月						
5	大同机场	810	58744	146.6	1月						
6	吕梁机场	494	25786	2.9	1月						
7	五台山机场	520	25798	14.5	1月						
8	临汾机场	643	52015	25.6	1月		机场	运输起降	旅客吞吐量	货邮吞吐量	时间
9	太原机场	5234	554771	3329.8	2月		太原机场	6603	657052	5635.1	1月
10	长治机场	268	15903	7.4	2月		吕梁机场	494	25786	2.9	1月
11	运城机场	1159	86331	333.3	2月		太原机场	5234	554771	3329.8	2月
12	大同机场	808	54838	119.9	2月		长治机场	268	15903	7.4	2月
13	吕梁机场	526	27074	6.3	2月		五台山机场	228	11462	0.6	2月
14	五台山机场	228	11462	0.6	2月						
15	临汾机场	563	44580	5.7	2月						

图 3-44　多条件多字段筛选

5．模糊筛选

目的：筛选出姓名中包含"郭"的记录。

解读：在 Excel 中，"*"(星号)为通配符，代表任意长度的字符，如图 3-45 所示。

	A	B	C	D	E	F	G
1	员工编号	姓名	部门		姓名		
2	201001	郭亚飞	人事部		*郭*		
3	201002	卢新凯	人事部				
4	201003	刘梦亚	人事部				
5	201004	刘志杰	人事部				
6	201005	郭苏丹	财务部		员工编号	姓名	部门
7	201006	冯倩倩	财务部		201001	郭亚飞	人事部
8	201007	陈真	财务部		201005	郭苏丹	财务部
9	201008	陈子烈	财务部				
10	201009	李中泽	技术部				
11	201010	金艺阁	技术部				
12	201011	彭林森	技术部				
13	201012	张峻维	技术部				
14	201013	王嘉月	技术部				
15	201014	曹锦涛	销售部				
16	201015	王俊涛	销售部				
17	201016	曹富杰	销售部				
18	201017	牧楠	销售部				

图 3-45　模糊筛选

6．精准筛选

目的：筛选出"品牌"为"小米"的记录。

在需要筛选的内容前面加上"="(等号)，表示完全精准匹配，不允许包含与被包含。

7．提取不重复记录

目的：从数据源中提取不重复记录。

方法：选中目标数据源(包括标题行)。点击"数据"→"排序和筛选"→"高级"，如果所选定的数据源正确，直接单击"条件区域"右侧的箭头，选取"条件区域"，此处的条件区域必须和数据源区域完全一致。选中"选择不重复的记录"并点击"确定"，如图 3-46 所示。

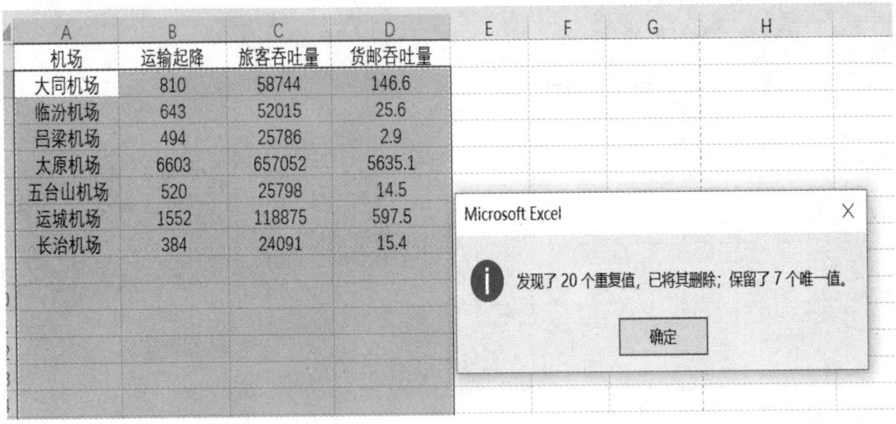

图 3-46　提取不重复记录

相同的记录指对应的字段和值完全相同。"列表区域"和"条件区域"必须完全一致。

8．自定义筛选

目的：筛选出小于平均销售额的记录。

方法：在自定义单元格中输入=B2<AVERAGE(B2:B8)。选中目标数据源(包括标题行)。点击"数据"→"排序和筛选"→"高级"，如果所选定的数据源正确，直接单击"条件区域"右侧的箭头，选取"条件区域"并单击箭头返回"高级筛选"对话框，点击"确定"，如图 3-47 所示。

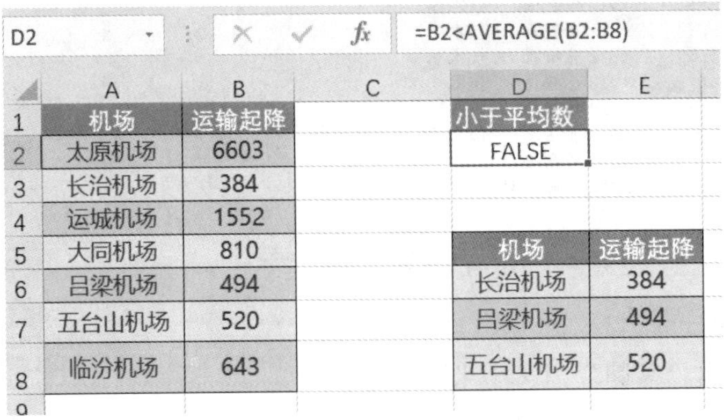

图 3-47　自定义筛选

3.4.3　数据查询技术

1．单项数据查找

查找冯倩倩的应发工资，公式如下：

=VLOOKUP(I2, B1:G14, 6, 0)

查找结果如图 3-48 所示。

图 3-48　单项数据查询

2．反向数据查找

查找冯倩倩的员工编号，公式如下：

=INDEX(A1:A14, MATCH(I2, B:B, 0))

查找结果如图 3-49 所示。

图 3-49　反向数据查询

3．交叉数据查找

查找运城机场的旅客吞吐量，公式如下：

=VLOOKUP(F2, A1:D8, MATCH(G2, A1:D1, 0), 0)

查找结果如图 3-50 所示。

图 3-50　交叉数据查询

4. 多条件数据查找

查找人事部中职称为高级政工师的工资，公式如下：

=LOOKUP(1, 0/((C1:C14=G2)*(D1:D14=H2)), E1:E14)

查找结果如图 3-51 所示。

I2　=LOOKUP(1,0/((C1:C14=G2)*(D1:D14=H2)),E1:E14)

	A	B	C	D	E	F	G	H	I
1	员工编号	姓名	部门	职称	工资		部门	职称	工资
2	201001	郭亚飞	人事部	政工师	7000		人事部	高级政工师	12000
3	201002	卢新凯	人事部	政工师	7500				
4	201003	刘梦亚	人事部	高级政工师	12000				
5	201004	刘志杰	人事部	政工师	9000				
6	201005	郭苏丹	财务部	经济师	10000				
7	201006	冯倩倩	财务部	高级经济师	12000				
8	201007	陈真	财务部	经济师	8000				
9	201008	陈子烈	财务部	经济师	7000				
10	201009	李中泽	技术部	工程师	8000				
11	201010	金艺阁	技术部	高级工程师	12000				
12	201011	彭林森	技术部	工程师	11000				
13	201012	张峻维	技术部	工程师	12100				
14	201013	王嘉月	技术部	工程师	11010				

图 3-51　多条件数据查询

5. 查找最后一个符合条件的记录

查找太原机场的最后旅客吞吐量，公式如下：

=LOOKUP(1, 0/(A2:A14=B16), D2:D14)

查找结果如图 3-52 所示。

MID　=LOOKUP(1,0/(A2:A14=B16),D2:D14)

	A	B	C	D	E
1	机场	日期	运输起降	旅客吞吐量	货邮吞吐量
2	大同机场	5月12日	808	54838	119.9
3	大同机场	5月13日	1068	91859	138.9
4	大同机场	5月14日	563	44580	5.7
5	太原机场	5月15日	526	27074	6.3
6	太原机场	5月16日	643	43581	50.2
7	五台山机场	5月17日	228	11462	0.6
8	太原机场	5月18日	5234	554771	3329.8
9	五台山机场	5月19日	456	33294	4.5
10	太原机场	5月20日	8986	1101506	4573
11	五台山机场	5月21日	1159	86331	333.3
12	长治机场	5月22日	2247	212410	686.3
13	长治机场	5月23日	268	15903	7.4
14	长治机场	5月24日	464	37064	10.8
15					
16		太原机场	1101506		

图 3-52　最末数据查询

6. 多工作表数据查找

从各部门中查找员工的基本工资，公式如下：

=VLOOKUP(A2, INDIRECT(LOOKUP(1, 0/COUNTIF(INDIRECT({"人事部";"技术部"; "财务部"}&"!b:b"), A2), {"人事部";"技术部"; "财务部"})&"!b:f")，4, 0)

查找结果如图 3-53 所示。

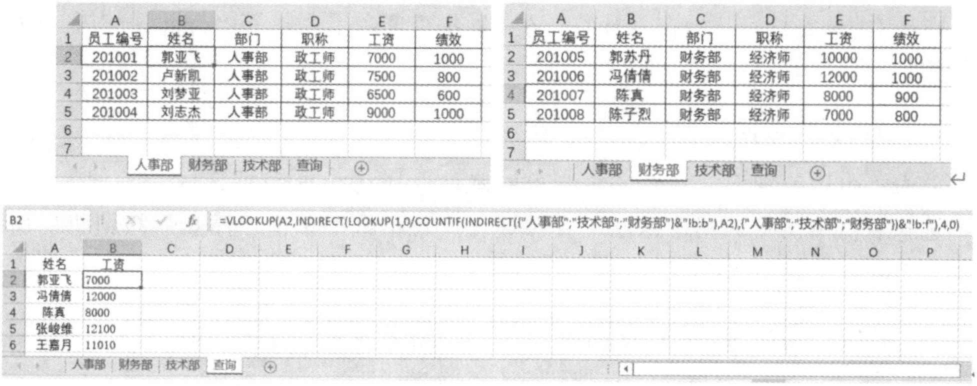

	A	B	C	D	E	F
1	员工编号	姓名	部门	职称	工资	绩效
2	201001	郭亚飞	人事部	政工师	7000	1000
3	201002	卢新凯	人事部	政工师	7500	800
4	201003	刘梦亚	人事部	政工师	6500	600
5	201004	刘志杰	人事部	政工师	9000	1000

	A	B	C	D	E	F
1	员工编号	姓名	部门	职称	工资	绩效
2	201005	郭苏丹	财务部	经济师	10000	1000
3	201006	冯倩倩	财务部	经济师	12000	1000
4	201007	陈真	财务部	经济师	8000	900
5	201008	陈子烈	财务部	经济师	7000	800

B2 =VLOOKUP(A2,INDIRECT(LOOKUP(1,0/COUNTIF(INDIRECT({"人事部";"技术部";"财务部"}&"!b:b"),A2),{"人事部";"技术部";"财务部"})&"!b:f"),4,0)

	A	B
1	姓名	工资
2	郭亚飞	7000
3	冯倩倩	12000
4	陈真	8000
5	张峻维	12100
6	王嘉月	11010

图 3-53　多工作表数据查询

7．一对多数据查找技术

根据机场查找相对应的所有航班信息，公式如下：

=IFERROR(VLOOKUP($B19&COLUMN(A1), $A:$C, 3, 0), "")

查找结果如图 3-54 所示。

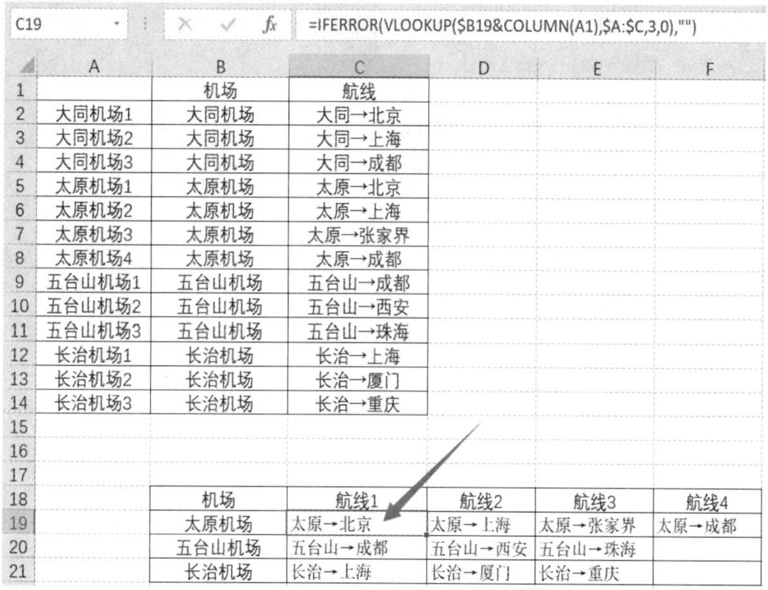

C19 =IFERROR(VLOOKUP($B19&COLUMN(A1),$A:$C,3,0),"")

	A	B	C	D	E	F
1		机场	航线			
2	大同机场1	大同机场	大同→北京			
3	大同机场2	大同机场	大同→上海			
4	大同机场3	大同机场	大同→成都			
5	太原机场1	太原机场	太原→北京			
6	太原机场2	太原机场	太原→上海			
7	太原机场3	太原机场	太原→张家界			
8	太原机场4	太原机场	太原→成都			
9	五台山机场1	五台山机场	五台山→成都			
10	五台山机场2	五台山机场	五台山→西安			
11	五台山机场3	五台山机场	五台山→珠海			
12	长治机场1	长治机场	长治→上海			
13	长治机场2	长治机场	长治→厦门			
14	长治机场3	长治机场	长治→重庆			
15						
16						
17						
18		机场	航线1	航线2	航线3	航线4
19		太原机场	太原→北京	太原→上海	太原→张家界	太原→成都
20		五台山机场	五台山→成都	五台山→西安	五台山→珠海	
21		长治机场	长治→上海	长治→厦门	长治→重庆	

图 3-54　一对多数据查询

3.4.4　数据合并计算

数据合并计算是指将多个数据表按需求合并为一个数据表。

数据合并计算可以用于一个工作表中的多个数据列表区域，也可以用于多个工作表。

1．打开合并计算对话框

点选 F1 单元格，开始合并计算，在"数据"选项卡中选择"合并计算"，打开"合并计算"对话框。

2．添加引用数据

单击"引用位置"文本框的右侧拾取器，选择 A1:D8 数据区域。

选择后再单击拾取器，返回"合并计算"对话框，单击"添加"按钮将引用位置添加到列表，如图 3-55 所示。

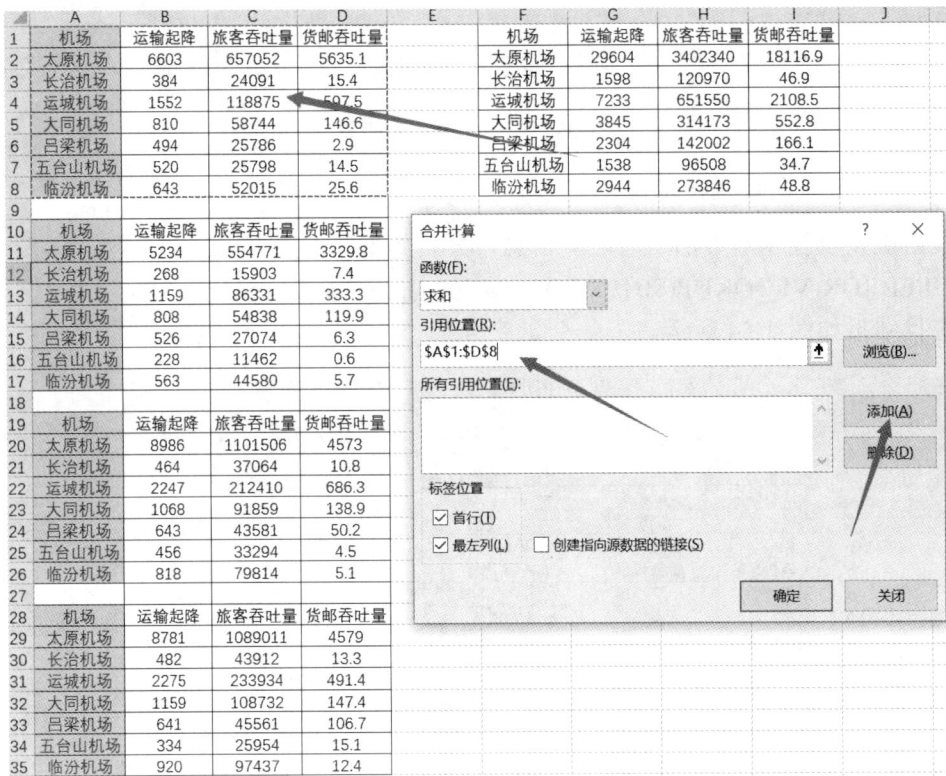

图 3-55　合并计算

再用同样的方法引用其他 3 个数据区域，单击"确定"按钮，合并数据到合计表 F1:I8 单元格中。

3．设置合并计算选项

在"函数"中选"求和"，单击"引用位置"的右侧拾取器，依次添加"一月"、"二月"、"三月"、"四月"的数据，然后勾选"首行"和"最左列"按钮。选择 F1 单元格，单击"确定"按钮，在 F1 单元格处，得到合并计算的结果，如图 3-56 所示。

机场	运输起降	旅客吞吐量	货邮吞吐量		机场	运输起降	旅客吞吐量	货邮吞吐量
太原机场	6603	657052	5635.1		太原机场	29604	3402340	18116.9
长治机场	384	24091	15.4		长治机场	1598	120970	46.9
运城机场	1552	118875	597.5		运城机场	7233	651550	2108.5
大同机场	810	58744	146.6		大同机场	3845	314173	552.8
吕梁机场	494	25786	2.9		吕梁机场	2304	142002	166.1
五台山机场	520	25798	14.5		五台山机场	1538	96508	34.7
临汾机场	643	52015	25.6		临汾机场	2944	273846	48.8
机场	运输起降	旅客吞吐量	货邮吞吐量
太原机场	5234	554771	3329.8
长治机场	268	15903	7.4
运城机场	1159	86331	333.3
大同机场	808	54838	119.9
吕梁机场	526	27074	6.3
五台山机场	228	11462	0.6
临汾机场	563	44580	5.7
机场	运输起降	旅客吞吐量	货邮吞吐量
太原机场	8986	1101506	4573
长治机场	464	37064	10.8
运城机场	2247	212410	686.3
大同机场	1068	91859	138.9
吕梁机场	643	43581	50.2
五台山机场	456	33294	4.5
临汾机场	818	79814	5.1
机场	运输起降	旅客吞吐量	货邮吞吐量
太原机场	8781	1089011	4579
长治机场	482	43912	13.3
运城机场	2275	233934	491.4
大同机场	1159	108732	147.4
吕梁机场	641	45561	106.7
五台山机场	334	25954	15.1
临汾机场	920	97437	12.4

合并计算

函数(F)：
求和

引用位置(R)：

所有引用位置(E)：
机场2!$A$1:$D$8
机场2!$A$10:$D$17
机场2!$A$19:$D$26
机场2!$A$28:$D$35

添加(A)
删除(D)

标签位置
☑ 首行(T)
☑ 最左列(L)　□ 创建指向源数据的链接(S)

确定　关闭

图 3-56　合并计算选项

3.4.5 分类汇总高级应用

分类汇总就是把数据表中的数据分门别类地进行快速汇总、统计处理，以便 Excel 对各类别的数据进行求和、求平均值等多种计算。

1. 创建分类汇总

第一步：选中表格数据区域内的任意单元格，打开"数据"选项卡的"排序和筛选"选项组，选择"排序"按钮。创建分类汇总之前，首先要依据分类字段进行排序。

第二步：在打开的"排序"对话框中，选择"主要关键字"为"机场"，单击"确定"按钮，如图 3-57 所示。

排序

添加条件(A)　删除条件(D)　复制条件(C)　▲ ▼　选项(O)...　☑ 数据包含标题(H)

列		排序依据	次序
主要关键字	机场	单元格值	升序

机场
运输起降
旅客吞吐量
货邮吞吐量

确定　取消

图 3-57　分类字段排序

第三步：选中表格数据区域内的任意单元格，打开"数据"选项卡的"分级显示"选项组，选择"分类汇总"按钮。

第四步：在打开的"分类汇总"对话框中，选择分类字段为机场，汇总方式为求和，选定汇总项为运输起降、游客吞吐量、货邮吞吐量，默认勾选"替换当前分类汇总"、"汇总结果显示在数据下方"。如果想将分类汇总的数据分页显示，可将"每组数据分页"复选框勾选，单击"确定"，如图 3-58 所示。

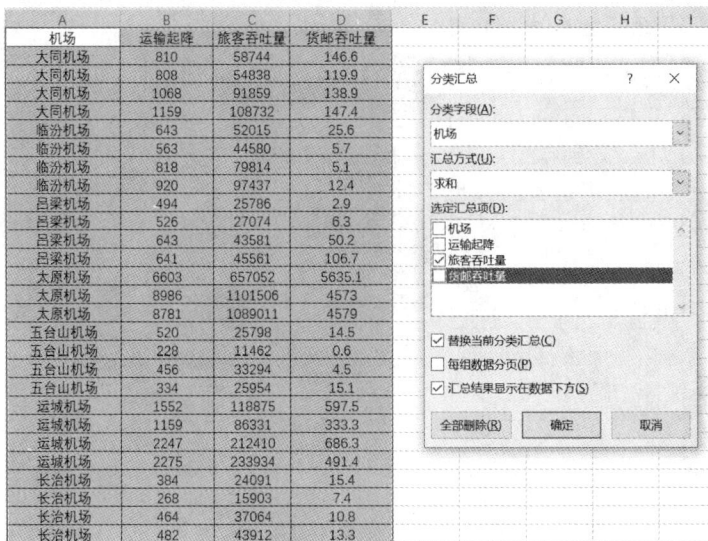

图 3-58 分类汇总设置

这样就可以完成分类汇总了，并且是分级显示的，左侧有显示级数，如图 3-59 所示。

图 3-59 分类汇总结果

2．清除与添加分级显示

将光标定位到要清除分级显示的工作表内，切换到"数据"选项卡，在"分级显示"选项组中找到"取消组合"下的"清除分级显示"，这样表格左侧的分级显示就清除掉了，但汇总结果仍然保留着。

如果清除后的分级，又想显示出来，可将光标定位到建立分级显示的工作表内，切换到"数据"选项卡，在"分级显示"选项组中找到"组合"下的"自动建立分级显示"，这样表格左侧的分级显示又会创建出来，如图 3-60 所示。

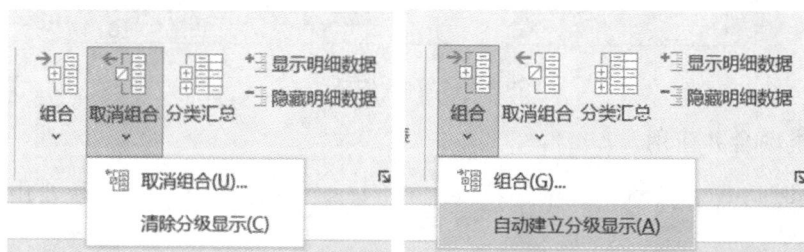

图 3-60　清除与添加分级

3．删除分类汇总格式

如果不想进行分类汇总，显示至原来的详细数据信息，就需要删除分类汇总。

选中表格数据区域内的任意单元格，切换至"数据"选项卡，在"分级显示"组中单击"分类汇总"按钮，在弹出的"分类汇总"对话框中单击"全部删除"即可，如图 3-61 所示。

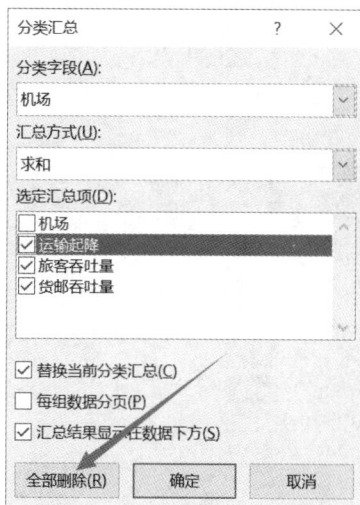

图 3-61　删除分类汇总格式

4．删除明细项数据

分类汇总后，复制数据然后将数据选择性粘贴到新表中。选择新表 A 列数据，然后按"Ctrl + G"调出定位对话框，定位条件选择空值，删除空值数据行(明细数据行)，再选择合并后居中，添加边框，如图3-62所示。

	A	B	C	D	E
1	大同机场 汇总		3845	314173	552.8
2	临汾机场 汇总		2944	273846	48.8
3	吕梁机场 汇总		2304	142002	166.1
4	太原机场 汇总		29604	3402340	18116.9
5	五台山机场 汇总		1538	96508	34.7
6	运城机场 汇总		7233	651550	2108.5
7	长治机场 汇总		1598	120970	46.9
8	总计		49066	5001389	21074.7

图 3-62　删除明细项

5．同类项合并应用

现要求把同一个机场的数据连接并显示到一个单元格中，此时就要用到同类项合并。

点击"数据区域"→"数据"→"分类汇总"。在分类汇总窗口中修改汇总项为"机场"。

选取 A2:A35 列，然后按"Ctrl + G"调出定位对话框，定位条件选择空值，合并空值单元格，如图 3-63 所示。

	A	B	C	D	E
1		机场	运输起降	旅客吞吐量	货邮吞吐量
2		大同机场	810	58744	146.6
3		大同机场	808	54838	119.9
4		大同机场	1068	91859	138.9
5		大同机场	1159	108732	147.4
6	大同机场	0			
7		临汾机场	643	52015	25.6
8		临汾机场	563	44580	5.7
9		临汾机场	818	79814	5.1
10		临汾机场	920	97437	12.4
11	临汾机场	0			
12		吕梁机场	494	25786	2.9
13		吕梁机场	526	27074	6.3
14		吕梁机场	643	43581	50.2
15		吕梁机场	641	45561	106.7
16	吕梁机场	0			
17		太原机场	6603	657052	5635.1
18		太原机场	8986	1101506	4573
19		太原机场	8781	1089011	4579
20	太原机场	0			
21		五台山机场	520	25798	14.5
22		五台山机场	228	11462	0.6
23		五台山机场	456	33294	4.5
24		五台山机场	334	25954	15.1
25	五台山机场	0			
26		运城机场	1552	118875	597.5
27		运城机场	1159	86331	333.3
28		运城机场	2247	212410	686.3
29		运城机场	2275	233934	491.4
30	运城机场	0			
31		长治机场	384	24091	15.4
32		长治机场	268	15903	7.4
33		长治机场	464	37064	10.8
34		长治机场	482	43912	13.3
35	长治机场	0			
36	总计	0			

图 3-63　同类项合并 1

再次选取 A2:A35 列，然后按"Ctrl + G"调出定位对话框，定位条件选择常数，删除常数行，如图 3-64、图 3-65 所示。

图 3-64　同类项合并 2

	A	B	C	D	E
1		机场	运输起降	旅客吞吐量	货邮吞吐量
2		大同机场	810	58744	146.6
3		大同机场	808	54838	119.9
4		大同机场	1068	91859	138.9
5		大同机场	1159	108732	147.4
6		临汾机场	643	52015	25.6
7		临汾机场	563	44580	5.7
8		临汾机场	818	79814	5.1
9		临汾机场	920	97437	12.4
10		吕梁机场	494	25786	2.9
11		吕梁机场	526	27074	6.3
12		吕梁机场	643	43581	50.2
13		吕梁机场	641	45561	106.7
14		太原机场	6603	657052	5635.1
15		太原机场	8986	1101506	4573
16		太原机场	8781	1089011	4579
17		五台山机场	520	25798	14.5
18		五台山机场	228	11462	0.6
19		五台山机场	456	33294	4.5
20		五台山机场	334	25954	15.1
21		运城机场	1552	118875	597.5
22		运城机场	1159	86331	333.3
23		运城机场	2247	212410	686.3
24		运城机场	2275	233934	491.4
25		长治机场	384	24091	15.4
26		长治机场	268	15903	7.4
27		长治机场	464	37064	10.8
28		长治机场	482	43912	13.3

图 3-65　同类项合并 3

选择合并后的 A2 单元格，再点格式刷，刷 B2:B28 单元格，得到合并项，如图 3-66 所示。

	A	B	C	D	E
1		机场	运输起降	旅客吞吐量	货邮吞吐量
2			810	58744	146.6
3			808	54838	119.9
4			1068	91859	138.9
5		大同机场	1159	108732	147.4
6			643	52015	25.6
7			563	44580	5.7
8			818	79814	5.1
9		临汾机场	920	97437	12.4
10			494	25786	2.9
11			526	27074	6.3
12			643	43581	50.2
13		吕梁机场	641	45561	106.7
14		太原机场	6603	657052	5635.1
15		太原机场	8986	1101506	4573
16		太原机场	8781	1089011	4579
17		五台山机场	520	25798	14.5
18		五台山机场	228	11462	0.6
19		五台山机场	456	33294	4.5
20		五台山机场	334	25954	15.1
21		运城机场	1552	118875	597.5
22		运城机场	1159	86331	333.3
23		运城机场	2247	212410	686.3
24		运城机场	2275	233934	491.4
25		长治机场	384	24091	15.4
26		长治机场	268	15903	7.4
27		长治机场	464	37064	10.8
28		长治机场	482	43912	13.3

图 3-66 同类项合并 4

删除 A 列，居中合并项，完成同类项目合并，如图 3-67 所示。

A	B	C	D
机场	运输起降	旅客吞吐量	货邮吞吐量
大同机场	810	58744	146.6
	808	54838	119.9
	1068	91859	138.9
	1159	108732	147.4
临汾机场	643	52015	25.6
	563	44580	5.7
	818	79814	5.1
	920	97437	12.4
吕梁机场	494	25786	2.9
	526	27074	6.3
	643	43581	50.2
	641	45561	106.7
太原机场	6603	657052	5635.1
	8986	1101506	4573
	8781	1089011	4579
五台山机场	520	25798	14.5
	228	11462	0.6
	456	33294	4.5
	334	25954	15.1
运城机场	1552	118875	597.5
	1159	86331	333.3
	2247	212410	686.3
	2275	233934	491.4
长治机场	384	24091	15.4
	268	15903	7.4
	464	37064	10.8
	482	43912	13.3

图 3-67 同类项合并完成

6．同类项连接应用

利用分类汇总功能实现同类项连接应用。

点选机场数据表，点击"数据"→"分类汇总"，在分类汇总对话框中，勾选"机场"，然后点击"确定"。获得分类汇总，再框选 C 列，不要选中标题，如图 3-68 所示。

	A	B	C	D
		机场	航线	
		大同机场	大同→北京	
		大同机场	大同→上海	
		大同机场	大同→成都	
	大同机场 汇总	0		
		太原机场	太原→北京	
		太原机场	太原→上海	
		太原机场	太原→张家界	
		太原机场	太原→成都	
	太原机场 汇总	0		
		五台山机场	五台山→成都	
		五台山机场	五台山→西安	
		五台山机场	五台山→珠海	
	五台山机场 汇总	0		
		长治机场	长治→上海	
		长治机场	长治→厦门	
		长治机场	长治→重庆	
	长治机场 汇总	0		
	总计	0		

图 3-68　同类项连接

点击"开始"选项卡→"填充"→"内容重排"。

按快捷键"Ctrl + G"打开"定位"对话框。点击左下角的"定位条件"，选择"空值"→"确定"，删除空值即可，如图 3-69 所示。

B	C
机场	航线
大同机场	大同→北京大同→上海大同→成都
太原机场	太原→北京太原→上海太原→张家界太原→成都
五台山机场	五台山→成都五台山→西安五台山→珠海
长治机场	长治→上海长治→厦门长治→重庆

图 3-69　同类项连接效果

3.4.6　数据透视表高级应用

1．设置占比和排名显示效果

1）设置占比数据显示

用机场运输表插入一个透视表，把数量和金额拖动到值中，点击鼠标右键→值显示方式→点击总计的百分比，汇总数据按百分比占比显示，如图 3-70 所示。

行标签	求和项:运输起降	求和项:旅客吞吐量	求和项:货邮吞吐量
大同机场	8.77%	7.07%	3.12%
临汾机场	6.72%	6.16%	0.28%
吕梁机场	5.26%	3.19%	0.94%
太原机场	55.60%	64.04%	83.33%
五台山机场			0.20%
运城机场			11.88%
长治机场			0.26%
总计	100.00%	100.00%	100.00%

等线   11   A⁺ A⁻   % ，
B I   A   .00 .00

- 复制(C)
- 设置单元格格式(F)...
  - 数字格式(T)...
- 刷新(R)
- 排序(S) >
- ✕ 删除"求和项:运输起降"(V)
- 值汇总依据(M) >
- 值显示方式(A) >
  - 无计算(N)
  - ✓ 总计的百分比(G)
  - 列汇总的百分比(C)
  - 行汇总的百分比(R)
  - 百分比(O)...
- ⊞ 显示详细信息(E)
- 值字段设置(N)...
- 数据透视表选项(O)...
- 隐藏字段列表(D)

图 3-70　数量占比或金额占比

2) 设置排名数据显示

用机场运输表插入一个透视表，把数量和金额拖动到值中，点击鼠标右键→值显示方式→点击排名，将汇总数据按排名显示，如图 3-71 所示。

行标签	求和项:运输起降	求和项:旅客吞吐量	求和项:货邮吞吐量
大同机场	3	3	3
临汾机场	4	4	5
吕梁机场	5	5	4
太原机场	1	1	1
五台山机场	7	7	7
运城机场	2	2	2
长治机场	6	6	6
总计			

图 3-71　排名数据

2．用透视表将横向数据转变为纵向数据

将横向数据转变为纵向数据，可以使用数据透视表解决这个问题。

将光标定位在数据表中，按"Alt＋D＋P"组合键调出数据透视表向导对话框，点选"多重合并计算数据区域"，报表类型为"数据透视表"，点击下一步，如图 3-72(a) 所示。

在页字段类目中选择"创建单页字段"并点击下一步。

选定需要转换的数据区域并添加到"所有区域"中并点击"完成",如图 3-72(b)所示。

在生成的数据透视表中双击右下角的总计数据值,如图 3-72(c)所示。

之后即可看到转换后的纵向数据表雏形,删除 D 列,如图 3-72(d)所示。

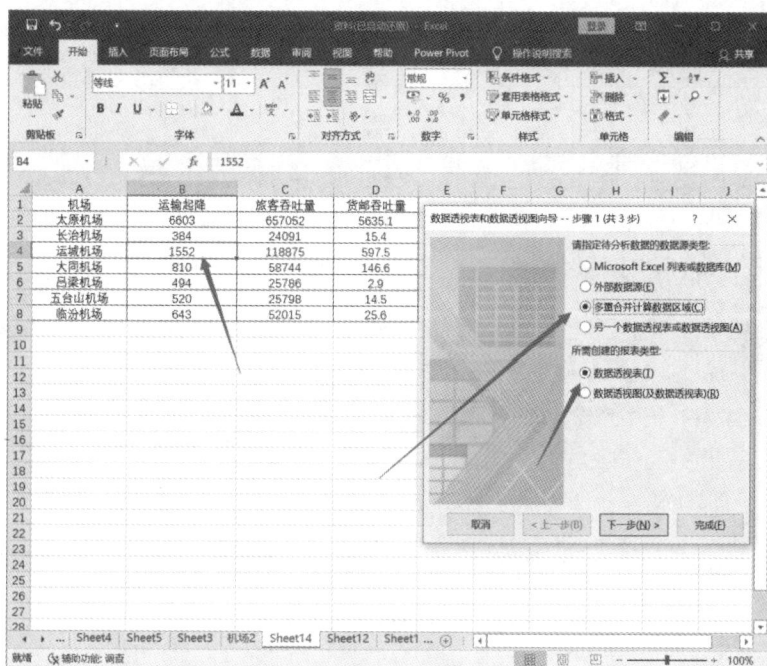

(a) 打开数据透视表向导

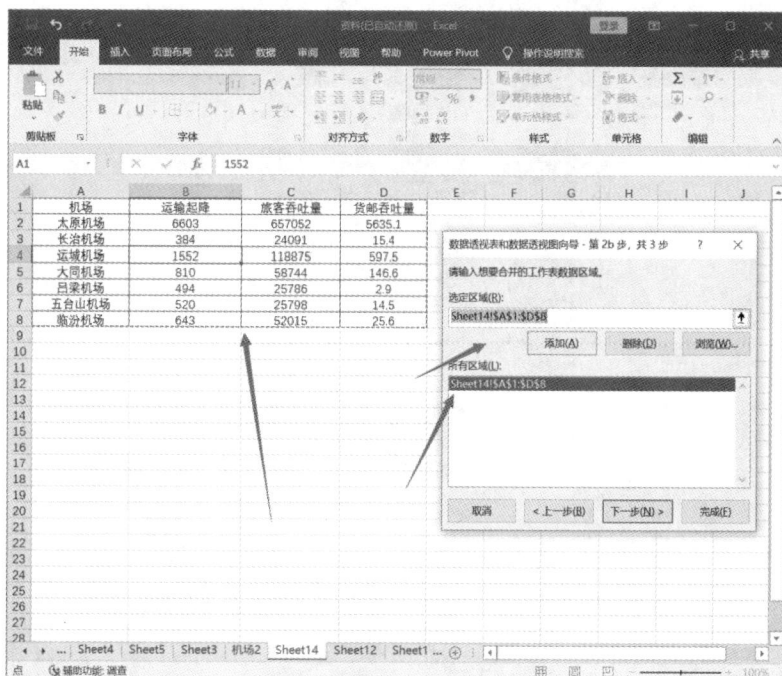

(b) 添加转换数据区域

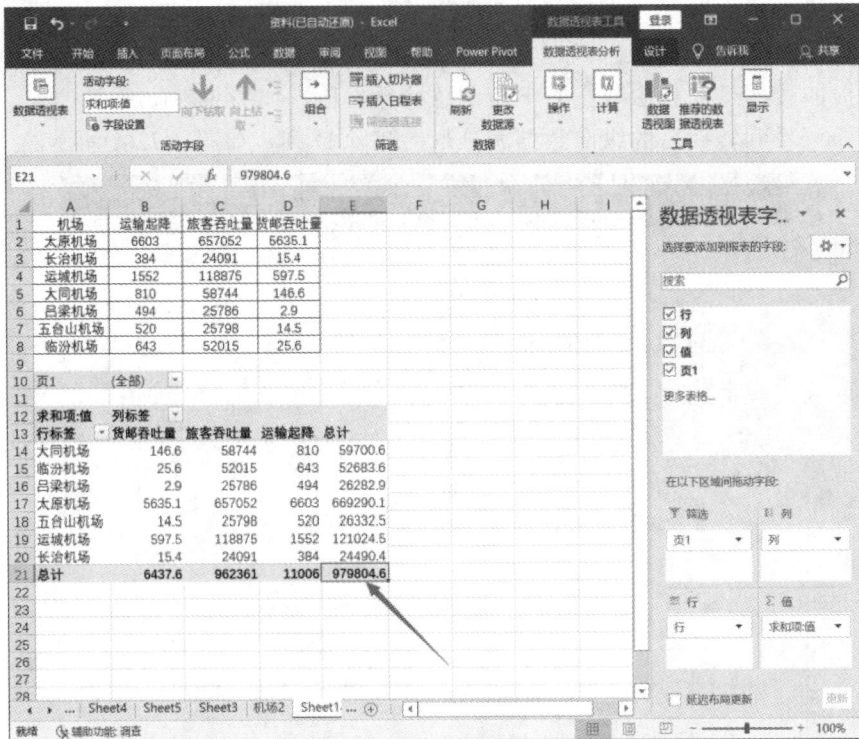

(c) 生成的数据透视表

(d) 纵向数据表效果

图 3-72　横向数据转变为纵向数据

3．透视表与切片器应用

切片器是一个可视化的筛选工具，与透视图一起联动可实现在透视表中筛选信息。

首先，用机场运输表插入三个数据透视表和透视图，图形选三维柱形图，再用第一个透视表创建一个切片器，选择机场。鼠标右击切片器，选择"数据透视表连接"，在打开的对话框中勾选另两个透视表，建立数据联动关系。设置完成后，切片器即可同时控制这三个透视表和透视图，如图 3-73 所示。

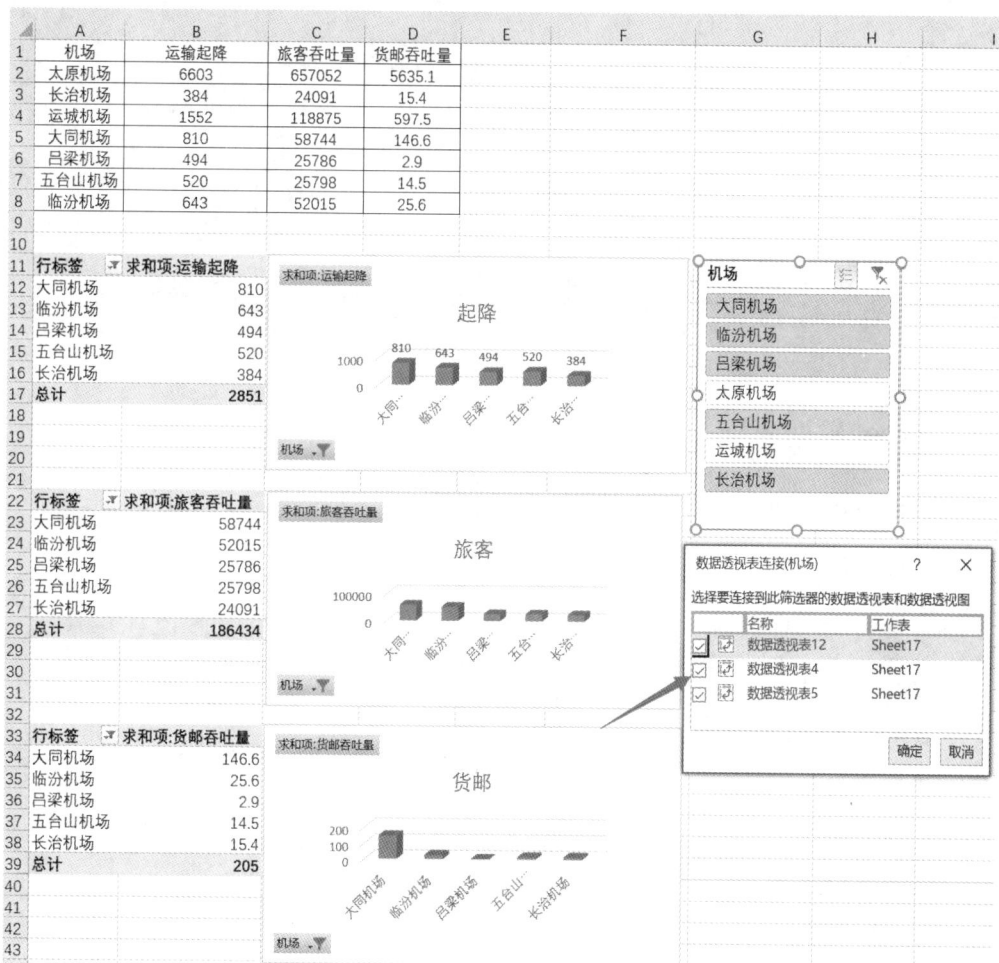

图 3-73　透视表与切片器应用

4．数据透视表拆分

要将机场运输表拆分成单一机场的分表，可使用透视表的"显示报表筛选页"功能实现。

首先建一个透视表，将机场字段放在筛选项，月份放在行项，3 个运输数据放在值项，再点击"数据透视表分析"→"选项"，在打开的对话框中选择"机场"，就生成每个机场的工作表了，如图 3-74 所示。

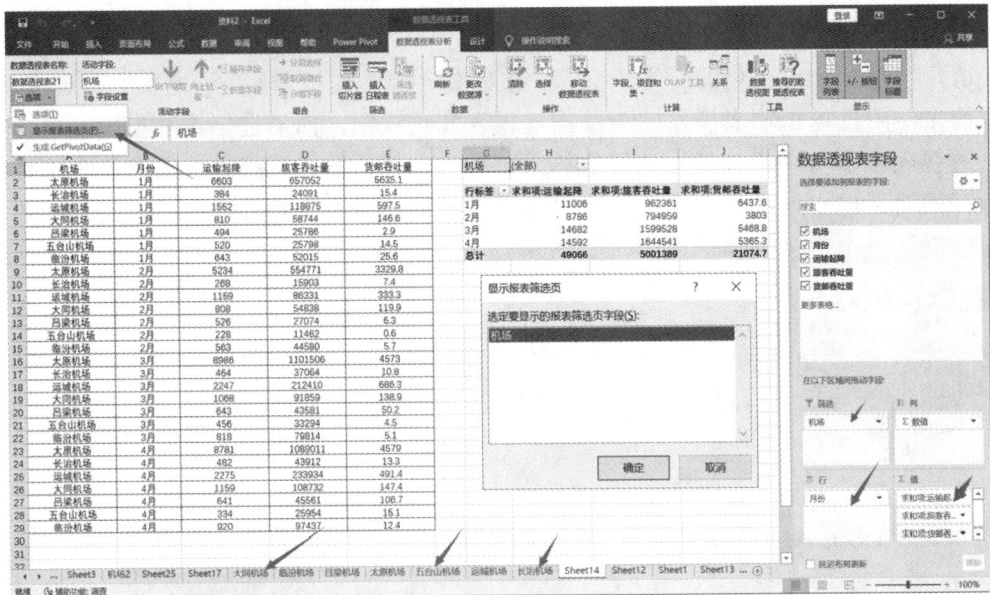

图 3-74 数据透视表拆分

3.4.7 Excel 数据分析方法

1. 数据分析步骤

- 明确问题；
- 理解数据；
- 数据清洗；
- 数据分析；
- 数据可视化。

2. 提出问题

- 数据的汇总计算；
- 数据分类方法；
- 特征数据项统计；
- 数据综合分析设计。

3. 理解数据

根据数据字段的含义理解其意义，如：物品编号、商品种类、商品属性、购买数量、购买时间、用户 ID、出生日期、性别等。

4. 清洗数据

缺失值处理，删除重复行，异常值处理。

5. 数据整理分析方法

表格规范化，智能表格，使用数据透视表。

6. 统计分析方法

只要掌握了统计方法，就可以轻松地找到分析方向。常用的统计方法有两个：分组对比法和交叉分析法。分组对比法的优势是减少数据量，让数据变得更加清晰；交叉分析法的优势是使用二维表形式，便于快速查询数据。

1) 分组对比法

按照数据分组的规则，按照时间、地点、任务、产品类型等原则，对数据进行分组，可以有效地减少数据量，让数据变得清晰，如图 3-75 所示。

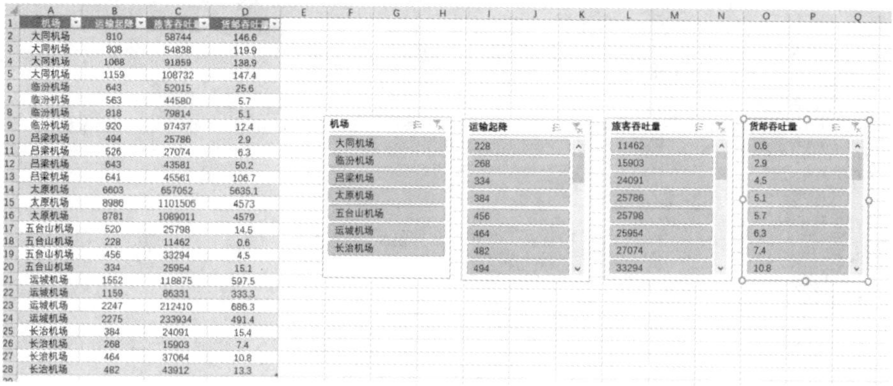

机场	运输起降	旅客吞吐量	货邮吞吐量
大同机场	810	58744	146.6
大同机场	808	54838	119.9
大同机场	1068	91859	138.9
大同机场	1159	108732	147.4
临汾机场	643	52015	25.6
临汾机场	563	44580	5.7
临汾机场	818	79814	5.1
临汾机场	920	97437	12.4
吕梁机场	494	25786	2.9
吕梁机场	526	27074	6.3
吕梁机场	643	43581	50.2
吕梁机场	641	45561	106.7
太原机场	6603	657052	5635.1
太原机场	8986	1101506	4573
太原机场	8781	1089011	4579
五台山机场	520	25798	14.5
五台山机场	228	11462	0.6
五台山机场	456	33294	4.5
五台山机场	334	25954	15.1
运城机场	1552	118875	597.5
运城机场	1159	86331	333.3
运城机场	2247	212410	686.3
运城机场	2275	233934	491.4
长治机场	384	24091	15.4
长治机场	268	15903	7.4
长治机场	464	37064	10.8
长治机场	482	43912	13.3

图 3-75 分组对比

分组之后，我们就可以对数据进行合并计算。常见的方法是通过求和、求平均值、求最大最小值等方式，把相同类别的数据汇总成一个数据，减少数据量，如图 3-76 所示。

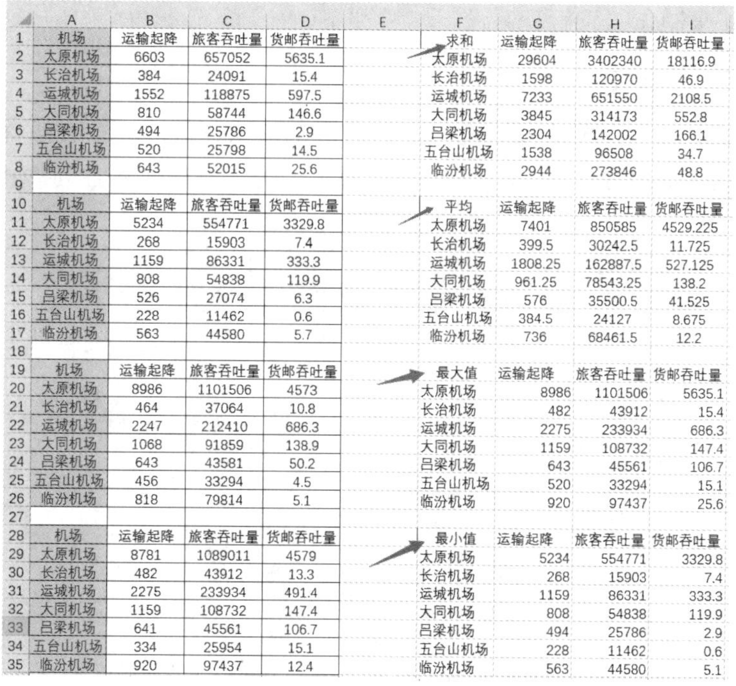

机场	运输起降	旅客吞吐量	货邮吞吐量
太原机场	6603	657052	5635.1
长治机场	384	24091	15.4
运城机场	1552	118875	597.5
大同机场	810	58744	146.6
吕梁机场	494	25786	2.9
五台山机场	520	25798	14.5
临汾机场	643	52015	25.6

机场	运输起降	旅客吞吐量	货邮吞吐量
太原机场	5234	554771	3329.8
长治机场	268	15903	7.4
运城机场	1159	86331	333.3
大同机场	808	54838	119.9
吕梁机场	526	27074	6.3
五台山机场	228	11462	0.6
临汾机场	563	44580	5.7

机场	运输起降	旅客吞吐量	货邮吞吐量
太原机场	8986	1101506	4573
长治机场	464	37064	10.8
运城机场	2247	212410	686.3
大同机场	1068	91859	138.9
吕梁机场	643	43581	50.2
五台山机场	456	33294	4.5
临汾机场	818	79814	5.1

机场	运输起降	旅客吞吐量	货邮吞吐量
太原机场	8781	1089011	4579
长治机场	482	43912	13.3
运城机场	2275	233934	491.4
大同机场	1159	108732	147.4
吕梁机场	641	45561	106.7
五台山机场	334	25954	15.1
临汾机场	920	97437	12.4

求和	运输起降	旅客吞吐量	货邮吞吐量
太原机场	29604	3402340	18116.9
长治机场	1598	120970	46.9
运城机场	7233	651550	2108.5
大同机场	3845	314173	552.8
吕梁机场	2304	142002	166.1
五台山机场	1538	96508	34.7
临汾机场	2944	273846	48.8

平均	运输起降	旅客吞吐量	货邮吞吐量
太原机场	7401	850585	4529.225
长治机场	399.5	30242.5	11.725
运城机场	1808.25	162887.5	527.125
大同机场	961.25	78543.25	138.2
吕梁机场	576	35500.5	41.525
五台山机场	384.5	24127	8.675
临汾机场	736	68461.5	12.2

最大值	运输起降	旅客吞吐量	货邮吞吐量
太原机场	8986	1101506	5635.1
长治机场	482	43912	15.4
运城机场	2275	233934	686.3
大同机场	1159	108732	147.4
吕梁机场	643	45561	106.7
五台山机场	520	33294	15.1
临汾机场	920	97437	25.6

最小值	运输起降	旅客吞吐量	货邮吞吐量
太原机场	5234	554771	3329.8
长治机场	268	15903	7.4
运城机场	1159	86331	333.3
大同机场	808	54838	119.9
吕梁机场	494	25786	2.9
五台山机场	228	11462	0.6
临汾机场	563	44580	5.1

图 3-76 合并计算

2) 交叉分析法

如果想要统计出某个机场在某个月份的销售总额，我们就需要对这些表格进行汇总计算，并列出二维表。

点击“插入”选项卡中的“数据透视表”，打开对话框，确定选区，点击确定，然后就可以在新的工作表中看到数据透视表视图，只需要拖动表格字段到“行”“列”“值”中，就可以得到相应的数据统计表格，如图 3-77 所示。

机场	运输起降	旅客吞吐量	货邮吞吐量
大同机场	810	58744	146.6
大同机场	808	54838	119.9
大同机场	1068	91859	138.9
大同机场	1159	108732	147.4
临汾机场	643	52015	25.6
临汾机场	563	44580	5.7
临汾机场	818	79814	5.1
临汾机场	920	97437	12.4
吕梁机场	494	25786	2.9
吕梁机场	526	27074	6.3
吕梁机场	643	43581	50.2
吕梁机场	641	45561	106.7
太原机场	6603	657052	5635.1
太原机场	8986	1101506	4573
太原机场	8781	1089011	4579
五台山机场	520	25798	14.5
五台山机场	228	11462	0.6
五台山机场	456	33294	4.5
五台山机场	334	25954	15.1
运城机场	1552	118875	597.5
运城机场	1159	86331	333.3
运城机场	2247	212410	686.3
运城机场	2275	233934	491.4
长治机场	384	24091	15.4
长治机场	268	15903	7.4
长治机场	464	37064	10.8
长治机场	482	43912	13.3

行标签	求和项:运输起降	求和项:旅客吞吐量	求和项:货邮吞吐量
大同机场	3845	314173	552.8
临汾机场	2944	273846	48.8
吕梁机场	2304	142002	166.1
太原机场	24370	2847569	14787.1
五台山机场	1538	96508	34.7
运城机场	7233	651550	2108.5
长治机场	1598	120970	46.9
总计	**43832**	**4446618**	**17744.9**

图 3-77 交叉分析

3.4.8 工资管理系统应用

使用 Excel 来制作工资管理系统，步骤如下。

1. 制作员工信息表

打开 Excel 空白表，然后把 Sheet1 命名为员工信息表，接着在 A1:G1 区域依次输入员工编号、姓名、性别、部门、学历、职级、年龄，然后输入各列的相关内容，如图 3-78 所示。

员工编号	姓名	性别	部门	学历	职级	年龄
201001	郭亚飞	男	人事部	本科	业务骨干	30
201002	卢新凯	男	人事部	本科	业务骨干	31
201003	刘梦亚	女	人事部	研究生	业务骨干	25
201004	刘志杰	男	人事部	大专	地区经理	45
201005	郭苏丹	男	财务部	大专	助理	30
201006	冯倩倩	女	财务部	本科	地区经理	40
201007	陈真	男	财务部	本科	助理	32
201008	陈子烈	男	财务部	本科	业务骨干	25
201009	李中泽	男	技术部	本科	业务骨干	35
201010	金艺阁	男	技术部	研究生	地区经理	25
201011	彭林森	男	技术部	本科	助理	33
201012	张峻维	男	技术部	研究生	地区经理	26
201013	王嘉月	女	技术部	大专	业务骨干	35
201014	曹锦涛	男	销售部	本科	业务骨干	43
201015	王俊涛	男	销售部	大专	业务骨干	38
201016	曹富杰	男	销售部	本科	助理	41
201017	牧楠	男	销售部	大专	业务骨干	31

图 3-78 制作员工信息表

2．制作员工考勤表

双击 Sheet2 将其重命名为员工考勤表，然后在 A1:F1 区域分别输入编号、姓名、迟到、事假、病假、加班，然后输入各列相关内容，如图 3-79 所示。

	A	B	C	D	E	F
1	编号	姓名	迟到	事假	病假	加班
2	201001	郭亚飞		2		20
3	201002	卢新凯	2		2	100
4	201003	刘梦亚				20
5	201004	刘志杰		2		80
6	201005	郭苏丹	1		1	50
7	201006	冯倩倩				70
8	201007	陈真			7	50
9	201008	陈子烈		1		100
10	201009	李中泽				60
11	201010	金艺阁				70
12	201011	彭林森			14	50
13	201012	张峻维				100
14	201013	王嘉月		3		60
15	201014	曹锦涛			2	20
16	201015	王俊涛	20			70
17	201016	曹富杰				30
18	201017	牧楠				50

图 3-79　制作员工考勤表

3．制作员工销售业绩表

按照上述步骤继续制作员工销售业绩表，主要列的内容为员工编号、姓名、销售金额，如图 3-80 所示。

	A	B	C
1	员工编号	姓名	销售金额
2	201001	郭亚飞	150
3	201002	卢新凯	200
4	201003	刘梦亚	120
5	201004	刘志杰	70
6	201005	郭苏丹	300
7	201006	冯倩倩	1000
8	201007	陈真	30
9	201008	陈子烈	230
10	201009	李中泽	400
11	201010	金艺阁	350
12	201011	彭林森	800
13	201012	张峻维	700
14	201013	王嘉月	1100
15	201014	曹锦涛	90
16	201015	王俊涛	600
17	201016	曹富杰	400
18	201017	牧楠	550

图 3-80　制作员工销售业绩表

4. 制作员工工资表

制作员工工资表，主要列的内容为员工编号、姓名、工资、考勤、奖金、总计，如图 3-81 所示。

	A	B	C	D	E	F
1	员工编号	姓名	工资	考勤	奖金	总计
2	201001	郭亚飞	5000	920	825	6745
3	201002	卢新凯	5000	4430	1100	10530
4	201003	刘梦亚	5000	1000	660	6660
5	201004	刘志杰	8000	3920	385	12305
6	201005	郭苏丹	3000	2465	165	5630
7	201006	冯倩倩	8000	3500	550	12050
8	201007	陈真	3000	2325	165	5490
9	201008	陈子烈	5000	4460	2300	11760
10	201009	李中泽	5000	3000	4000	12000
11	201010	金艺阁	8000	3500	192.5	11693
12	201011	彭林森	3000	2150	440	5590
13	201012	张峻维	8000	3500	385	11885
14	201013	王嘉月	5000	2880	605	8485
15	201014	曹锦涛	5000	1000	220	6220
16	201015	王俊涛	5000	3300	330	8630
17	201016	曹富杰	3000	1500	220	4720
18	201017	牧楠	5000	2500	302.5	7803

图 3-81 制作员工工资表

基本工资公式：

=IF(VLOOKUP(B2, 员工信息表!$B$1:$F$18,5,0)="地区经理", 8000, IF(VLOOKUP(B2,员工信息表!$B$1:$F$18,5,0)="业务骨干",5000,3000))

考勤的公式：

=VLOOKUP(B2, 员工考勤表!$B$1:$F$18, 5, 0)*50-VLOOKUP(B2, 员工考勤表!$B$1:$F$18, 2, 0))*10-VLOOKUP(B2, 员工考勤表!$B$1:$F$18, 3, 0)*40-VLOOKUP(B2, 员工考勤表!$B$1:$F$18, 2, 0))*25

奖金的公式：

=IF(VLOOKUP(B2, 员工销售业绩表!$B$1:$C$18, 2, 0)>20, VLOOKUP(B2, 员工销售业绩表!$B$1:$C$18, 2, 0)*1%, IF(VLOOKUP(B2, 员工销售业绩表!$B$1: $C$18, 2, 0)>=5, VLOOKUP(B2, 员工销售业绩表!$B$1:$C$18, 2, 0)*0.55%,0)))

说明

(1) 每月工资=基本工资+奖金+考勤。

(2) 基本工资:地区经理 8000 元，业务骨干 5000 元，助理 3000 元。

(3) 奖金: 5<销售金额<=20 万，销售奖金率 0.55%；大于 20 万资金率为 1%。

(4) 考勤:迟到扣款 10 元/次，事假扣款 40 元/天，病假扣款 25 元/天，加班奖励 50 元/小时。

(5) 保险：交应发的 8%。

---

5. 制作工资条表

制作工资条表，主要列的内容为员工编号、姓名、工资、考勤、奖金、应发工资、扣除保险、个人所得税、实发工资等，并完成相应计算。

然后，在表后复制表头每人一条，添加一列分别填充序号，如图 3-82 所示。

	A	B	C	D	E	F	G	H	I	J
1	员工编号	姓名	工资	考勤	奖金	应发工资	扣除保险	个人所得税	实发工资	1
2	201001	郭亚飞	5000	920	825	6745	539.6	18.6162	6187	2
3	201002	卢新凯	5000	4430	1100	10530	842.4	29.0628	9659	3
4	201003	刘梦亚	5000	1000	660	6660	532.8	18.3816	6109	4
5	201004	刘志杰	8000	3920	385	12305	984.4	33.9618	11287	5
6	201005	郭苏丹	3000	2465	165	5630	450.4	15.5388	5164	6
7	201006	冯倩倩	8000	3500	550	12050	964	33.258	11053	7
8	201007	陈真	3000	2325	165	5490	439.2	15.1524	5036	8
9	201008	陈子烈	5000	4460	2300	11760	940.8	32.4576	10787	9
10	201009	李中泽	5000	3000	4000	12000	960	33.12	11007	10
11	201010	金艺阁	8000	3500	192.5	11692.5	935.4	32.2713	10725	11
12	201011	彭林森	3000	2150	440	5590	447.2	15.4284	5127	12
13	201012	张峻维	8000	3500	385	11885	950.8	32.8026	10901	13
14	201013	王嘉月	5000	2880	605	8485	678.8	23.4186	7783	14
15	201014	曹锦涛	5000	1000	220	6220	497.6	17.1672	5705	15
16	201015	王俊涛	5000	3300	330	8630	690.4	23.8188	7916	16
17	201016	曹富杰	3000	1500	220	4720	377.6	13.0272	4329	17
18	201017	牧楠	5000	2500	302.5	7802.5	624.2	21.5349	7157	18
19	员工编号	姓名	工资	考勤	奖金	应发工资	扣除保险	个人所得税	实发工资	2
20	员工编号	姓名	工资	考勤	奖金	应发工资	扣除保险	个人所得税	实发工资	3
21	员工编号	姓名	工资	考勤	奖金	应发工资	扣除保险	个人所得税	实发工资	4
22	员工编号	姓名	工资	考勤	奖金	应发工资	扣除保险	个人所得税	实发工资	5
23	员工编号	姓名	工资	考勤	奖金	应发工资	扣除保险	个人所得税	实发工资	6
24	员工编号	姓名	工资	考勤	奖金	应发工资	扣除保险	个人所得税	实发工资	7
25	员工编号	姓名	工资	考勤	奖金	应发工资	扣除保险	个人所得税	实发工资	8
26	员工编号	姓名	工资	考勤	奖金	应发工资	扣除保险	个人所得税	实发工资	9
27	员工编号	姓名	工资	考勤	奖金	应发工资	扣除保险	个人所得税	实发工资	10
28	员工编号	姓名	工资	考勤	奖金	应发工资	扣除保险	个人所得税	实发工资	11
29	员工编号	姓名	工资	考勤	奖金	应发工资	扣除保险	个人所得税	实发工资	12
30	员工编号	姓名	工资	考勤	奖金	应发工资	扣除保险	个人所得税	实发工资	13
31	员工编号	姓名	工资	考勤	奖金	应发工资	扣除保险	个人所得税	实发工资	14
32	员工编号	姓名	工资	考勤	奖金	应发工资	扣除保险	个人所得税	实发工资	15
33	员工编号	姓名	工资	考勤	奖金	应发工资	扣除保险	个人所得税	实发工资	16
34	员工编号	姓名	工资	考勤	奖金	应发工资	扣除保险	个人所得税	实发工资	17

图 3-82　工资条表设置

以填充序号列为关键字排序，形成工资条，删除排序列，设置格式完成工资条制作，如图 3-83 所示。

	A	B	C	D	E	F	G	H	I
1	员工编号	姓名	工资	考勤	奖金	应发工资	扣除保险	个人所得税	实发工资
2	201001	郭亚飞	5000	920	825	6745	539.6	18.6162	6187
3	员工编号	姓名	工资	考勤	奖金	应发工资	扣除保险	个人所得税	实发工资
4	201002	卢新凯	5000	4430	1100	10530	842.4	29.0628	9659
5	员工编号	姓名	工资	考勤	奖金	应发工资	扣除保险	个人所得税	实发工资
6	201003	刘梦亚	5000	1000	660	6660	532.8	18.3816	6109
7	员工编号	姓名	工资	考勤	奖金	应发工资	扣除保险	个人所得税	实发工资
8	201004	刘志杰	8000	3920	385	12305	984.4	33.9618	11287
9	员工编号	姓名	工资	考勤	奖金	应发工资	扣除保险	个人所得税	实发工资
10	201005	郭苏丹	3000	2465	165	5630	450.4	15.5388	5164
11	员工编号	姓名	工资	考勤	奖金	应发工资	扣除保险	个人所得税	实发工资
12	201006	冯倩倩	8000	3500	550	12050	964	33.258	11053
13	员工编号	姓名	工资	考勤	奖金	应发工资	扣除保险	个人所得税	实发工资
14	201007	陈真	3000	2325	165	5490	439.2	15.1524	5036
15	员工编号	姓名	工资	考勤	奖金	应发工资	扣除保险	个人所得税	实发工资
16	201008	陈子烈	5000	4460	2300	11760	940.8	32.4576	10787
17	员工编号	姓名	工资	考勤	奖金	应发工资	扣除保险	个人所得税	实发工资
18	201009	李中泽	5000	3000	4000	12000	960	33.12	11007
19	员工编号	姓名	工资	考勤	奖金	应发工资	扣除保险	个人所得税	实发工资
20	201010	金艺阁	8000	3500	192.5	11692.5	935.4	32.2713	10725
21	员工编号	姓名	工资	考勤	奖金	应发工资	扣除保险	个人所得税	实发工资
22	201011	彭林森	3000	2150	440	5590	447.2	15.4284	5127
23	员工编号	姓名	工资	考勤	奖金	应发工资	扣除保险	个人所得税	实发工资
24	201012	张峻维	8000	3500	385	11885	950.8	32.8026	10901
25	员工编号	姓名	工资	考勤	奖金	应发工资	扣除保险	个人所得税	实发工资
26	201013	王嘉月	5000	2880	605	8485	678.8	23.4186	7783
27	员工编号	姓名	工资	考勤	奖金	应发工资	扣除保险	个人所得税	实发工资
28	201014	曹锦涛	5000	1000	220	6220	497.6	17.1672	5705
29	员工编号	姓名	工资	考勤	奖金	应发工资	扣除保险	个人所得税	实发工资
30	201015	王俊涛	5000	3300	330	8630	690.4	23.8188	7916
31	员工编号	姓名	工资	考勤	奖金	应发工资	扣除保险	个人所得税	实发工资
32	201016	曹富杰	3000	1500	220	4720	377.6	13.0272	4329
33	员工编号	姓名	工资	考勤	奖金	应发工资	扣除保险	个人所得税	实发工资
34	201017	牧楠	5000	2500	302.5	7802.5	624.2	21.5349	7157

图 3-83　工资条表效果

6．工资查询设计

利用透视表、透视图，并添加切片器设计制作工资查询，如图 3-84 所示。

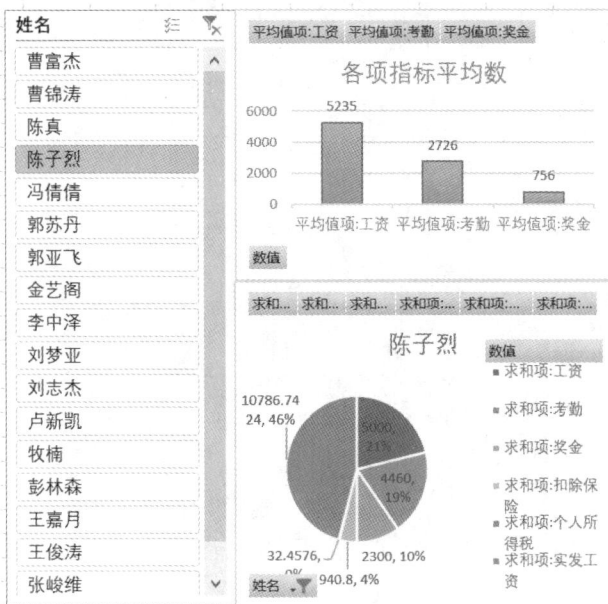

图 3-84　工资查询效果

3.4.9　Excel 可视化仪表盘

Excel 可视化仪表盘能够动态展示各部门人数、学历情况、职称情况、平均工资水平等，如图 3-85 所示。

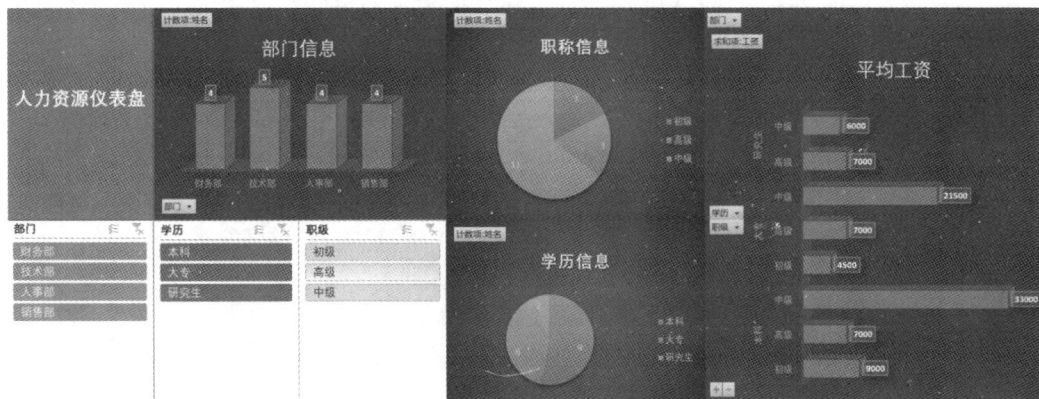

图 3-85　可视化仪表盘

在制作的过程中，用到了数据透视表和多种不同的图表，分别是柱状图、饼图、条形图、切片器。

1．准备数据表

简单模拟了一份数据，如图 3-86 所示。

	A	B	C	D	E	F
1	姓名	部门	学历	职级	年龄	工资
2	郭亚飞	人事部	本科	中级	30	5500
3	卢新凯	人事部	本科	中级	31	5500
4	刘梦亚	人事部	研究生	中级	25	6000
5	刘志杰	人事部	大专	高级	45	7000
6	郭苏丹	财务部	大专	中级	35	5000
7	冯倩倩	财务部	本科	高级	40	7000
8	陈真	财务部	本科	初级	22	4500
9	陈子烈	财务部	本科	中级	25	5500
10	李中泽	技术部	本科	中级	35	5500
11	金艺阁	技术部	研究生	高级	45	7000
12	彭林森	技术部	本科	中级	26	5500
13	张峻维	技术部	大专	初级	30	4500
14	王嘉月	技术部	大专	中级	35	5500
15	曹锦涛	销售部	本科	中级	43	5500
16	王俊涛	销售部	大专	中级	38	5500
17	曹富杰	销售部	本科	初级	27	4500
18	牧楠	销售部	大专	中级	31	5500

图 3-86　模拟数据

注意表格中数据的规范，并把它变成超级表的形式。(快捷键"Ctrl + T"可把普通表变成超级表)

2．单位员工统计

鼠标单击数据源任一区域，单击"插入"→"数据透视表"，点击"确定"，把部门拖到行，把姓名拖到值，完成部门人数统计，如图 3-87 所示。

H	I
行标签 ▼	计数项:姓名
财务部	4
技术部	5
人事部	4
销售部	4
总计	17

图 3-87　单位员工统计

点击透视表任一区域，在数据透视表分析选项卡下，选择"工具"→"数据透视图"→"簇状柱形图"，点击"确定"按钮，如图 3-88 所示。

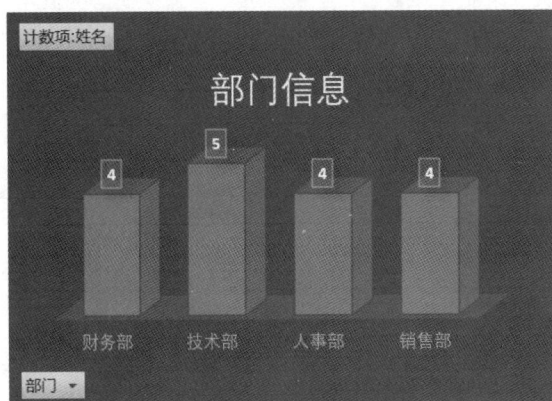

图 3-88　单位员工统计图

3．学历统计

全选透视表，按住 Ctrl 键，把鼠标移到透视表边框处，当箭头边出现+号时，按下鼠标右键，复制到合适区域，再把部门拖走，最后把学历拖到行，完成学历统计，如图 3-89 所示。

点击"计数项：姓名"右边的倒三角，依次选择"值字段设置"→"值显示方式"→"总计的百分比"，点击"确定"，选中数值，依次点击"开始"→"数字"→"减少小数位数"，不保留小数点。

点击透视表任一区域，在数据透视表分析选项卡下依次点击"工具"→"数据透视图"→"饼图"，点击"确定"，如图 3-90 所示。

图 3-89　学历统计

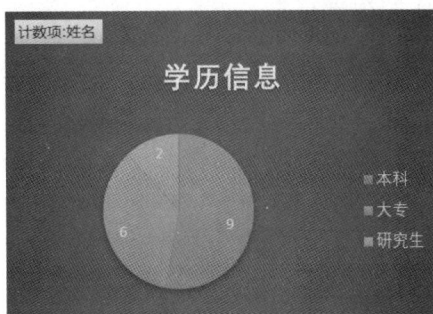

图 3-90　学历统计图

4．职称和学历与平均工资

复制一份数据透视表，清空，然后把职称和学历拖到行，把工资拖到值，再把计算类型设置为平均值。

复制透视表，清空，把部门拖到行，把工资拖到值，然后设置为平均值，不保留小数点。

插入条形图，如图 3-91 所示。

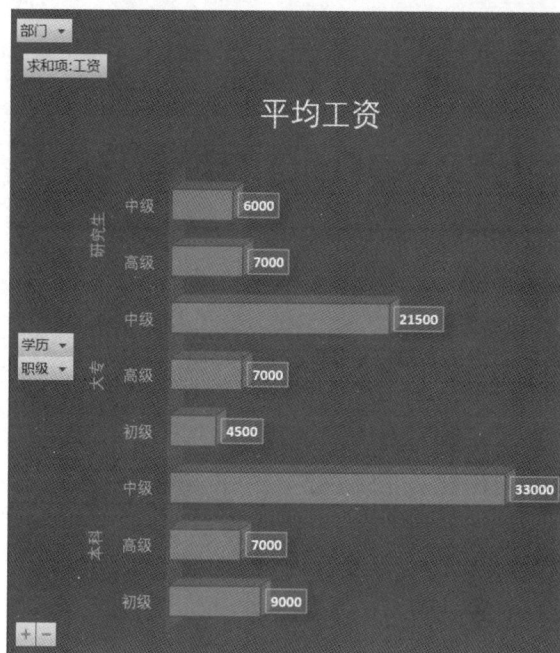

图 3-91　职称和学历与平均工资

5．插入切片器

点击"数据透视表分析"→"插入切片器"，在"插入切片器"对话框中勾选部门、职称、学历，点击"确定"，点击鼠标右键选择报表连接，勾选需要连接的数据透视表，点击"确定"，各报表数据联动完成。

第 4 章　PowerPoint 高级应用技术

4.1　PowerPoint 2016 基本操作技能

4.1.1　PowerPoint 2016 操作快捷键

1．PPT 文档快捷键

Ctrl + N：创建新 PPT 文档；

Ctrl + Shift + N：创建一个一样的 PPT 文档；

Ctrl + M：新建幻灯片；

Ctrl + S：保存当前文件；

Ctrl + Shift+S：将当前文档另存为；

Ctrl + W / Ctrl+F4：快速关闭 PPT。

2．编辑文本快捷键

Ctrl +"/ Ctrl + Shift + >：增大字号；

Ctrl +"/ Ctrl + Shift + <：减小字号；

Shift + F3：更改字母大小写；

Ctrl + E：文本居中对齐；

Ctrl + L：文本左对齐；

Ctrl + R：文本右对齐；

Ctrl + J：文本两端对齐。

3．编辑其他对象快捷键

Shift + 拖动鼠标：等比插入对象；

Shift + 方向键：横向/纵向比例缩放对象；

Shift + 拉伸对象：等比例缩放对象；

Ctrl + 拉伸对象：按中心缩放对象&对称变化；

Shift + Ctrl + 拉伸对象：等比中心缩放对象；

Alt + 左箭头/右箭头：间隔 15°旋转对象；

Shift + 旋转对象：间隔 15°旋转对象；

Shift + 拖动对象：水平或者垂直移动对象。

4.1.2　PowerPoint 2016 实用技能

1. PPT 2016 操作技巧

1）用动画刷批量设置动画效果

（1）选择一动画对象，在"高级动画"组中，点击"动画刷"按钮选择动画刷；使用"动画刷"点击幻灯片中的其他对象，动画效果将复制给该对象，如图 4-1 所示。

图 4-1　动画刷批量设置

（2）双击"动画刷"按钮，在向第一个对象复制动画效果后，可以继续向其他多个对象复制动画。完成所有对象的动画复制后，再次单击"动画刷"按钮将取消复制操作。

2）用取色器取色

使用取色器在外部取色时需要缩小 PPT 的工作界面，切换到取色器模式，按住鼠标左键，拖动鼠标到想要取色的颜色上，就可以实现外部取色功能，如图 4-2 所示。

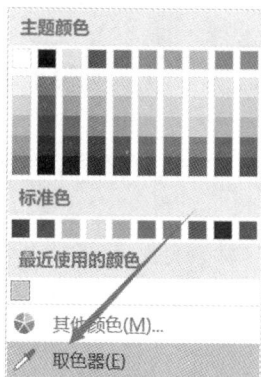

图 4-2　取色器

3）重用幻灯片功能

如果在工作中我们发现所制作的多数幻灯片都差不多，可能是内容，可能是结构，可能是格式等，直接重新创建会感觉做了很多重复的工作，严重降低了工作效率，使用"Ctrl + C"和"Ctrl + V"依然不是特别方便。此时，最简单的方式就是重用自己或者别人的幻灯片。

依次选择"开始"→"新建幻灯片"，在弹出的浏览对话框中选择"重用幻灯片"，单击打开即可，如图 4-3 所示。

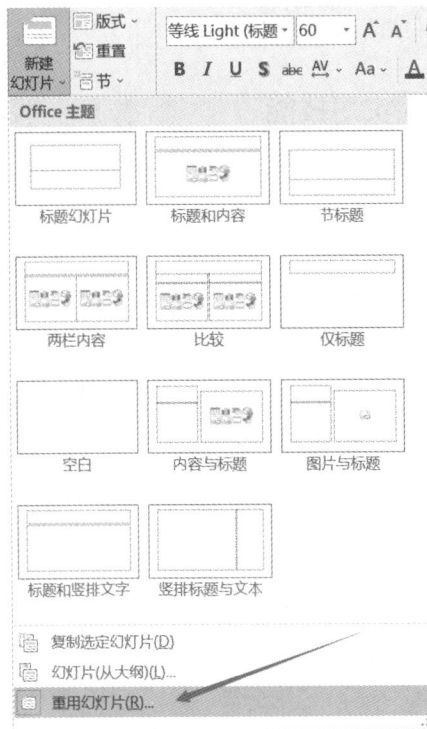

图 4-3　重用幻灯片

4) 同时运用多种主题

第一步：打开一个 PPT 文件，打开要设置主题的幻灯片，单击"设计"选项卡，在"主题"组打开所有的主题样式。

第二步：右击某一个主题样式，在弹出的列表中选择"应用于选定幻灯片"，该主题就应用到当前幻灯片中。

第三步：重复使用上面的方法，依次打开所有的幻灯片，分别进行设置不同的幻灯片主题即可。

第四步：如果要给某些幻灯片设置同样的主题，可以在幻灯片浏览视图中进行统一设置。单击"视图"选项卡，在"演示文稿视图"中单击"幻灯片浏览"，便打开了幻灯片浏览视图。

第五步：按着 Ctrl 键分别选中要统一设置主题的幻灯片缩略图，在"设计"中的"主题样式"中右击，选择"应用于选定幻灯片"即可。

第六步：也可以对一个幻灯片设置某种主题样式，然后在幻灯片浏览视图中使用"格式刷"进行格式复制。

2. PPT 2016 文件管理技巧

1) 自定义演示文稿默认保存位置

打开 PPT 文件，点击上方菜单栏上的"文件"，在文件菜单下拉列表选项中点击"选项"，弹出 PowerPoint 选项对话框。

在 PowerPoint 选项对话框中，点击左侧选项卡列表中的"保存"，再点击"自动恢复文件位置"后面的"浏览"按钮，选择新的保存路径，点击确定按钮，这样默认路径就设置完成了。遇到断电等突发状况时，可以按照刚才的路径到文件夹中查找系统自动保存的 PPT 文件，如图 4-4 所示。

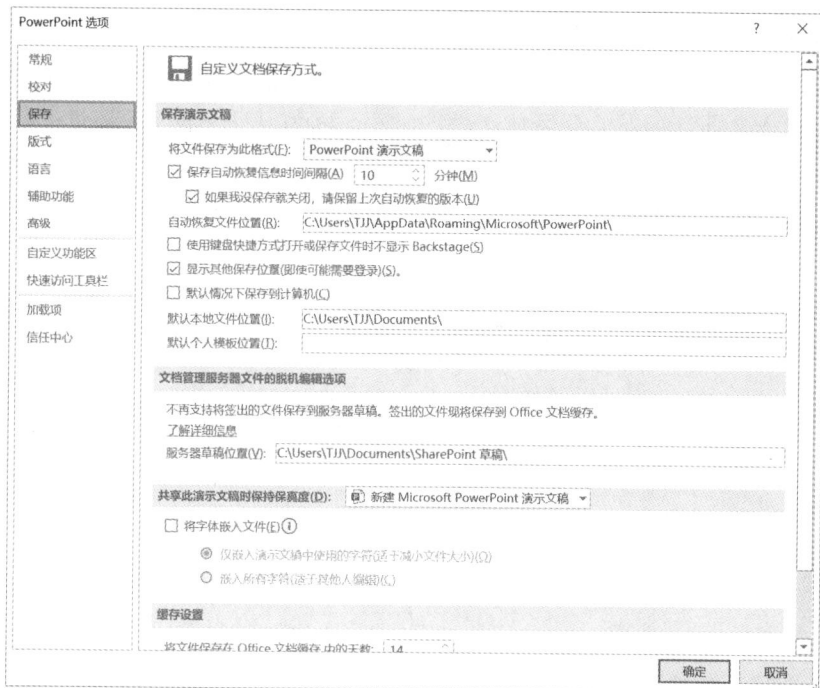

图 4-4　自动恢复文件的位置

2) 减小演示文稿大小

· 压缩图像文件

PowerPoint 中的图片体积过大是整个文档体积庞大的主要原因。压缩图像文件的方法如下：鼠标右键单击图片，再单击快捷菜单上的"设置图片格式"，单击"图片格式"→"压缩图片"。在"选项"下，选中"压缩图片"复选框和"删除图片的剪裁区域"复选框，如图 4-5 所示。

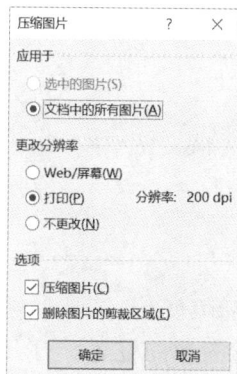

图 4-5　压缩图像设置

- 压缩文件体积

用 PowerPoint 打开做好的演讲稿，依次点击"工具→选项→保存"，清除"允许快速保存"复选框。关闭 PowerPoint 快速保存功能之后，将该演讲文档另存为一个新文档，则这个新文档的体积会小很多。

3) 将字体嵌入文件

在 PowerPoint 演示文稿中嵌入字体时，演示文稿会因字体文件的增加而体积变大。在决定进行嵌入之前，应先检查字体文件的大小，因为某些新的 Unicode 字体的字体文件非常庞大，如图 4-6 所示。

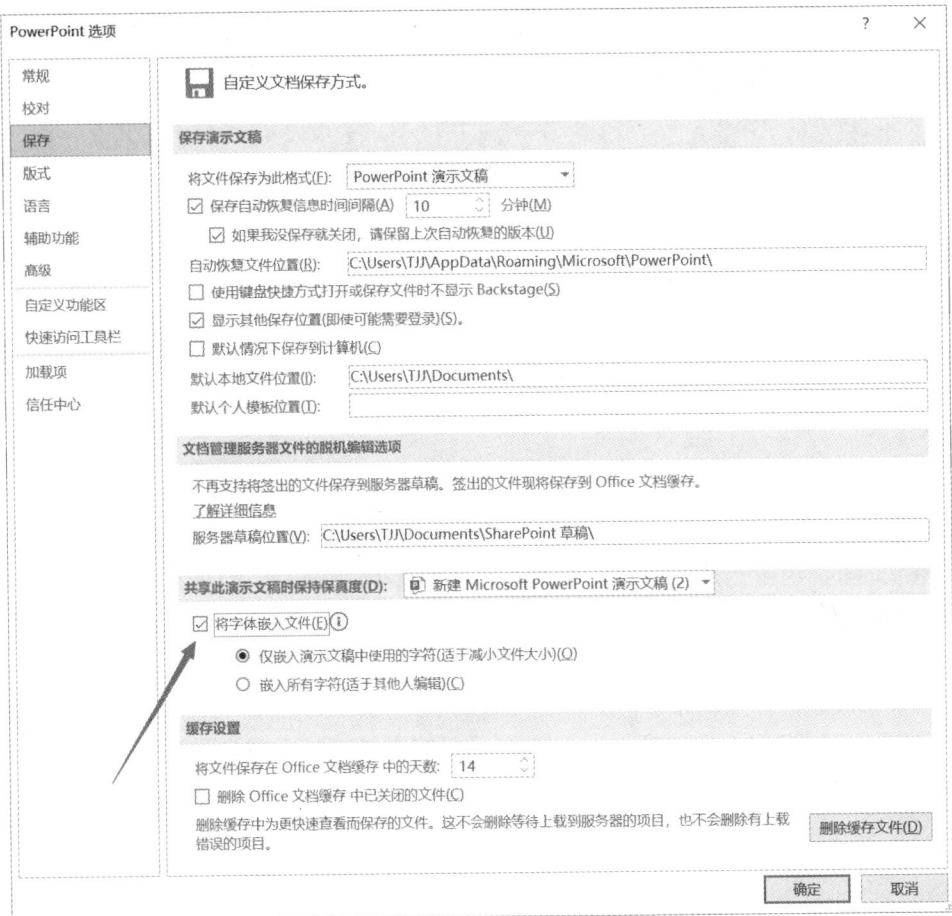

图 4-6　嵌入字体设置

3. 自定义用户界面

1) 利用智能向导调整对象

所谓智能向导，是指在使用 Shift+Ctrl+拖拽鼠标复制图形的时候，都会出现一个虚线，这个虚线可以辅助我们调整图形的位置。打开或关闭智能向导的方法很简单，操作步骤如下：

在"视图"选项卡中点击"显示"组右下角的展开按钮，即打开"网格和参考线"对话框，勾选"形状对齐时显示智能向导"复选框即可，如图 4-7 所示。

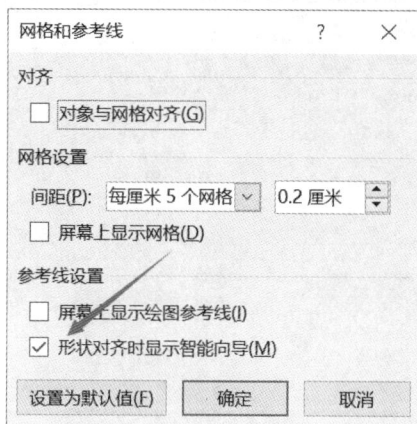

图 4-7　"网格和参考线"对话框

2) 标尺、网格线和参考线的灵活运用

进行版式设计等操作时，可以借助标尺、网格线和参考线等工具来进行辅助设计。

· 标尺

显示或隐藏标尺有两种方法：

(1) 点击"视图"选项卡，勾选"标尺"复选框，即可显示标尺。需要隐藏时将勾选取消即可。

(2) 在幻灯片上单击鼠标右键，然后在菜单里面勾选或者取消勾选"标尺"选项，就可以显示或隐藏了。

· 网格线

显示或隐藏网格线有两种方法：

(1) 在视图下面勾选或取消勾选"网格线"选项。

(2) 在幻灯片上单击鼠标右键，将鼠标移动到"网格和参考线"上，然后根据需要选中或者取消选择"网格线"。

· 参考线

参考线相比网格线更为灵活。显示或隐藏参考线的方法与标尺和网格线相同。添加以后参考线就会在幻灯片界面出现了。

移动鼠标到一根参考线上，鼠标形状会发生改变，这时可以点击并移动这根参考线到需要的位置。若按住鼠标将参考线拖动到边缘，然后放开，参考线就会被删除了，如图 4-8 所示。

3) 自定义快速访问工具栏

点击 PPT 窗口上方最后边的一个小三角按钮，在弹出的功能框中可以实现自定义快速访问工具栏。只需勾选菜单中的功能命令，或者点击"其他命令"后自主选择命令，即可将该功能添加到工具栏中，如图 4-9 所示。

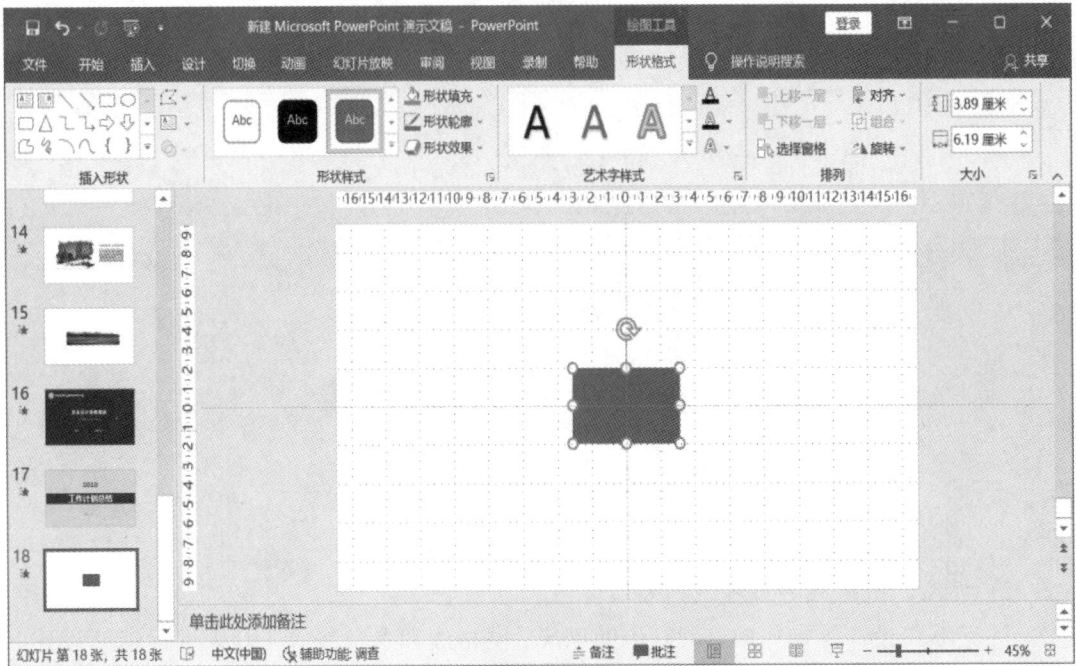

图 4-8 参考线

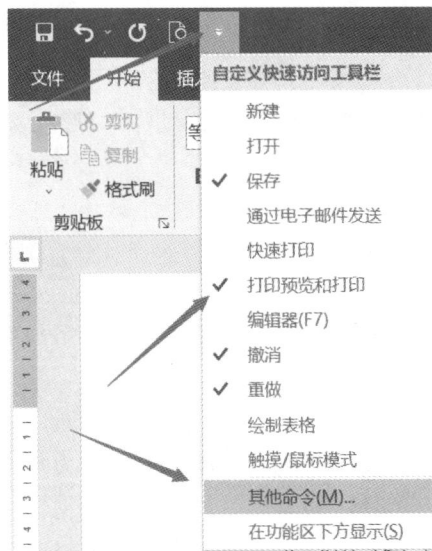

图 4-9 自定义访问工具设置

4．共享演示文稿

1) 云共享文档

将演示文稿保存到云后可以将其发送给他人，实现演示文稿的分享，步骤如下：

(1) 点击"文件"→"共享"→"保存到云"，选择要保存演示文稿至云的位置，如图 4-10 所示。

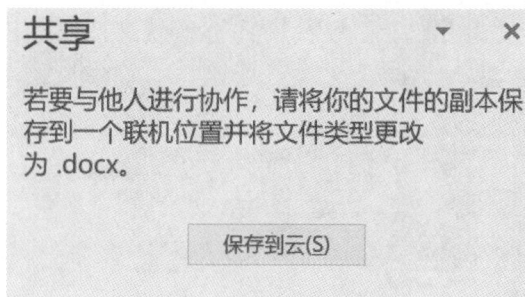

图 4-10　保存演示文稿至云

(2) 选择"登录"，登录你的 Windows 云盘，如图 4-11 所示。

图 4-11　登录 Windows 云盘

(3) 登录云盘后，点击"另存为"，将文件保存至云盘中，如图 4-12 所示。

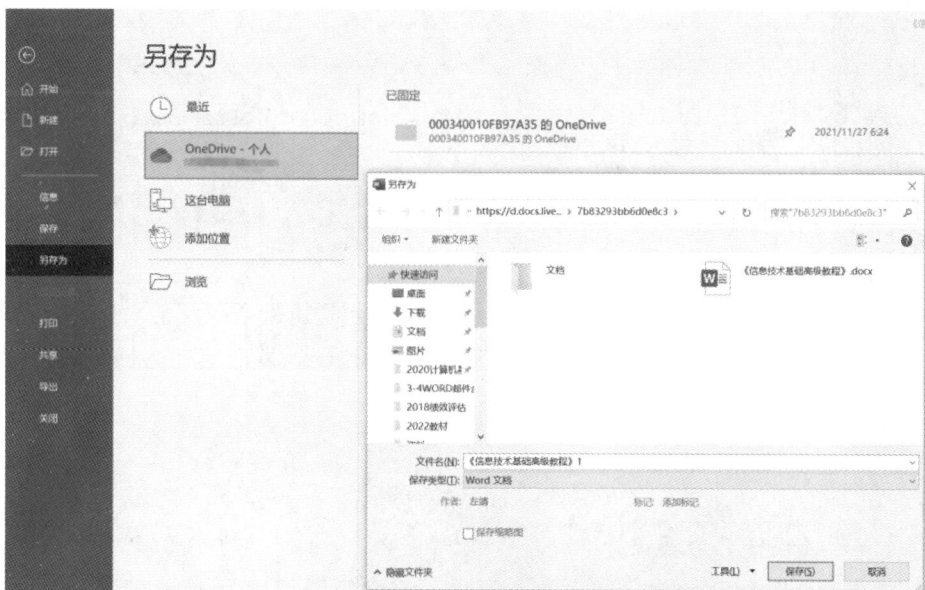

图 4-12　文件保存至云盘

(4) 点击"文件"→"共享"→"与人共享",实现文档在线共享,如图 4-13 所示。

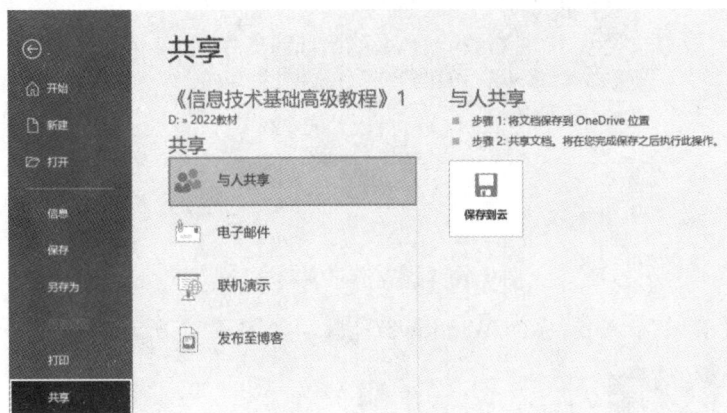

图 4-13　与人共享设置

2) 经济地打印幻灯片

进入幻灯片页面之后,点击打印机图标或者按快捷键"Ctrl+P"就进入打印页面。在打印页面可以选择是打印幻灯片还是打印讲义。

如果选择"打印幻灯片",那么右下角显示的是灰色,无法选择一张纸上显示几张幻灯片,默认一张纸上只打印一张幻灯片。

如果选择"打印讲义",可以选择一张纸上打印 6 张幻灯片,因此为了节约纸张,一般选择"打印讲义"。

选择好之后点击"预览",就可以查看打印效果了,如图 4-14 所示。

图 4-14　打印设置

3) 将演示文稿保存为模板

(1) 新建空白幻灯片,创建好内容、版式、格式模板,如图 4-15 所示。

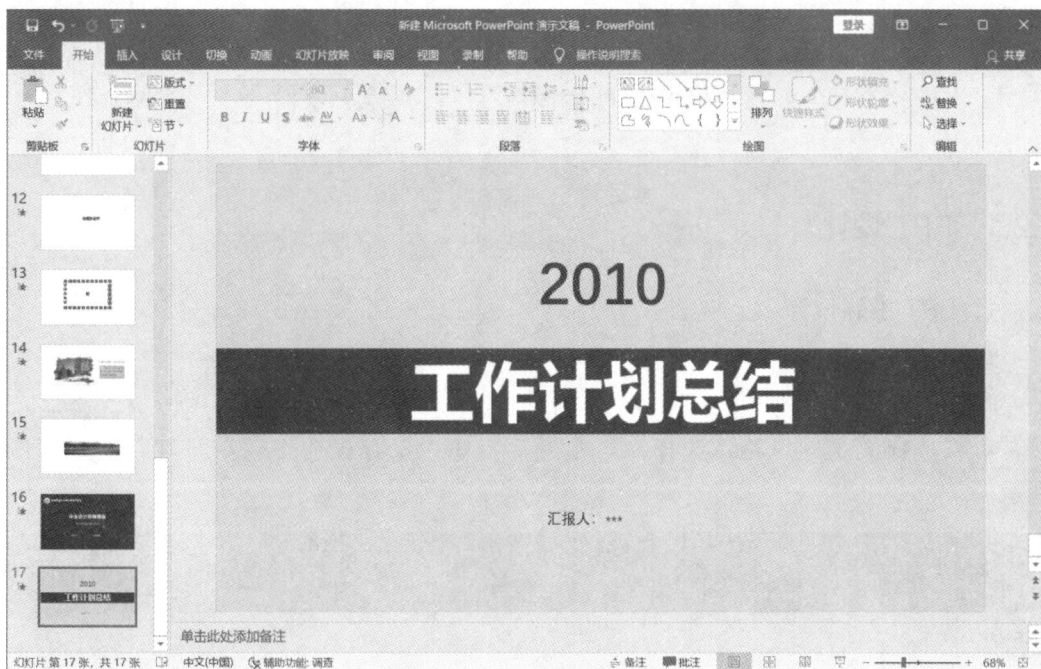

图 4-15　存为模板设置 1

(2) 单击"文件",然后选择"另存为",在"另存为"对话框中将保存类型设置为"PowerPoint 模板",在"文件名"框中输入模板名称,然后单击"保存"即可将当前幻灯片另存为模板,如图 4-16 所示。

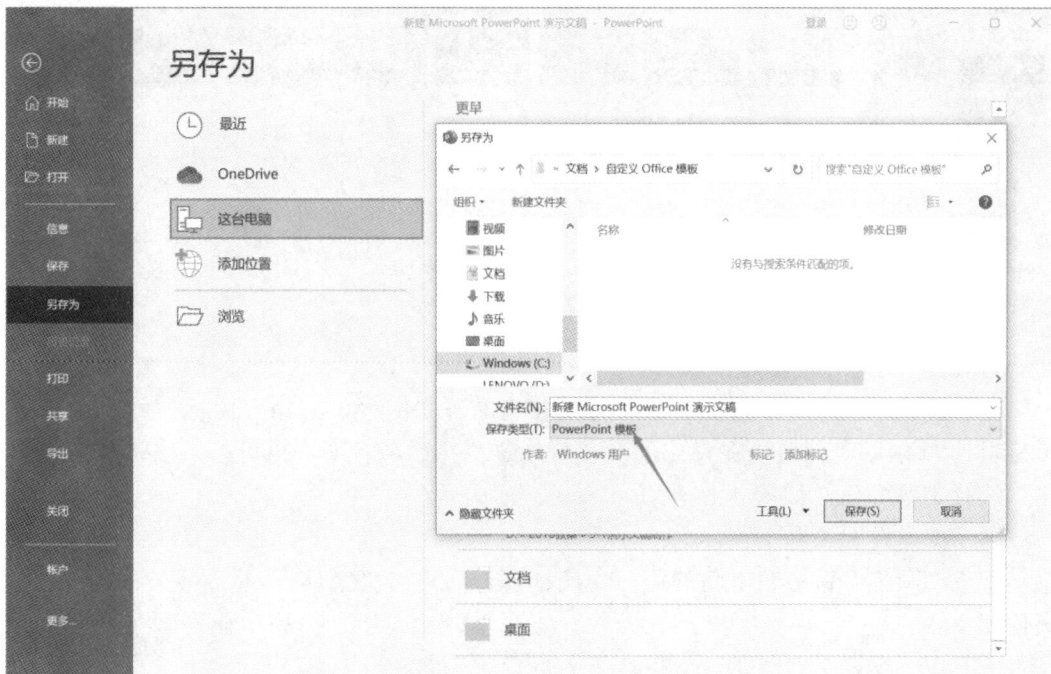

图 4-16　存为模板设置 2

4.2 PowerPoint 2016 高级设计

4.2.1 PPT 设计

1. PPT 主题设计

第一步：选择主题。

点击"设计"选项卡，再点击"主题"窗格右下角的"倒三角"图标，会显示所有可供选择的主题风格。选择一个主题后点击"保存当前主题"即可，如图 4-17 所示。

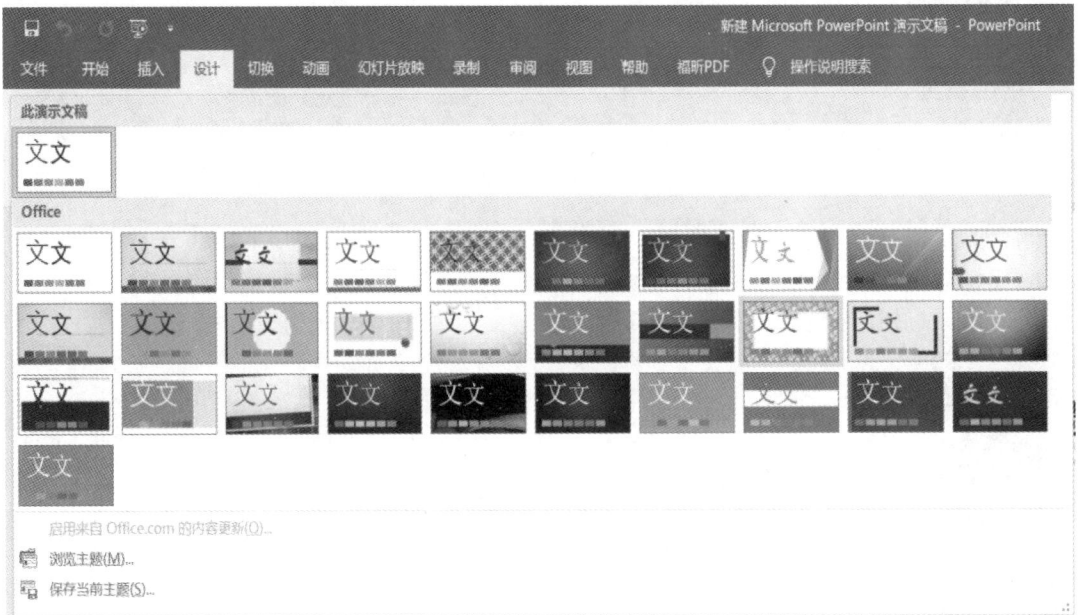

图 4-17　选择主题

第二步：设置主题颜色。

在"设计"选项卡中，点击"变体"窗格右下角的"倒三角"图标，然后点击菜单栏里的"颜色"，就可以在弹出的颜色栏中选择主题颜色了。也可以点击"自定义颜色"选择主题颜色，如图 4-18 所示。

第三步：设置主题字体。

点击"变体"窗格右下角的倒三角图标，然后点击"字体"，重新设置 PPT 主题字体。

第四步：设置主题背景。

在"设计"选项卡中，点击"设置背景格式"，然后在弹出的背景格式页面中选择主题背景的填充方式即可。这里我们可以选择的填充方式有纯色、渐变、纹理、图片及图案等。

第五步：设置演示模式。

在"视图"选项卡中，点击"颜色/灰度"栏里的颜色、灰度、黑白模式，设置演示过程中的主题模式。

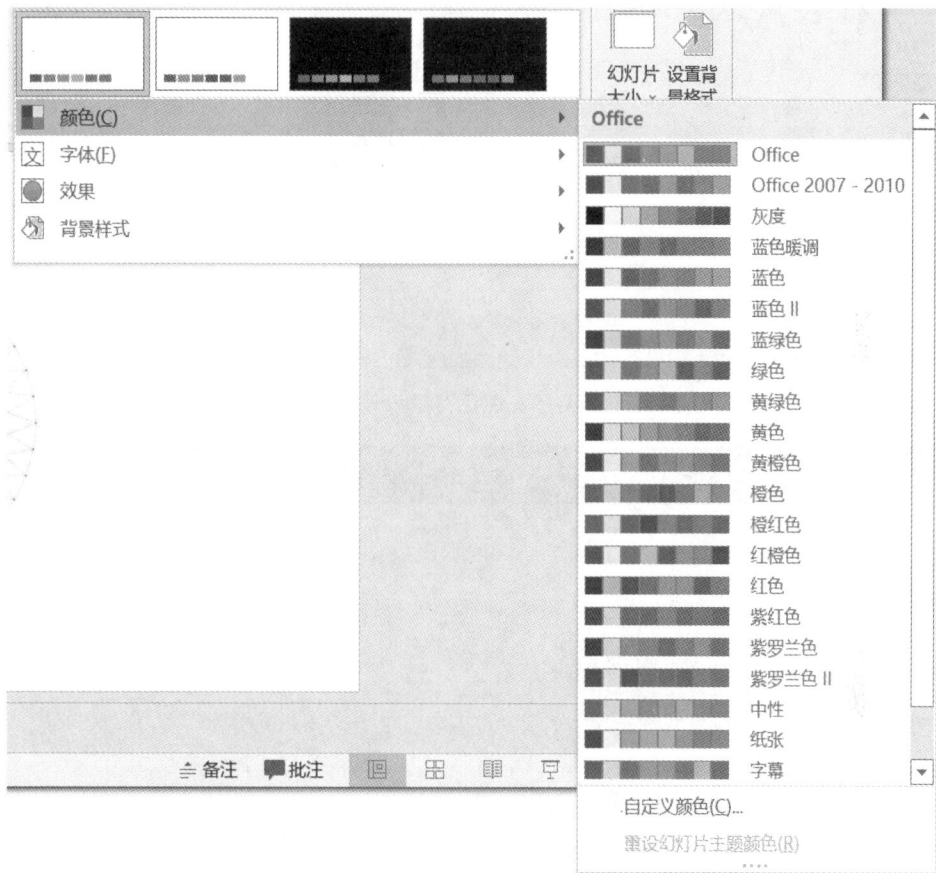

图 4-18　设置主题颜色

2．PPT 背景设计

1）纯色背景

虽然白色的背景比较单调，但如果设计搭配得好，也可以设计出不错的整体效果。

除了白色的背景，我们还可以使用其他纯色背景来进行设计，颜色的选定要根据 PPT 的主题来确定，如图 4-19 所示。

2）渐变背景

渐变背景是比较流行的一种设计方法，制作方法容易，设计感也非常强。

除了普通的线性渐变，也可以使用射线渐变，这样可以突出展示内容。在 PPT 里使用"艺术效果"中的"虚化"进行处理，也可以得到渐变背景，如图 4-20 所示。

图 4-19　纯色背景设计

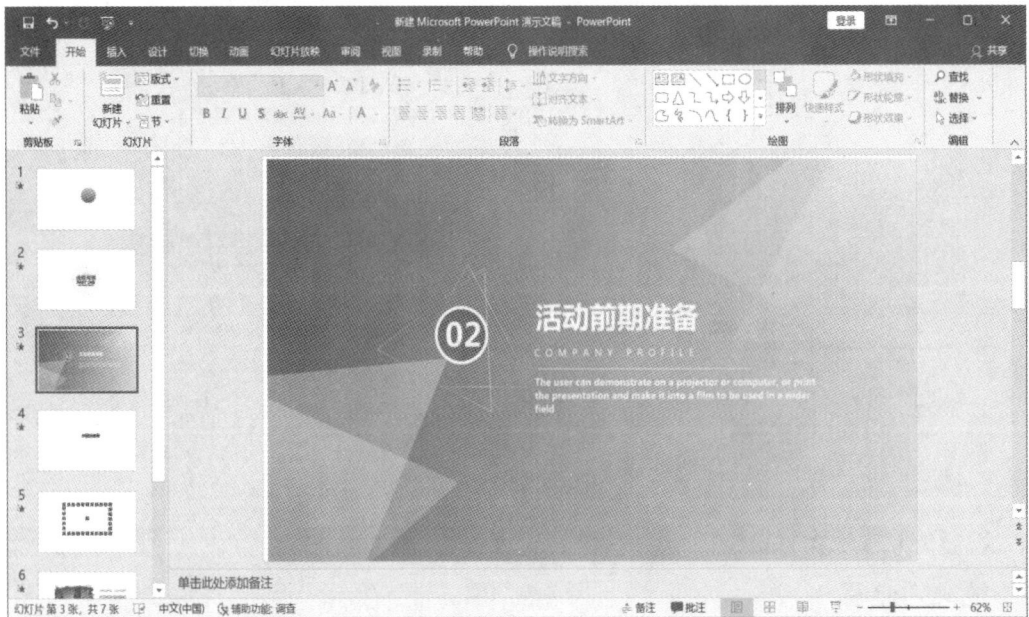

图 4-20　渐变背景设计

3) 纹理背景

纹理背景也是大家比较常用的设计背景的方法。纹理的选择要结合 PPT 主题，比如下面这个纹理背景就是为配合"中国风"主题而选定的，如图 4-21 所示。

4) 图片背景

图片背景的视觉冲击力比较强，要正确处理内容和图片的关系，常用的方法是在图片上添加蒙版，如图 4-22 所示。

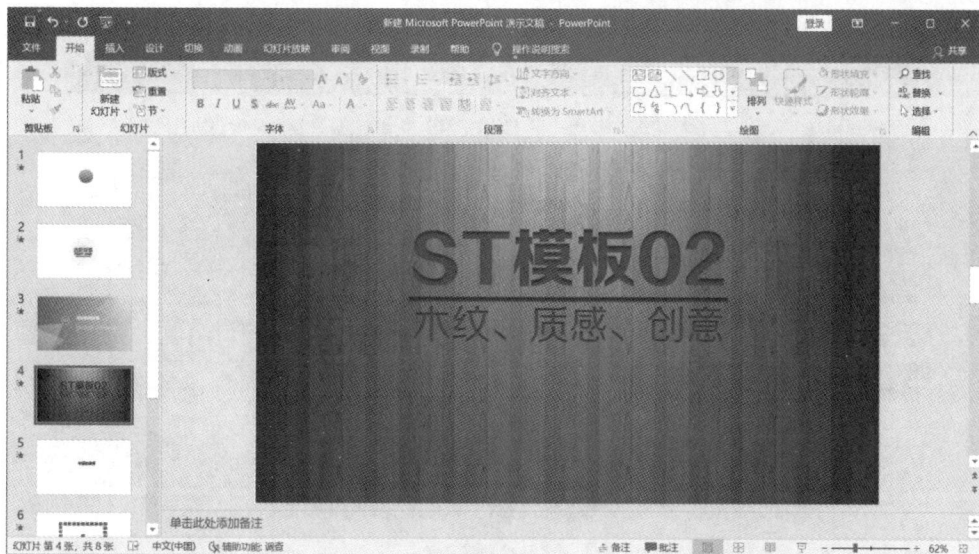

图 4-21　纹理背景设计

图 4-22　图片背景效果

4.2.2　文字效果设计

1. 文字遮挡效果

文字遮挡效果是海报设计中常见的技巧，我们经常可以在一些线下的海报上看到。

用一些具有特色的图片，再加上文字穿插效果，能够提升整个画面的层次感和空间感。

为了表现山之俊美，可以使用文字的穿插效果，让整个 PPT 有层次感，但此时发现"张家"两个字被前面的山体挡住了，这就需要利用 PPT 删除背景功能，留下山体顶峰部分，再复制、粘贴到原图中，这样图片遮挡了的文字就有了穿透效果，如图 4-23 所示。

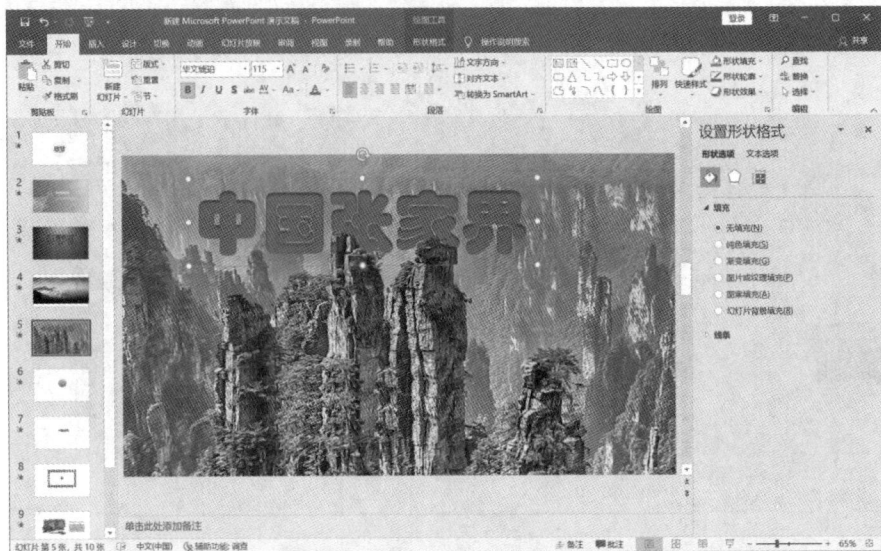

图 4-23　文字遮挡效果

2．文字分离效果

文字分离效果也是海报设计中常用的技巧，这种方法经常被应用在 PPT 设计中。

(1) 将图片复制一份，调整位置，使两张图重合。

(2) 选中上层图片，裁剪掉上半部分；选中下层图层，裁剪掉下半部分；旋转适当的角度，使其呈现文字分离效果，如图 4-24 所示。

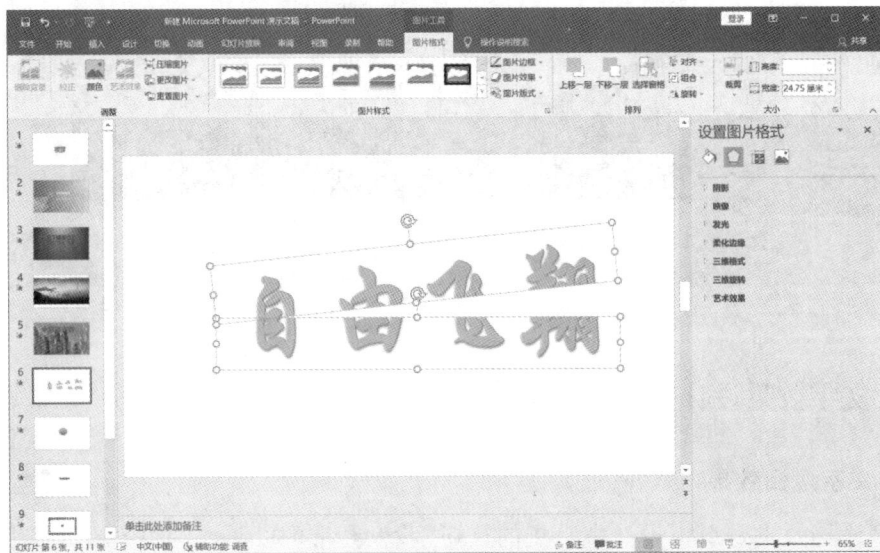

图 4-24　文字分离效果

3．三维立体字

在 PPT 中，有一个文字和图片的效果，叫三维旋转，它可以让设计元素更好地融入具体的使用场景中。

第一步：打开 PPT，在页面上点击鼠标右键，在弹出的快捷菜单中选择"设置背景格式"命令，打开"设置背景格式"任务窗格。展开"填充"栏，选中"纯色填充"单选按钮，然后在"颜色"列表框中选择"深蓝色"填充背景，如图 4-25 所示。

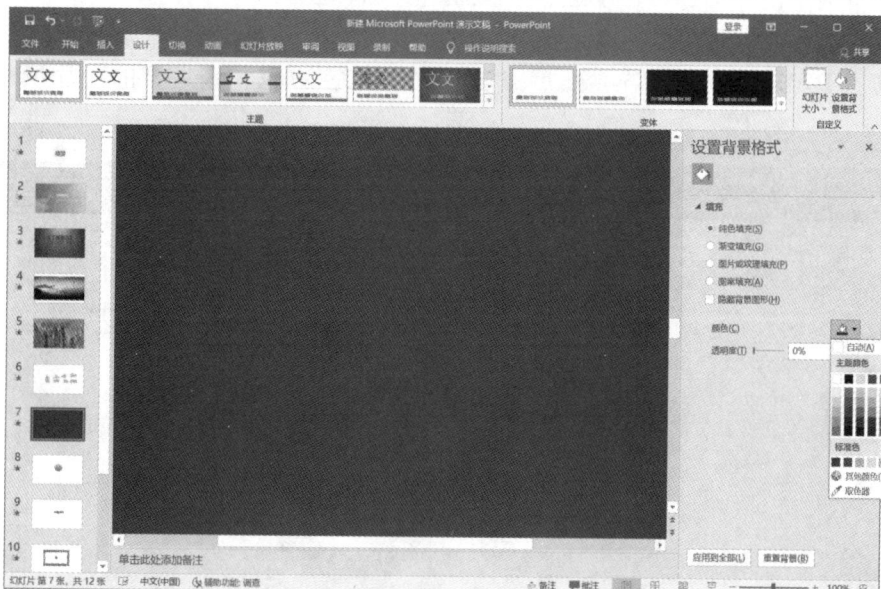

图 4-25　三维立体字 1

第二步：插入文本框并输入文字，然后将文字字体设置为笔画较粗的无衬线字体，并设置字号、字体颜色以及加粗文本。依次点击"形状格式"→"艺术字样式"→"文本轮廓"按钮，在弹出的菜单中选择浅蓝色，为文本描边。选择"文字效果"，然后展开"三维旋转"栏，在"预设"下拉列表框中选择"倾斜-右上"选项。

展开"三维格式"栏，设置"深度"大小为 45 磅。

在下方的"光源"下拉列表中选择"平面"选项，即得到最终效果，如图 4-26 所示。

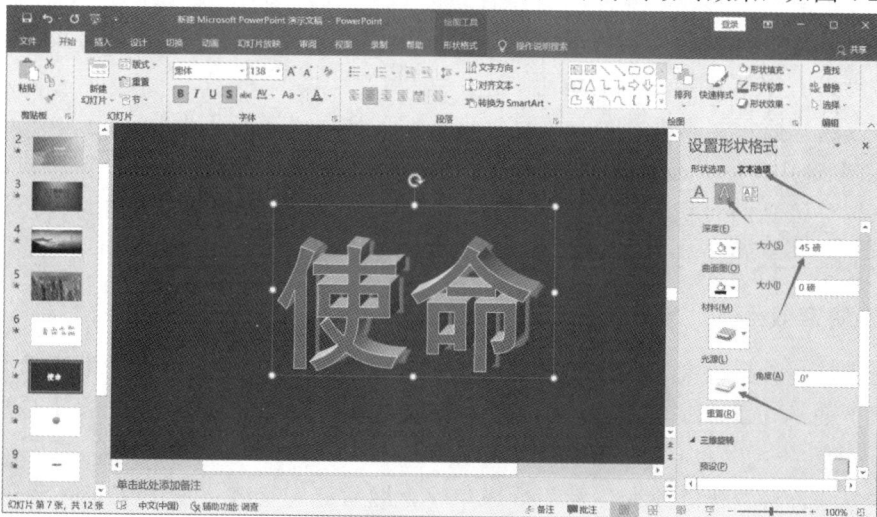

图 4-26　三维立体字 2

4．图片填充字效果

图片填充字，也是提高 PPT 视觉效果的一种设计技巧。

所谓图片填充字，是将文字填充为图片，以此来提高文字的视觉表现力。比如图 4-27 所示案例中的"IDG"字母就是用了图片填充字的方式。

操作方法：先选中文本框内的文本，然后单击鼠标右键，点击"设置形状格式"，在文本选项下，选择文本填充，然后点击"图片填充"，找一张适合的图片填充进去即可。

图 4-27　图片填充字效果

5．文字拆分效果

PPT 的文字还可以进行拆分，拆分后的文字可以进行创意设计。

比如下面这个案例，若要体现"赢"的团结力量，可将文字拆开，再设置合拢动画，表达"只有团结才能赢"的意思。

操作方法：插入文本框，输入"赢"字；然后插入"矩形"形状；先选中文本框，再按住 Ctrl 选中形状，点击"形状工具"→"合并形状"；选择"拆分"选项，即可得到可以拆分笔画的"赢"字；设置每个笔画的动作路径，再绘制各自路径，设置动画为反向动画效果和计时选项内容，如图 4-28 所示。

6．渐隐字效果

渐隐字是一种提高文字表现力的设计方式，主要使用的是文本框的渐变填充。

比如下面这个案例，我们可以看到"智能改变生活"6 个字使用的就是渐隐字效果。

操作方法：将"智能改变生活"拆成单字，然后选中文本；使用文本的渐变填充，将渐变光圈的一端设置为 100%透明度，就可以形成渐变的效果，如图 4-29 所示。

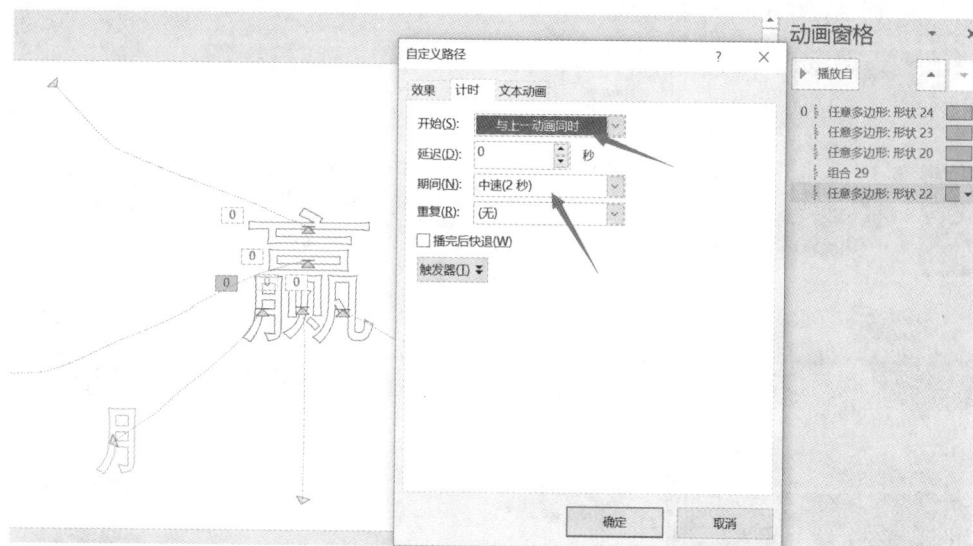

图 4-28　文字拆分效果

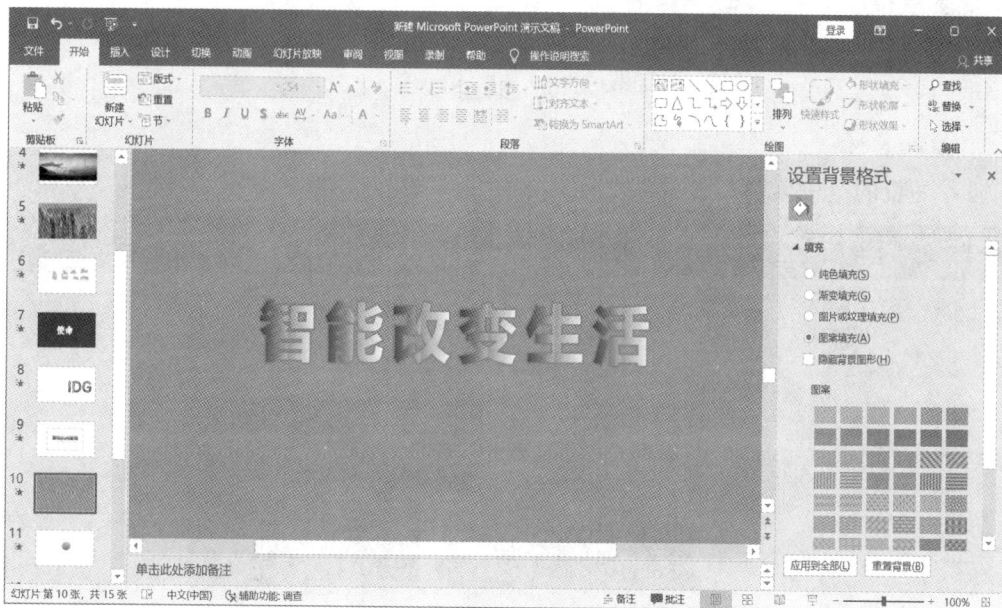

图 4-29　渐隐字效果

4.2.3　图片效果设计

1. 笔刷效果设计

1) 寻找笔刷素材

可选的笔刷素材非常丰富，选定一种符合设计主题的笔刷素材，如图 4-30 所示。

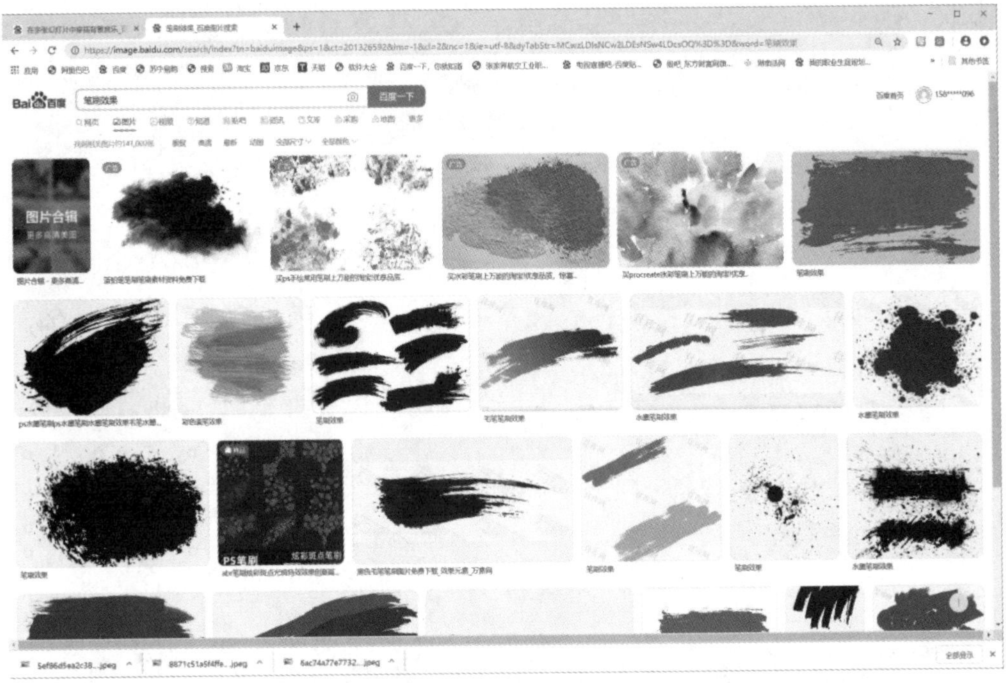

图 4-30　笔刷素材

2) 插入素材

插入下载的笔刷素材和照片，如图 4-31 所示。

图 4-31　插入笔刷和照片

3) 组合图片

调整笔刷颜色为透明，然后组合两张图片，如图 4-32 所示。

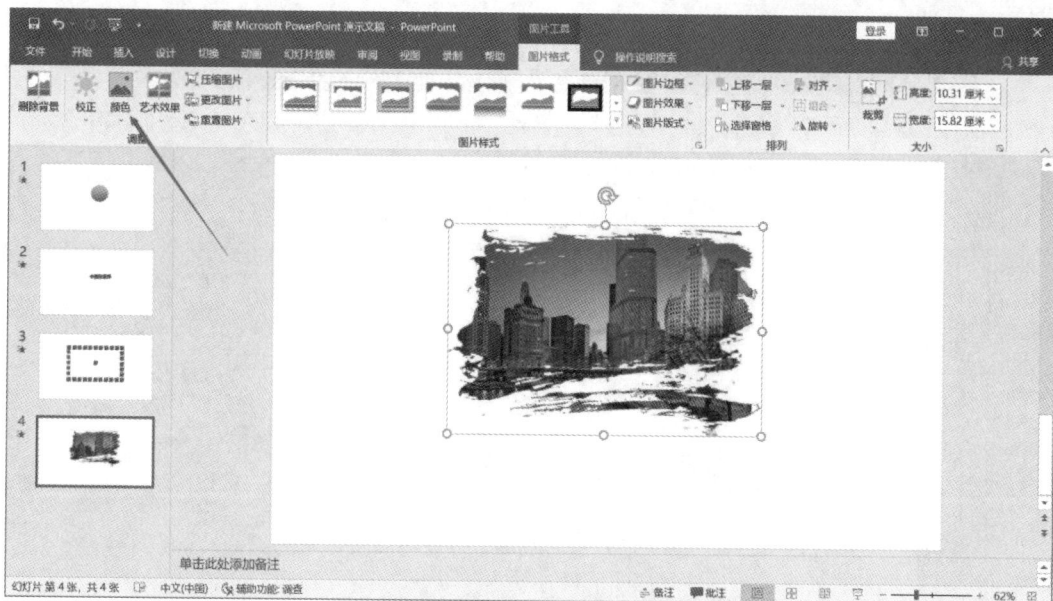

图 4-32 组合两张图片

4) 修饰美化 PPT

可以适当添加文字，赋予这张图片某种意义，如图 4-33 所示。

图 4-33 修饰美化

2. 图片映像效果设计

鼠标右击插入的图片，弹出快捷菜单选项列表，选择"设置图片格式..."项。点击右侧窗格"设置图片格式→映像"图标，设置映像的透明度、大小和模糊参数，完成图片的映像效果设置，如图 4-34 所示。

图 4-34　图片映像效果

3．拼图效果设计

在打开的 PowerPoint 2016 程序窗口中，点击"插图"功能区的"形状"选项按钮，在弹出的形状选项框中，选择一个圆角矩形图形插入 PPT 文档中。复制、粘贴，排成一个 4×5 的矩阵图形，将其边框设置为 3 磅值，边框设置为黑色，将图形全选，点击"合并形状"→"组合"命令选项，即可将图形组合在一起。

插入一张照片，并设置"置于底层"命令选项，将照片置于底层，效果如图 4-35 所示。

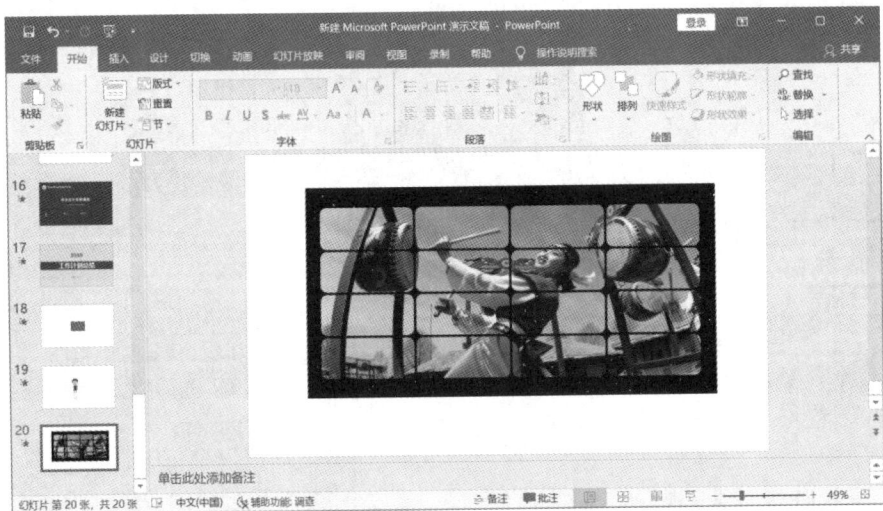

图 4-35　拼图效果

4．六边形效果设计

首先在 PPT 里插入一个六边形，然后设置左上角到右下角由浅灰色变白色的渐变，加右下角阴影，灰色边框，复制 6 个六边形，依次选择"格式"→"合并形状"→"组合"命令，效果如图 4-36 所示。

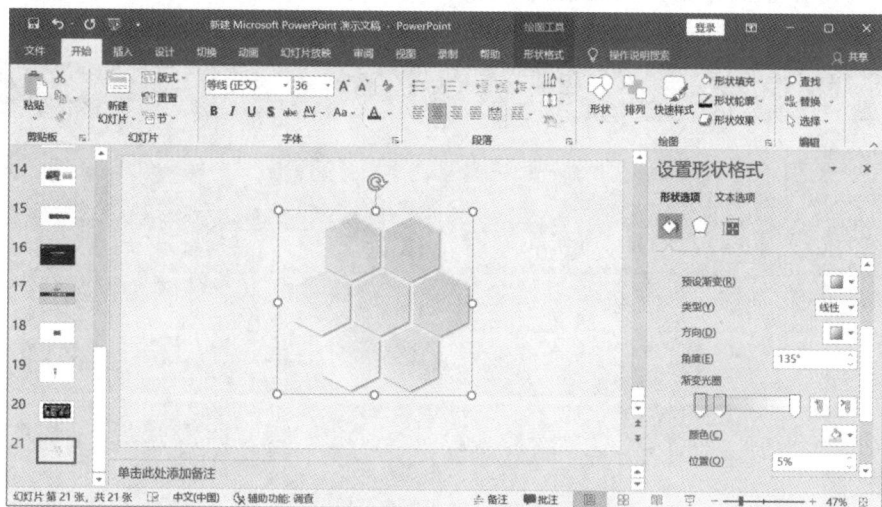

图 4-36　六边形效果

4.2.4　高级动画设计

1．遮罩制作

遮罩是高级动画设计的必要工具，具体制作方法为：在幻灯片中插入矩形和圆形两个形状，并选中两个图形；选择"合并形状"→"拆分"命令，合并形状。再设置圆形透明度为 100%，然后设置其他形状线条和颜色均为白色，遮罩制作完成，最终效果如图 4-37 所示。

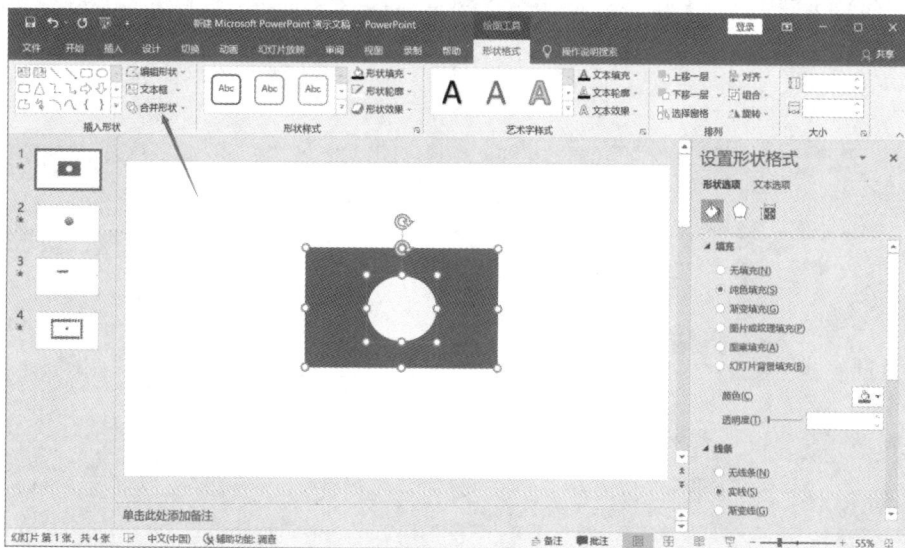

图 4-37　遮罩制作

2．形状变化

在幻灯片中插入矩形，添加动画"陀螺旋"，设置动画持续时间为 0.5 秒，重复 3 次，插入白色内圆遮罩。播放效果实现矩形旋转后变成圆形，如图 4-38 所示。

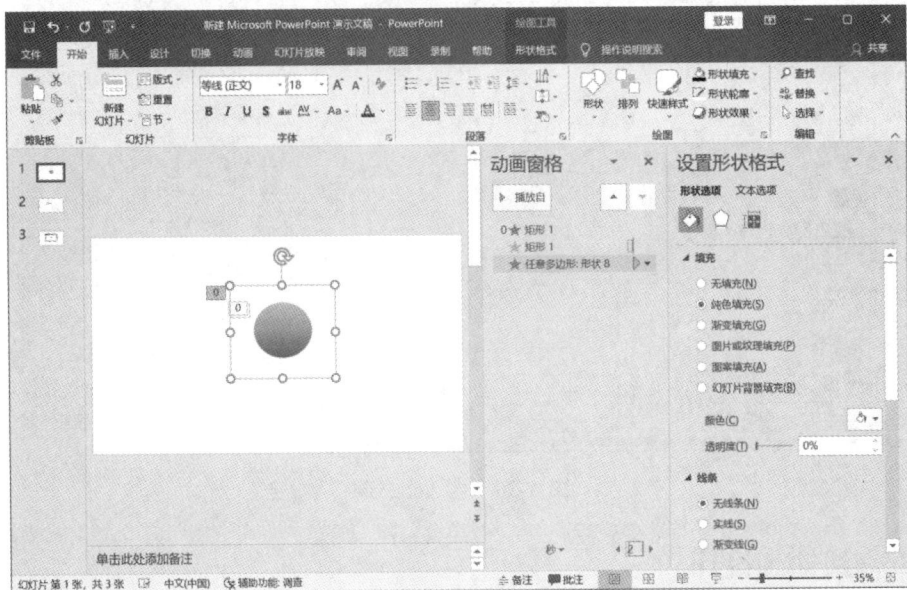

图 4-38　陀螺旋动画

3．个数变化

在幻灯片中插入矩形，复制 33 个；外框组合图形，添加动画"缩放"；设置动画持续时间为 0.5 秒，重复 2 次，播放效果即可实现矩形缩放，如图 4-39 所示。

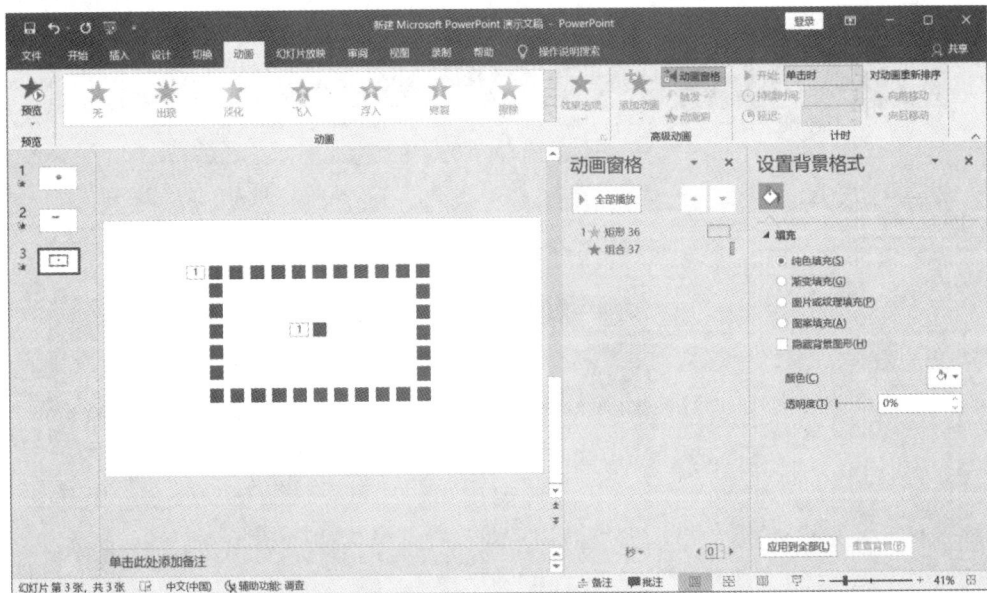

图 4-39　个数变化动画

4．字符左右移动

录入一组字符，点击进入动画设置；选择自定义路径，划出直线来回路径；设置动画持续时间为 5 秒，重复直到下一次单击，如图 4-40 所示。

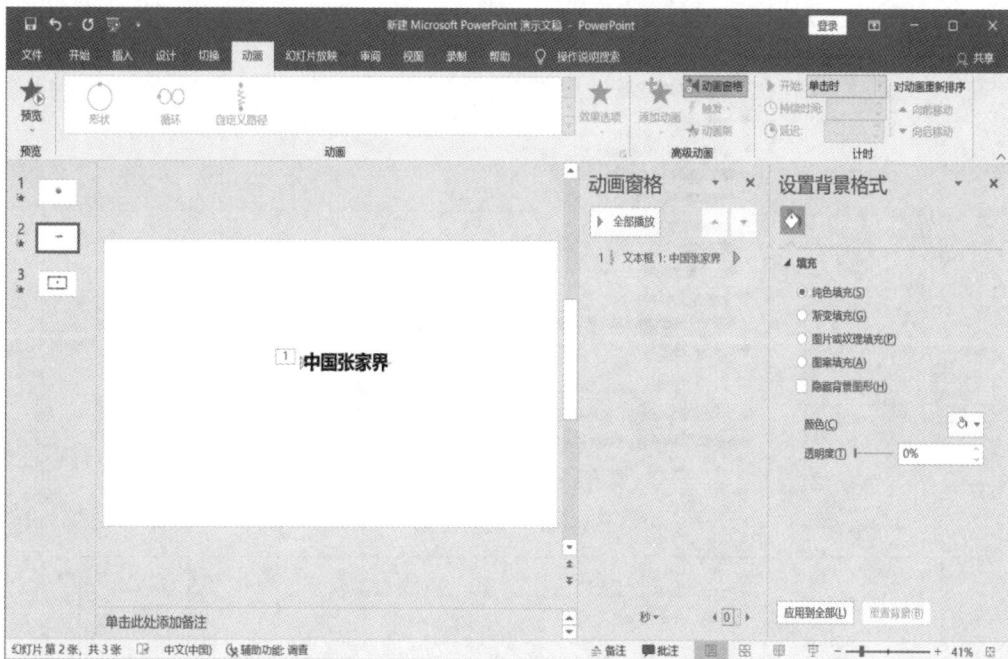

图 4-40　字符左右移动动画

4.3　PowerPoint 2016 高级编排技术

4.3.1　Word 文档与 PPT 文档互转方法

1．文档整理

大纲视图可以清晰地显示文档的结构和内容概括。将 Word 文档按照需要编辑好段落之后，从工具栏中找到"视图"并选择大纲视图，如图 4-41 所示。

2．Word 转换为 PPT

Word 提供了将内容一键转换为 PPT 的工具，但是在默认情况下它是没有出现在操作界面上的，需要手动添加。

在菜单栏依次点击"文件"→"选项"，打开 Word 选项。从左侧内容中找到"快速访问工具栏"，将中间一栏选择"所有命令"，然后从中找到"发送到 Microsoft PowerPoint"并添加到右侧的自定义工具栏中。此时，在 Word 顶部左上角就出现了"发送到 Microsoft PowerPoint"工具。点击这个工具,即可一键完成"将 Word 转换成 PPT",如图 4-42 所示。

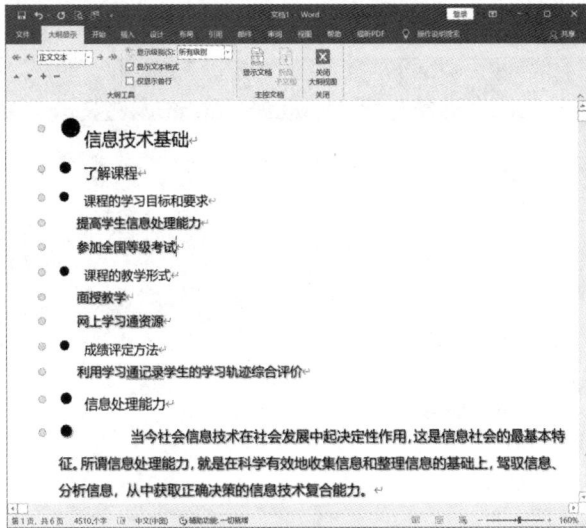

图 4-41 大纲视图

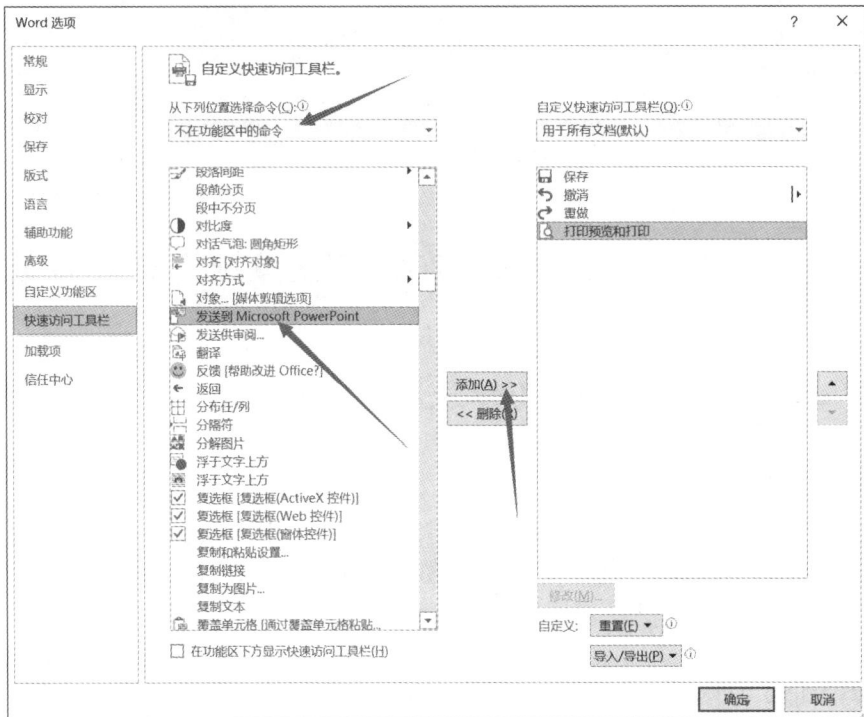

图 4-42 Word 转换为 PPT 工具设置

3. PPT 转换成 Word

相较于 Word 转换为 PPT 而言,PPT 转换为 Word 的操作要简单得多。

直接点击"文件"→"导出"→"创建讲义"即可，如图 4-43 所示。

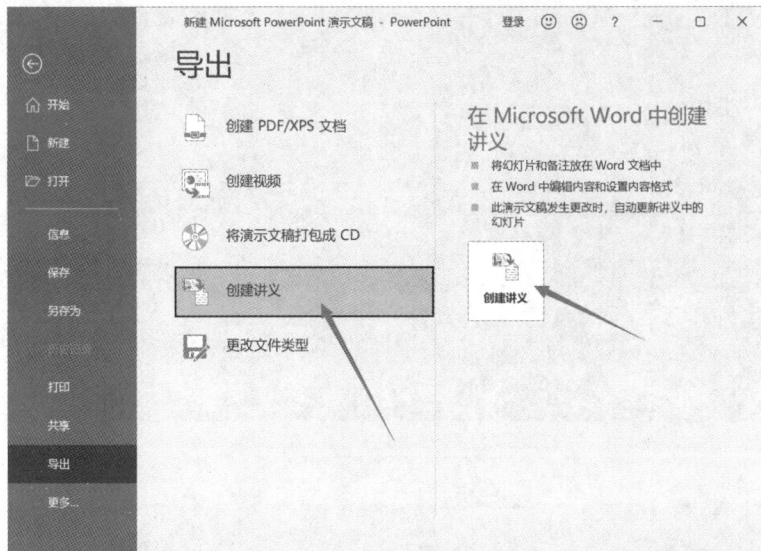

图 4-43　PPT 转换成 Word

4.3.2　PPT 设计规范

下面就 PPT 设计规范从风格、配色、版式、字体、图表和动画六个方面进行讲述。

1. 风格篇

1）扁平风格

扁平风格是指去掉多余的纹理、渐变、透视，以本质为特点，挖掘出事物内在的重要核心，崇尚极简。

扁平风格推荐以蓝色为主，庄重又不显沉闷。当然，像毕业设计类的 PPT，根据校徽的颜色来配色也是不错的选择，如图 4-44～图 4-47 所示。

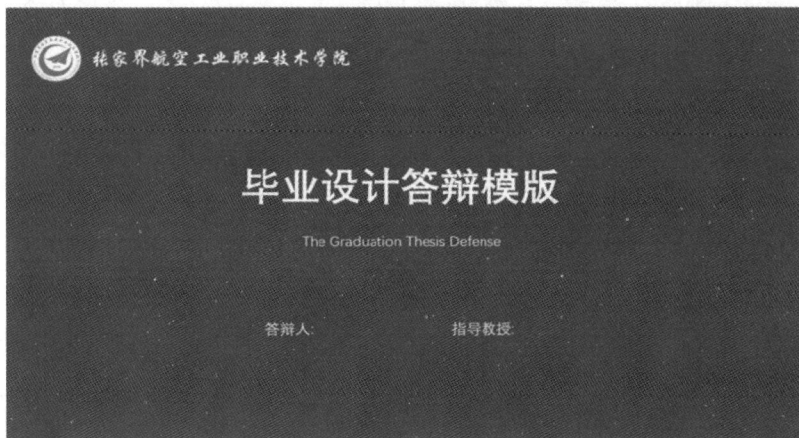

图 4-44　扁平风格 1

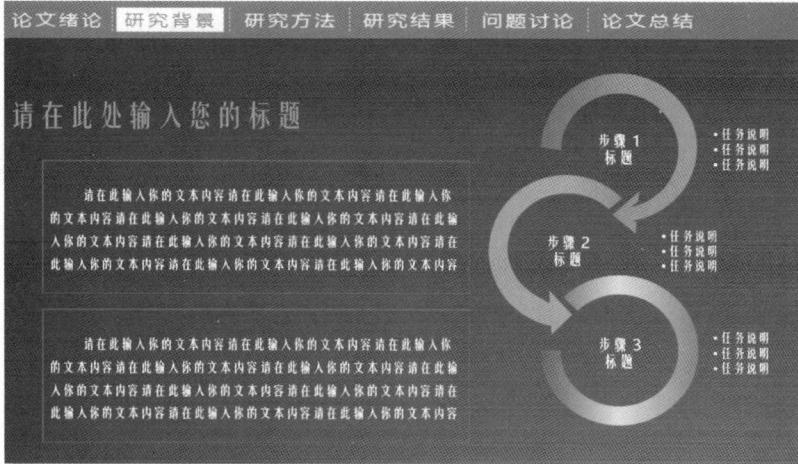

图 4-45　扁平风格 2

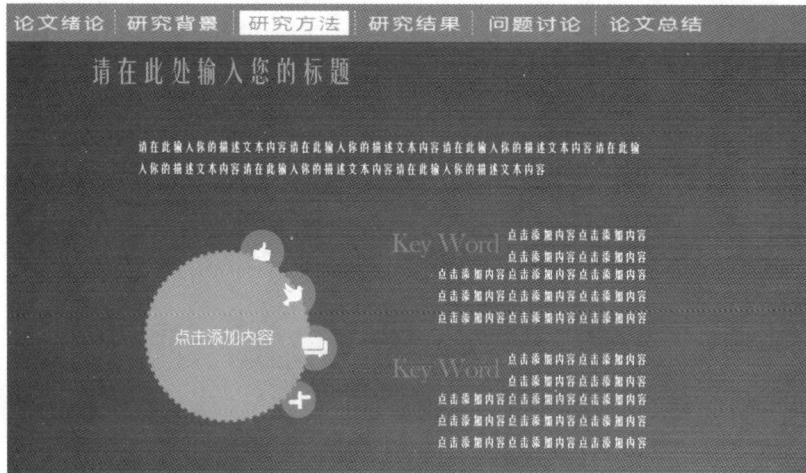

图 4-46　扁平风格 3

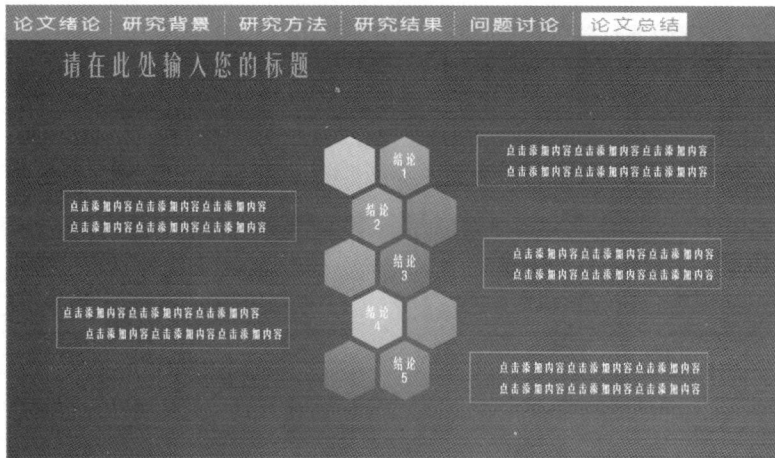

图 4-47　扁平风格 4

类似这样扁平化的风格，比较适合各类答辩，而且制作简单。

2) 几何体风格

几何体风格是将 PPT 上面的元素进行三维化和渐变填充，同时设置阴影，使图案看起来更有立体感和质感，如图 4-48 所示。

图 4-48　几何体风格

3) 中国风

纸扇、园林、灯笼、故宫、剪纸、中国结、水墨画等中国特有的传统元素，可以让人感受浓浓的中国风，给人以厚重的文化感受，如图 4-49 所示。

图 4-49　中国风

4) 简约风格

简约风格就是简约、唯美，讲究设计和布局，如图 4-50 所示。

图 4-50　简约风格

2.　配色篇

1)　配色原则

一般配色需要 3 至 4 种色彩，包含主色调、辅色调和字体色调，如图 4-51 所示。

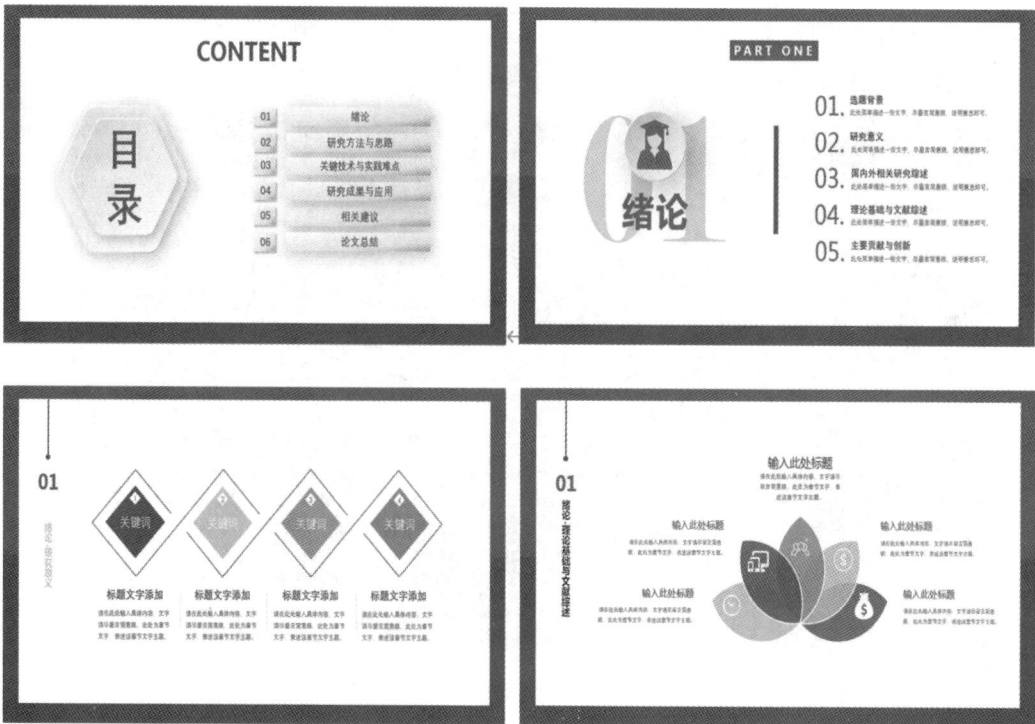

图 4-51　配色方案

这一套模板中的配色方案，体现了统一性，统一性在视觉上会带给人一种整齐的设计感。

2) 配色方法

• 单色配色

如果你完全不会配色，那么采用"单色+白色+黑色"就是你最优的选择。你可以据此轻松做出色彩简洁且重点突出的 PPT 页面，如图 4-52 所示。

图 4-52　单色配色

在选择单色时可以基于幻灯片的风格来进行选择。

• 渐变配色

如果你觉得单色配色过于单调，且在 PPT 中又不想使用更多颜色，那么可以选择渐变配色进行搭配，如图 4-53 所示。

图 4-53　渐变配色

- 错色配色

错色配色是指利用色彩的反差进行配色，比如蓝色和黄色，如图 4-54 所示。

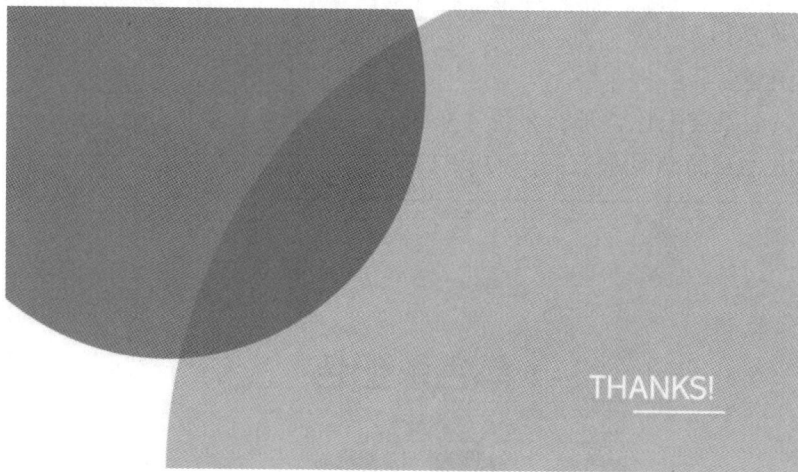

图 4-54　色彩错色配色

采用错色配色时可以根据颜色的深浅来进行搭配，如深色搭配浅色，浅色搭配深色。

3. 版式篇

PPT 在排版上可以分成以下这三种排版方式：上下型、左右型及居中型。这三种基础版式因为它们各自的不同特点，有各自适用的场景，可以根据不同的场景来选择最适合的版式。

1) 上下型

上下型版式的特点是从上至下，可承载的信息量较大，适用于信息量较大的场景，如教学课件、公司介绍、数据分析等需要表达大量信息的场景，如图 4-55 所示。

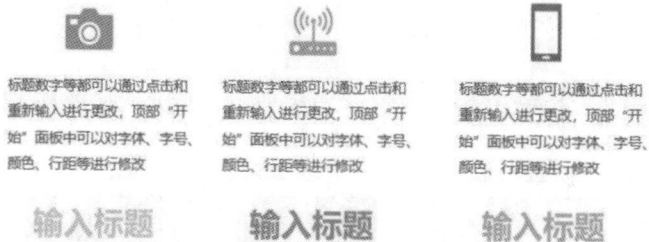

图 4-55　上下型版式

2) 左右型

左右型版式的特点是并列对比、图文结合，适用于图文结合或需要对比的场景，如产品说明、工作汇报、产品对比等，通过图片加文字可以清晰地看出产品的特点或对比，如图 4-56 所示。

图 4-56 左右型版式

3) 居中型

居中型版式的特点是重点突出，信息明确，适用于重点明确的场景或位置，如封面页、重要问题、突出亮点、抛出结论等，往往很多时候都是简明扼要的一句话，如图 4-57 所示。

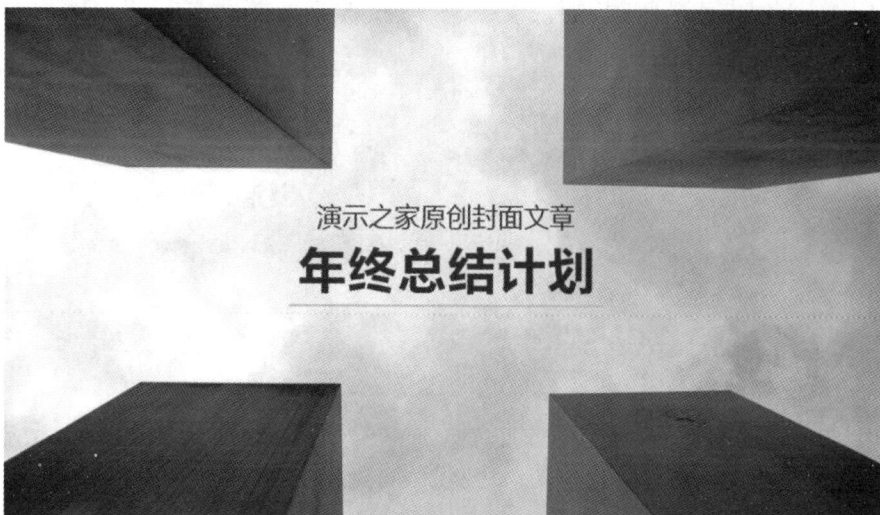

图 4-57 居中型版式

4. 字体篇

PPT 中不建议使用过于复杂的字体，标题和正文一般 1～2 种字体就可以了。

标题字体推荐：华康俪金黑、方正粗宋简体、方正北魏楷简体。

正文字体推荐：微软雅黑、华文细黑，如图 4-58 所示。

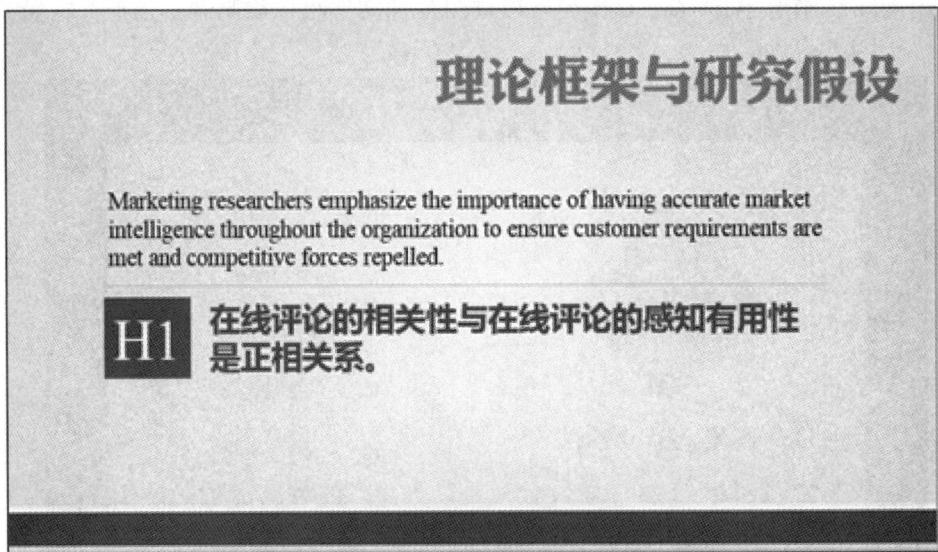

图 4-58　字体设置效果

5. 图表篇

制作 PPT 时难免需要用到一些数据，那么处理数据最好的方法就是做图表。PPT 里大致有三个功能可以实现：表格、图表、SmartArt。

这三个工具使用起来都很简单，难点是美化的部分，如图 4-59 所示。

图 4-59　插入表格

表格最重要的是做好内容的排列整齐。

使用图表时可以使用单个图表，也可以使用组合图表，具体可依数据类型来决定。做完图表，调整配色与整体色调统一就行，如图 4-60 所示。

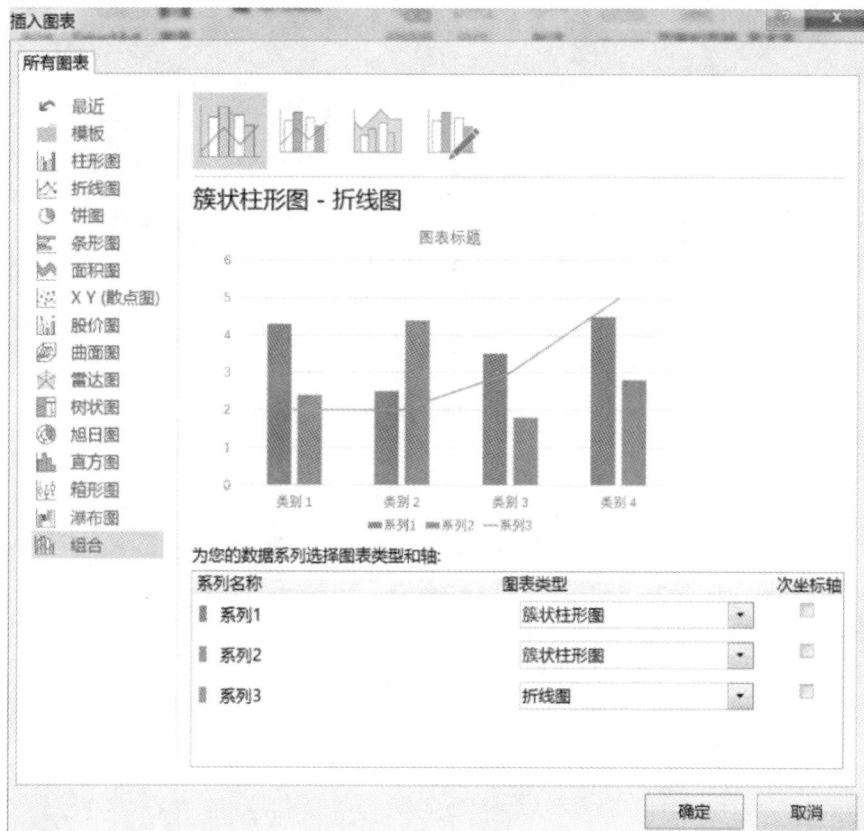

图 4-60　图表效果

6. 动画篇

制作动画的目的就是通过一些先后顺序来体现元素之间的逻辑关系。

1) PPT 动画的四种周期

在 PPT 中，几乎所有复杂的内置对象动画都是由四种周期的动画组合而来的，分别是：进入、强调、退出和动作路径。各周期中对象动画所展示的效果不同。

(1) 进入：在 PPT 页面中，元素刚刚生成时的动画；

(2) 强调：元素生成后，通过旋转/缩放/反差等形式让元素突出的动画；

(3) 退出：元素退出时的动画；

(4) 动作路径：元素生成后，通过移动元素产生的动画，如图 4-61 所示。

2) 飞入和淡化动画

"飞入"是指某个元素从某处"飞"进来；而"淡化"则是将某个元素从不可见逐渐转换为可见，如图 4-62 所示。

在 PPT 设计中，飞入和淡化是使用频率非常高的动画，也是最基础的动画之一。

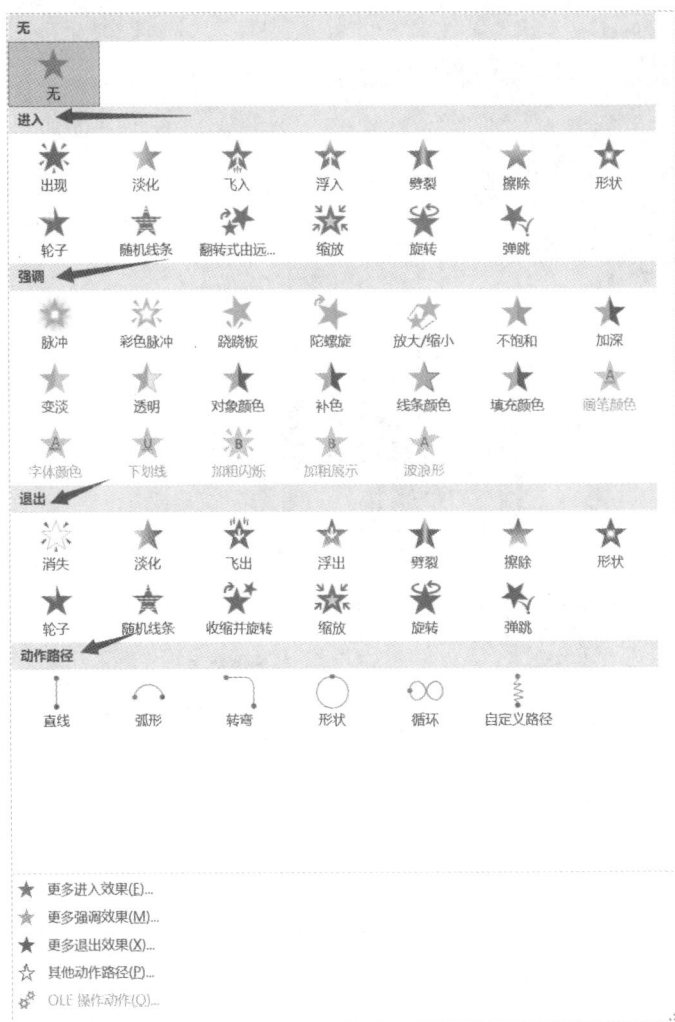

图 4-61　动画的四种周期

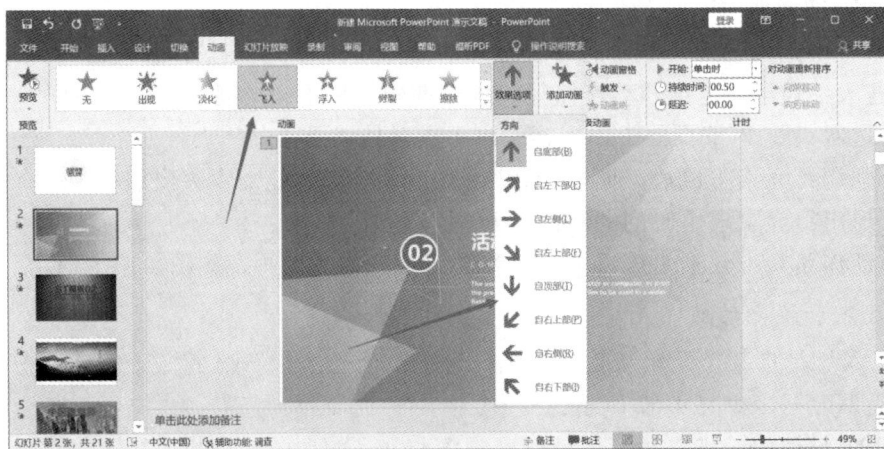

图 4-62　飞入动画设置

3) 延迟动画

如果所有的元素一起进入，会显得杂乱无章。使用延迟动画，可以让这些元素按照一定的规律先后出现，看起来会更加舒服，如图 4-63 所示。

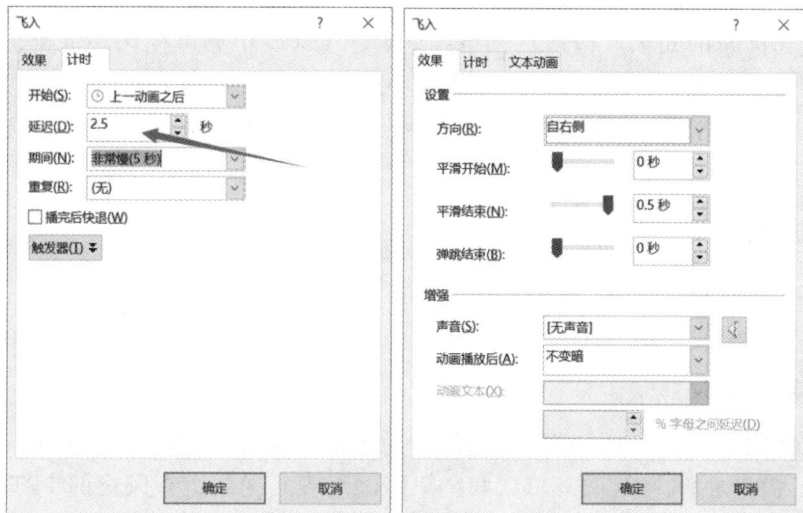

图 4-63　延迟动画设置

4) 放大与缩小动画

这是一个"强调动画"，顾名思义，也就是单纯放大或缩小元素，或者放大后又缩小。

5) 遮罩动画

遮罩就是在动画的上层用一个形状遮挡住一部分，跟"弹幕"非常相似。文字从屏幕显示而过，并没有在其他地方展示出来。

先插入一个白色的遮罩，与文字做合并形状→组合，这样遮罩中间就镂空了，然后将视频或图片放置于底部即可，如图 4-64 所示。

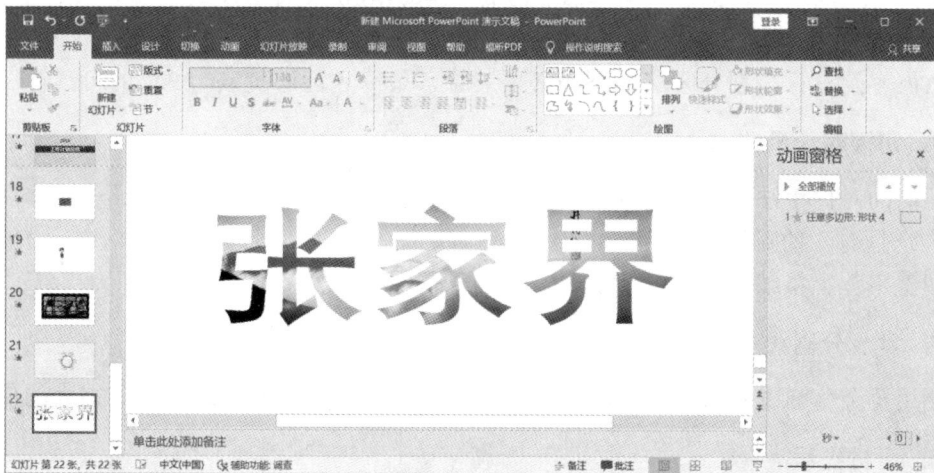

图 4-64　遮罩动画设置

4.3.3 PPT 制作编排方法

1．先知后行

PPT 制作涉及的知识点很多，包括：逻辑、设计、信息可视化、审美、软件操作等，不只是技能，其核心能力表现为梳理能力、表达能力和操作能力。

将内容和设计分开完成，内容是重点，设计是内容的完美呈现，当然演示效果同样重要。

2．扬长避短

利用参考线规划好版心，运用对齐功能将内容对齐。即使只是加一个元素，都能让页面显得很舒服。

3．确定风格

专属风格的 PPT 设计是有方法论的，为了能够体现出内容的主题性，就必须考虑怎样打造 PPT 的风格气质。总结归纳思路，不难发现，所有风格的 PPT 都可以从背景、字体、色彩、元素四个维度来构建。

主题风格没有标准答案，追求的是个"像"字。让观众看到幻灯片后，有感性联想即可。事实上，幻灯片主题风格构建的过程，就是多维度搭配组合的过程。

4．结构运用

结构包含平行结构、递进结构、关系结构等。

对比关系采用"VS"作为关键符号，能在 PPT 页面中迅速找到视觉焦点，调用潜意识中"VS"对"对比"关系的认知，缩短理解成本。

5．加减与动静

随着文字的增多，幻灯片可能就会变成一份 Word 文件。文字变多，设计的空间就会变小。

从内容到设计，划分区域，添加必要装饰，最终才能够提高 PPT 的可读性。

6．切换对比手法

不同的对比手法会造成不同的对比效果，逆推过来，我们应该根据不同的对比目的，来选择对应的对比手法。

调整字体、粗细、颜色、前后、方向、动静等手法混合使用。

7．黄金分割线

利用黄金分割线布局内容，能让观众秒懂信息，对于信息整体理解起到很大的作用。

8．素材提质

网络图库资源无数，可是依然找不到好图——因为缺乏搜图思维。

从关键词、情绪、结果三个维度出发，不断细化追问，总有办法找到合适的配图。

9．视觉化表达

图表制作是 PPT 视觉化表达中的核心能力。可视化的过程不只是为了美，而是通过设计将一些枯燥的文字、数据或者关系，转换为有趣的图形。

第 5 章　云计算与大数据技术

5.1　云计算技术

云计算(Cloud Computing)是分布式计算的一种,指的是通过网络"云"将巨大的数据计算处理程序分解成无数个小程序,然后通过多部服务器组成的系统处理和分析这些小程序,得到结果并返回给用户。云计算早期,简单地说,就是简单的分布式计算,解决任务分发,并进行计算结果的合并。因而,云计算又称为网格计算。通过这项技术,可以在很短的时间内(几秒钟)完成对数以万计的数据的处理,从而实现强大的网络服务。

5.1.1　云计算的服务类型

1. 基础设施即服务(IaaS)

基础设施即服务是主要的服务类别之一,它向云计算提供商的个人或组织提供虚拟化计算资源,如虚拟机、存储、网络和操作系统。

2. 平台即服务(PaaS)

平台即服务是一种服务类别,为开发人员提供通过全球互联网构建应用程序和服务的平台。PaaS 为开发、测试和管理软件应用程序提供按需开发环境。

3. 软件即服务(SaaS)

软件即服务是指通过互联网提供按需付费的软件应用程序,云计算提供商托管和管理软件应用程序,并允许其用户连接到应用程序并通过全球互联网访问应用程序。

5.1.2　云计算的优势与特点

1. 虚拟化技术

必须强调的是,虚拟化突破了时间、空间的界限,是云计算最为显著的特点。虚拟化技术包括应用虚拟和资源虚拟两种。众所周知,物理平台与应用部署的环境在空间上是没有任何联系的,正是通过虚拟平台对相应终端操作完成数据备份、迁移和扩展等。

2．动态可扩展

云计算具有高效的运算能力，在原有服务器基础上增加云计算功能能够使计算速度迅速提高，最终实现动态扩展虚拟化的层次达到对应用进行扩展的目的。

3．按需部署

计算机包含了许多应用、程序软件等，不同的应用对应的数据资源库不同，所以用户运行不同的应用需要较强的计算能力对资源进行部署，而云计算平台能够根据用户的需求快速配备计算能力及资源。

4．灵活性高

目前市场上大多数 IT 资源、软硬件都支持虚拟化，比如存储网络、操作系统和开发软硬件等。虚拟化要素统一放在云系统资源虚拟池当中进行管理，可见云计算的兼容性非常强，不仅可以兼容低配置机器、不同厂商的硬件产品，还能够连接外设获得更高性能计算。

5．可靠性高

即使服务器出现故障也不影响计算与应用的正常运行。因为单点服务器出现故障可以通过虚拟化技术将分布在不同物理服务器上面的应用进行恢复或利用动态扩展功能部署新的服务器进行计算。

6．性价比高

将资源放在虚拟资源池中统一管理在一定程度上优化了物理资源，用户不再需要昂贵、存储空间大的主机，可以选择相对廉价的 PC 组成云，一方面减少费用，另一方面计算性能不逊于大型主机。

7．可扩展性好

用户可以利用应用软件的快速部署来更为简单快捷地将自身所需的已有业务以及新业务进行扩展。如，云计算系统中出现设备故障，对于用户来说，无论是在计算机层面上，抑或是在具体运用上均不会受到阻碍，可以利用云计算具有的动态扩展功能来对其他服务器开展有效扩展。这样一来就能够确保任务得以有序完成。在对虚拟化资源进行动态扩展的情况下，同时能够高效扩展应用，提高计云计算的操作水平。

5.1.3　云计算的应用

较为简单的云计算技术已经普遍服务于现如今的互联网服务中，最为常见的就是网络搜索引擎和网络邮箱。其实，云计算技术已经融入现今的社会生活，除了网络搜索引擎和网络邮箱，云计算还有如下应用。

1．存储云

存储云，又称云存储，是在云计算技术上发展起来的一种新的存储技术。存储云是一个以数据存储和管理为核心的云计算系统。用户可以将本地的资源上传至云端，可以在任何地方连入互联网来获取云上的资源。大家所熟知的谷歌、微软等大型网络公司均有云存储的服务，在国内，百度云和微云则是市场占有率最高的存储云。存储云向用户提供了存储容器服务、备份服务、归档服务和记录管理服务等等，大大方便了使用者对资源的管理。

2. 医疗云

医疗云，是指在云计算、移动技术、多媒体、5G 通信、大数据以及物联网等新技术基础上，结合医疗技术，使用"云计算"来创建医疗健康服务云平台，实现了医疗资源的共享和医疗范围的扩大。因为云计算技术的运用与结合，医疗云提高了医疗机构的效率，方便居民就医。像现在医院的预约挂号、电子病历、医保等都是云计算与医疗领域结合的产物，医疗云还具有数据安全、信息共享、动态扩展、布局全国的优势。

3. 金融云

金融云，是指利用云计算的模型，将信息、金融和服务等功能分散到庞大分支机构构成的互联网"云"中，旨在为银行、保险和基金等金融机构提供互联网处理和运行服务，同时共享互联网资源，从而解决现有问题并且达到高效、低成本的目标。现在普及的快捷支付，就是金融与云计算的结合，只需要在手机上简单操作，就可以完成银行存款、购买保险和基金买卖。

4. 教育云

教育云，实质上是指教育信息化的一种发展方向。具体地，教育云可以将所需要的任何教育硬件资源虚拟化，然后将其传入互联网中，以向教育机构和学生老师提供一个方便快捷的平台。

5.1.4 云计算的发展趋势

目前，中国云计算市场处于快速发展阶段，容器、微服务等技术的不断成熟，推动着云计算的变革。从落地应用情况来看，云计算发展已经进入到新阶段，一是云计算正在从 IT(互联网)行业开始向政府、金融、工业、交通、物流等传统行业覆盖；二是云计算正在成为企业进行网络化、智能化升级的重要支撑；三是云计算正在全面整合行业资源，从而促进企业创新能力的提升。随着越来越多的企业开始采用云计算模式，从云计算向设备传输数据将越来越融入我们的日常生活中，并且这种变化的速度在加快。以下是行业专家对未来云计算发展趋势的预测：

1. 云计算将成为疫情之后新常态的核心

2020 年以来，受疫情影响，云计算已成为应对新型冠状病毒疫情危机的核心技术，大多数中小企业纷纷选择在云上部署业务生态，云计算是防止经济和人们的工作、生活陷入停顿的主要技术。预计未来云计算将成为疫情之后新常态的核心，人们将继续依赖云计算技术以及流媒体、远程协作、智能传感器和其他依赖云的数字技术，以消除疫情带来的不利影响。企业技术人员将一方面关注疫情发展，另一方面关注企业数字化转型计划，以调整企业的云计算战略。

2. 多云将使提供商之间的障碍被打破

多云是指在业务架构内使用多个云计算供应商和提供商，从而使企业能够根据其特定要求将不同的工作负载分散到不同的环境中。如今，越来越多的企业转向混合或多云环境，要求跨多个模型部署基础设施。这意味着，越来越多的人要求云服务商在它们的平台之间搭建桥梁。

3. 人工智能将提高云计算的速度

基于云的服务平台使用户能够以几乎任何预算和任何技能水平访问机器学习功能，像识别工具、语言处理和推荐引擎。云将继续允许这些革命性的工具集被各种规模和各种领域的企业更广泛地部署，从而提高生产率。

4. 游戏将越来越多地从云端提供

就像之前的音乐和视频流一样，云游戏承诺通过提供即时访问大量游戏库来彻底改变我们的消费、娱乐方式，这些游戏可以按月订阅。2020 年，谷歌、索尼、微软和英伟达相继推出了服务。尽管新的 Xbox 和 Playstation 游戏机正在开发中，购买成本约为 500 美元，但行业专家预测，由于云游戏时代的到来，每隔几年在新硬件上花费数百美元才能保持游戏前沿的日子可能即将结束。

5. 混合和内部配置的云解决方案越来越受欢迎

对一些企业来说，在公有、私有或混合云环境中进行选择是一个挑战。就灵活性、性能、安全性和合规性而言，每种途径都有优缺点。但是随着云生态系统的成熟，许多人发现没有万能的解决方案。混合云或多云环境越来越受欢迎，在这种环境中，用户可以选择云服务商提供的符合他们需求的单个元素，这导致这些服务商开始重新评估他们的交付方式。

6. 更多的人将在虚拟云桌面上工作

云桌面主要是通过虚拟化技术，将计算节点、数据存储空间、网络资源按需使用的方式进行全新的整合，使得人们可以按需分享计算、存储、网络资源，易于统一管理，人们可以享受到更可靠的安全保障方式。

5.2 大数据技术

大数据(Big Data)，或称巨量资料，指的是所涉及的资料量规模巨大到无法通过目前主流软件工具，在合理时间内进行采集、管理、处理并整理成为帮助企业经营决策的数据。

5.2.1 大数据核心技术

1. 大数据采集

大数据采集是指利用多个数据库来接收发自客户端(Web、App 或者传感器等)的数据，并且用户可以通过这些数据库来进行简单的查询和处理工作。比如使用传统的关系型数据库 MySQL 和 Oracle 等来存储事务数据，除此之外，Redis 和 MongoDB 这样的 NoSQL 数据库也常用于数据的采集。

大数据采集系统主要分为以下三类系统：日志采集系统、网络数据采集系统和数据库采集系统。

2. 大数据预处理

大数据预处理，指的是在进行数据分析之前，先对采集到的原始数据进行诸如"清洗、填补、平滑、合并、规格化、一致性检验"等一系列操作，旨在提高数据质量，为后期分析工作奠定基础。大数据预处理主要包括四个部分：数据清理、数据集成、数据转换和数据规约。

数据清理：利用 ETL 等清洗工具，对有遗漏数据(缺少感兴趣的属性)、噪音数据(数据中存在着错误或偏离期望值的数据)、不一致数据进行处理。

数据集成：将不同数据源中的数据，合并存放到统一数据库的存储方法。数据集成着重解决三个问题：模式匹配、数据冗余、数据值冲突检测与处理。

数据转换：对所抽取出来的数据中存在的不一致进行处理的过程。它同时包含了数据清洗的工作，即根据业务规则对异常数据进行清洗，以保证后续分析结果的准确性。

数据规约：在最大限度保持数据原貌的基础上，最大限度精简数据量，以得到较小数据集的操作。数据规约包括数据方聚集、维度规约、数据压缩、数值规约、概念分层等方法。

3. 大数据存储

大数据存储，指用存储器以数据库的形式存储采集到的数据的过程，包含三种典型路线。

1) 基于 MPP 架构的新型数据库集群

基于 MPP 架构的新型数据库集群是采用 Shared Nothing 架构，结合 MPP 架构的高效分布式计算模式，通过列存储、粗粒度索引等多项大数据处理技术，重点面向行业大数据所展开的数据存储方式，具有低成本、高性能、高扩展性等特点，在企业分析类应用领域有着广泛的应用。

较之传统数据库，其基于 MPP 产品的 PB 级数据分析能力有着显著的优越性。自然地，MPP 数据库也成为了企业新一代数据仓库的最佳选择。

2) 基于 Hadoop 的技术扩展和封装

基于 Hadoop 的技术扩展和封装，是针对传统关系型数据库难以处理的数据和场景(针对非结构化数据的存储和计算等)，利用 Hadoop 的开源优势及相关特性(善于处理非结构/半结构化数据、复杂的 ETL 流程、复杂的数据挖掘和计算模型等)，衍生出相关大数据技术的过程。

伴随着技术进步，其应用场景也将逐步扩大，目前最为典型的应用场景是通过扩展和封装 Hadoop 来实现对互联网大数据存储、分析的支撑，其中涉及了几十种NoSQL技术。

3) 大数据一体机

这是一种专为大数据的分析处理而设计的软、硬件结合的产品。它由一组集成的服务器、存储设备、操作系统、数据库管理系统，以及为数据查询、处理、分析而预安装和优化的软件组成，具有良好的稳定性和纵向扩展性。

4. 大数据分析挖掘

大数据分析挖掘是指从可视化分析、数据挖掘算法、预测性分析、语义引擎、数据质量管理等方面，对杂乱无章的数据进行萃取、提炼和分析的过程。

1) 可视化分析

可视化分析，指借助图形化手段，清晰并有效传达与沟通信息的分析手段，主要应用于海量数据关联分析，即借助可视化数据分析平台，对分散异构数据进行关联分析，并做出完整分析图表。

可视化分析具有简单明了、清晰直观、易于接受的特点。

2) 数据挖掘算法

数据挖掘算法，即通过创建数据挖掘模型对数据进行试探和计算的数据分析手段。它是大数据分析的理论核心。

数据挖掘算法多种多样，且不同算法因基于不同的数据类型和格式，会呈现出不同的数据特点。但一般来讲，创建模型的过程是相似的，即首先分析用户提供的数据，然后针对特定类型的模式和趋势进行查找，并用分析结果定义创建挖掘模型的最佳参数，并将这些参数应用于整个数据集，以提取可行模式和详细统计信息。

3) 预测性分析

预测性分析，是大数据分析最重要的应用领域之一，通过结合多种高级分析功能(特别统计分析、预测建模、数据挖掘、文本分析、实体分析、优化、实时评分、机器学习等)，达到预测不确定事件的目的。

帮助用户分析结构化和非结构化数据中的趋势、模式和关系，并运用这些指标来预测将来事件，为采取措施提供依据。

4) 语义引擎

语义引擎，指通过为已有数据添加语义的操作来提高用户互联网搜索体验。

5) 数据质量管理

数据质量管理指对数据全生命周期的每个阶段(计划、获取、存储、共享、维护、应用、消亡等)中可能引发的各类数据质量问题,进行识别、度量、监控、预警等操作,以提高数据质量的一系列管理活动。

5. 大数据展现与应用技术

大数据技术能够将海量数据中的信息和知识挖掘出来,为人类的社会经济活动提供依据,从而提高各个领域的运行效率,大大提高整个社会经济的集约化程度。大数据重点应用于三大领域:商业智能、政府决策、公共服务。例如:商业智能技术,政府决策技术,电信数据信息处理与挖掘技术,电网数据信息处理与挖掘技术,气象信息分析技术,环境监测技术,警务云应用系统,大规模基因序列分析比对技术,Web信息挖掘技术,多媒体数据并行化处理技术,影视制作渲染技术,其他各种行业的云计算和海量数据处理应用技术等。

5.2.2 大数据技术的特点及优势

大数据是一种规模大到在获取、存储、管理、分析方面大大超出了传统数据库软件工具能力范围的数据集合,具有如下特点及优势。

1. 大数据技术的特点

相比传统数据,大数据具有 5 个方面的特征,我们常称其为 5V 特征,即容量大(Volume)、种类多(Variety)、速度快(Velocity)、真实性(Veracity)、价值密度低(Value)。

容量大:大数据所采集、存储和计算的数据规模都非常大。随着互联网的广泛应用,使用互联网的人和企业等增多,数据的创造者变多,数据量呈几何级增长。

种类多:数据的来源渠道多样,有文本数据、图片数据、视频数据等。大数据迎接的挑战之一就是要针对这些结构不一、形式多样的数据,挖掘其中的相关性。

速度快:大数据不仅增长速度快,处理速度也快,有很强的时效性。

真实性:所谓真实性,即追求真实、安全、高质量的数据。

价值密度低:大数据的价值密度相对较低。数据的价值密度和数据的规模呈反相关,数据的规模越大,数据的价值密度越低。大数据最大的价值即在于从大量低价值密度数据中挖掘出对分析和预测等有价值的信息。

2. 大数据技术的优势

1) 原始数据处理模板化,做好预测性分析

数据的波动有必然因素(节假日、账单日等),也有诸多偶发因素(活动推广、短信发送等),但归根结底会影响到客户的服务体验。因此,要从源头对数据收集过程进行清洗,保留有价值的数据,同时借助模型构造、算法分析、系统配置等方式,将数据预测性结果更清晰地呈现出来。

2) 对客户进行行为分析，为营销提供支持

与客户交流的过程，实际上是客户对产品产生兴趣或者提问的过程，一方面要超越客户期待地做好服务，另一方面要用好大数据将客户在办理的业务、咨询的产品、遇到的难题等进行记录并和客户数据库进行匹配分析，构造客户服务画像，形成差异化的客户结构，促使管理中心从大众服务向点对点服务转变，对客户的产品兴趣、分期意愿等进行深挖，为前端营销过程提供支持。

3) 借助智能机器优化统计，剖析多渠道数据

要利用好智能软件，对不同来源的数据做好目标分析。要充分利用好智能机器人，形成多渠道的知识交互，收集到客户的疑问，对这些数据要更多考虑其精准性、体验感、流畅度，统计出客户常问的"热词"，找出客户通过多次互动才询问出答案的问题，查看答案的设置是否精准并进行优化。

5.3　云计算与大数据应用技术

从技术上看，大数据与云计算的关系就像一枚硬币的正反面一样密不可分。大数据必然无法用单台的计算机进行处理，必须采用分布式计算架构。大数据的特色在于对海量数据的挖掘，但它必须依托云计算的分布式处理、分布式数据库、云存储和虚拟化技术。

5.3.1　大数据与云计算的差异及关系

1. 云计算技术关注点

云计算是硬件资源的虚拟化，而大数据是海量数据的高效处理。虽然从这个解释来看也不是完全贴切，但是却可以帮助对这两个名词不太理解的人很快明白其区别。更形象一点的解释是，云计算相当于我们的计算机和操作系统，将大量的硬件资源虚拟化后再进行分配使用。

云计算技术的关注点在于如何在一套软硬件环境中，为不同的用户提供服务，使得不同的用户彼此不可见，并进行资源隔离，保障每个用户的服务质量。在大数据和云计算的关系上，两者都关注对资源的调度。大数据处理可以基于云计算平台(如 IaaS、容器)。

2. 大数据技术关注点

大数据技术的关注点在于海量数据的"数据库"，通观大数据领域的发展我们也可以看出，当前的大数据发展一直在向着近似于传统数据库体验的方向发展，一句话概括就是，传统数据库给大数据的发展提供了足够大的空间。

3．云计算与大数据之间的关系

云计算与大数据之间是相辅相成、相得益彰的关系。大数据挖掘处理需要云计算作为平台，而大数据涵盖的价值和规律则能够使云计算更好地与行业应用结合并发挥更大的作用。云计算将计算资源作为服务支撑大数据的挖掘，而大数据的发展趋势是为实时交互的海量数据查询、分析提供各自需要的价值信息。

5.3.2　大数据与云计算应用

1．大数据与云计算的应用场景

主要面向海量数据存储分析、历史数据明细查询、海量行为日志分析和公共事务分析统计等场景，向用户提供低成本、高性能、不中断业务、无需扩容的解决方案。

海量数据存储分析的典型场景：PB级的数据存储，批量数据分析，毫秒级的数据详单查询等；

历史数据明细查询的典型场景：流水审计，设备历史能耗分析，轨迹回放，车辆驾驶行为分析，精细化监控等；

海量行为日志分析的典型场景：学习习惯分析，运营日志分析，系统操作日志分析查询等；

公共事务分析统计的典型场景：犯罪追踪，关联案件查询，交通拥堵分析，景点热度统计等。

2．云计算与大数据的搭配服务

1）静态网站托管

低成本、高可用、可根据流量需求自动扩展的网站托管解决方案，结合内容分发网络CDN和弹性云服务器ECS快速构建动静态分离的网站应用系统。

终端用户浏览器和APP上的动态数据直接与搭建在云上的业务系统进行交互，动态数据请求发往业务系统处理后直接返回给用户。静态数据保存在云对象存储服务OBS中，业务系统通过内网对静态数据进行处理，终端用户通过就近的高速节点，直接向OBS请求和读取静态数据。

2）在线视频点播

高并发、高可靠、低时延、低成本的海量存储系统，结合媒体处理MPC、内容审核Moderation和内容分发网络CDN可快速搭建高速、安全、高可用的视频在线点播平台。

3）基因测序

高并发、高可靠、低时延、低成本的海量存储系统，结合云计算服务可快速搭建高扩展性、低成本、高可用的基因测序平台。

客户数据中心测序仪上的数据通过云专线自动快速上传到云，通过由ECS、CCE、MRS等服务搭建的计算集群进行分析计算，分析计算产生的数据和计算结果存储到

OBS 中，计算得出的测序结果通过公网在线分发到医院和科研机构。

4）智能视频监控

设备管理、视频监控以及视频处理等多种能力的端到端解决方案。

摄像头拍摄的监控视频通过公网或专线传输至云，在弹性云服务器 ECS 和弹性负载均衡 ELB 组成的视频监控处理平台将视频流切片后存入 OBS，后续再从 OBS 下载历史视频对象传输到观看视频的终端设备。存放在 OBS 中的视频文件还可以利用跨区域复制等功能进行备份，提升数据存储的安全性和可靠性。

5）备份归档

高并发、高可靠、低时延、低成本的海量存储系统，满足各种企业应用、数据库和非结构化数据的备份归档需求。

企业数据中心的各类数据通过使用同步客户端、主流备份软件、云存储网关或数据快递服务 DES，备份至云对象存储服务 OBS。OBS 提供生命周期功能实现对象存储类别自动转换，以降低存储成本。在需要时，可将 OBS 中的数据恢复到云上的灾备主机或测试主机。

6）企业云盘(网盘)

高并发、高可靠、低时延、低成本的存储系统，存储容量可随用户数据量的提高而自动扩容。

用户手机、电脑、PAD 等终端设备上的动态数据与搭建在云上的企业云盘业务系统进行交互，动态数据请求发送到企业云盘业务系统处理后直接返回给终端设备。静态数据保存在 OBS 中，业务系统通过内网对静态数据进行处理，用户终端直接向 OBS 请求和取回静态数据。同时，OBS 提供生命周期功能，实现不同对象存储类别之间的自动转换，以节省存储成本。